本书得到教育部人文社科基金项目“基于网络理论的产业集群优势构建研究”（项目号12YYJZH13）资助

产业集群核心竞争力研究

CHANYEJIQUN
HEXIN JINGZHENGLI YANJIU

万幼清 著

目　录

第一章 产业集群核心竞争力概述

第一节 产业集群核心竞争力研究背景

一、世界性经济“马赛克”的出现

随着经济全球化和网络信息时代的到来，世界经济呈现出两种不同的发展趋势和特点：其一是经济全球化程度的加快，世界经济之间相互依赖、相互联系程度的加强；其二是区域化、地方化，区域正逐渐成为经济协调发展的重要基础，这种经济区域化的发展趋势越来越明显，并且有独特的发展规律和特征，各具特色的地方化交易节点即产业集群的涌现，使得某一个或几个专门化产业部门成为该区域的经济增长核心，这已成为国内外区域经济发展的重要现象。可以说，当今世界，全球化的活动空间和本地化的产业集群相辅相成。

从国际发展现状看，产业的竞争方式正在发生重大变化，产业由单纯追求成本领先，逐步转变为品种差异化和地域集中化战略。在区域经济集团化、贸易国际化和经济全球化的今天，国际上富有竞争力的产业大多是集群模式。产业集群发展已成为全球性的经济发展潮流，构成了当今世界经济的基本空间构架，是一种各国为提升综合国力和竞争力而争相借鉴的新经济。随着经济全球化步伐的不断加快，国家之间的竞争越来越激烈。国与国的竞争更多地表现在区域的竞争力上，而区域的核心竞争力则往往表现在地方特色产业集群上。产业集群已成为促进区域经济发展，提升区域经济综合竞争力的重要途径。众多的产业集群构成了色彩斑斓、块状明显的经济“马赛克”，世界财富的绝大部分是通过这些块状区域制造出来的。

20世纪90年代以来，产业集群已经发展成为世界经济中颇具特色的经济组织形式。集群内的企业通过互动的合作和交流，发挥规模经济和范围经济的效益，能够产生出强大的溢出效应，带动某一地区乃至整个国家的经济发展。

美国经济的腾飞和世界头号经济大国地位的保持，产业集群功不可没。例如，美国西部的加利福尼亚州，经济保持着良好的发展势头，稳居美国第一大州的经济地位，其经济快速发展特别是20世纪90年代以来经济腾飞的一个重要支撑是加州产业经济的高度集群化。① 到2000年，加利福尼亚州已基本形成四大产业集群经济区，即：以航空制造、娱乐和电子通讯为主要产业的南加州经济区；以软件、多媒体和互联网服务为主要产业的旧金山海湾经济区；以高产农业为主要产业的中央流域经济区以及以高科技制造、计算机服务为主要产业的萨克拉门托经济区。这四大产业集群经济区特色鲜明，自成体系，具有极强的产业竞争能力，有的产业集群已成为世界瞩目的发展典范。加利福尼亚州的经济总量相当于各国经济总量排名的第11位。② 硅谷和128公路是美国高科技信息产业集群的代表。加州硅谷IT产业集群早在20世纪60年代开始出现，80年代成型，被誉为“经典产业集群”。硅谷所在的圣塔克拉拉县，拥有1700家软件公司和4.3万名职员；20世纪90年代，加州软件业创造的工作岗位年增长14%，平均每年新通过就业岗位7.2万个。据统计，在目前全球100家最大电子和软件公司中，有20%是在硅谷创业成功的；美国100家大科技公司有三分之一总部设在硅谷。③

意大利是个自然资源不丰富、区位优势不突出、国土面积不大的发达

---

① 刘长全、李靖、朱晓龙：《国外产业集群发展状况与集群政策》，《经济研究参考》2009年第53期。

② 钱东平：《产业集群与江苏区域经济竞争力——美国加州产业集群模式的借鉴》，《现代经济探讨》2004年第6期。

③ 唐艺彬：《美国纽约大都市圈经济发展研究》，吉林大学博士论文，2011年。

国家，其GDP能跻身于世界前几名，也与该国产业集群的蓬勃发展息息相关。意大利素有“中小企业王国”之称，企业规模之小都是其他工业化国家不能比拟的，平均工业企业人数仅为4.3人，是日本的四分之一、德国的三分之一，不到美国的三分之一，平均每个企业创造的产值也位居工业化国家之末。但正是由中小企业组成的产业集群促进了意大利发达经济的形成。根据意大利统计局的评判标准，全意大利产业集群地有199个，其出口产品绝大部分是由产业集群地生产的，纺织业的90%、鞋和皮革制品的90%、木工及家具的95%的出口额是产业集群地创造的。[①] 产业集群型生产模式在意大利现代工业中发挥着举足轻重的作用。意大利目前集群内制造业企业21.5万家，占全国制造业企业的40%；制造业从业人员200万人，占全国的39.3%；产值占国内生产总值的27.2%，其中工业产值占全国产值的37.7%，服务业产值占全国产值的23%。制造业产品出口占全国同类出口的44%，其中纺织服装、皮鞋皮具、非金属类矿产加工产品、木材和木质产品以及机械设备产品均占全国同类产品出口的50%以上。

作为世界上人口第二大国的印度，这几年的经济一直保持着较快的增长速度，GDP于2004年就进入世界前十的位置，除了该国经济改革政策的正确实施外，产业集群在该国经济发展中也占有重要位置。印度约350个集群创造了印度制造业出口额的60%，在一个非常小的城镇卡尼巴德（Qanibad）的一个纺织集群所织造的毯子占印度全国产量的75%，在印度南部一个非常小的集群狄罗朴尔（Diropoor），每年产值1亿美元，阿格拉（Agra）鞋业集群每年生产的鞋价值6000万美元，鲁第海那（Ludihina）的纺织集群生产80%的毛织服装，班加罗尔是印度著名的“硅谷”。[②] 2011年，印度承接了全球市场约25%的国际服务外包业务。班加罗尔在世界信息技术产业中的占有地位：按照世界专业机构CMM评级，全球75家

① 刘春香：《意大利劳动密集型产业集群研究及其对中国的启示》，《北方经济》2006年第3期。

② 刘伟红：《以产业集群为视角的工业发展理论分析》，《山东商业职业技术学院学报》2006年第4期。

顶尖资质软件公司有近30个落户班加罗尔；拥有4500家高科技企业，集中了全印度35%的软件人才；创造了印度三分之一的IT业产值；班加罗尔的产业规模占印度整个产业的36%；据统计，包括软件外包在内的服务外包产业为印度创造就业岗位逾230万，产值占印度国内生产总值的7%，占印度出口总额的近四成；班加罗尔软件业的产业规模与质量在世界范围内也是一流的。资料统计显示，印度生产的计算机软件产品已远销世界7个国家，其中28个国家完全依靠印度的计算机软件和服务支撑。

世界各国也纷纷以传统优势产业和特色产业为基础、以中小企业为主体发展产业集群，从而构筑明显的产业优势，有力地促进了国家经济的发展。

正如美国商学院教授迈克尔·波特所说，在当今经济全球化的背景下，各国竞争优势形态都是以产业集群的面貌出现，当代国际经济的竞争实质上就是产业集群的竞争。产业集群已经成为经济全球化条件下地区企业寻求创新优势和竞争优势的重要组织保证，产业集群已经成为区域经济发展的独特动力源泉。因此，产业集群成为世界经济的“马赛克”，在世界各地生根发芽、茁壮成长也就不足为奇了。①

二、中国区域产业集群蓬勃兴起

我国的产业集群是在“一村一品”、“一乡一业”的“块状经济”基础上发展起来的，各地都有发育程度不同的产业集群，浙江、山东、广东、江苏、福建等地都出现了大量专业化区域，尤其在“珠三角”、“长三角”和环渤海地区，产业集群发展更为迅猛。经由产业集群发展，“珠三角”、“长三角”已成为国内区域经济竞争优势最大的地区。

近年来，浙江创造了上百个具有专业化分工协作特点、年产值几十亿乃至上百亿的产业集群。到“十一五”后期，浙江工业总产值或销售收入

① 中华人民共和国国家统计局：《浙江产业集群的基本现状、影响因素及发展对策研究》，2007年1月14日。

在亿元以上的制造业产业集群区块有601个，其中10亿元以上的285个，100亿元以上的37个，300亿元以上的7个，平均每个县拥有3个产业集群。在2008年中国百佳产业集群评比中，浙江省共有义乌小商品产业集群、永康五金产业集群、东阳木雕产业集群、绍兴轻纺产业集群等29个产业集群入选，以绝对的数量优势占据全国第一的位置。从专业化类型看，有绍兴的轻纺产业群、海宁的皮革产业群、嵊州的领带产业群、永康的五金产业群、永嘉的纽扣产业群、乐清的低压电器产业群、桐庐的制笔产业群、诸暨的袜业群等等。这些星罗棋布的产业群已经成为开拓国际、国内市场的生产和创新基地。[①] 产业集群的快速发展，提高了浙江省产品的市场占有率和竞争力，全省有52个产业集群的产品国内市场占有率达30%以上。[②]

产业集群发展已成为广东工业的特色和优势之一，有力地支撑了广东省工业的快速发展。据了解，目前广东已建成100多个不同特色、有一定规模的产业集群，其中包括30多个在国内外有一定竞争力、有较大规模的产业集群。以珠江东岸的深圳、东莞、惠州及广州为主体，形成了著名的电子信息产业走廊，经济规模近4000亿元，成为全国规模最大的电子信息产业集群区；在珠江西岸形成涵盖佛山、中山、江门、珠海、广州等地，经济规模达1000多亿元的电器机械产业集群。在经济发达的珠江三角洲地区400多个镇中，以产业集群为特征的专业镇占了四分之一。如中山古镇有灯饰企业近2500家，已成为国内最大的灯饰生产基地和销售市场，是世界四大灯饰专业市场之一。

近年来，江苏一些地区的产业集群发展崭露头角。如吴江的IT产业集群、宜兴的环保产业集群、扬中的低压电器产业集群、邳州的板材加工产业集群等在全国都有很大的影响。[③]

---

① 迈克尔·波特：《国家竞争优势》，华夏出版社2002年版，第32—43页。

② 朱华晟：《浙江产业群：产业网络、成长轨迹与发展动力》，浙江大学出版社2003年版，第3—10页。

③ 秦政强等：《苏州IT产业集群治理结构研究》，《商业时代》2011年第8期。

这些独具特色的产业集群一方面为国家带来了巨大的经济效益和社会效益，另一方面又为国家竞争优势的提升发挥了非常重要的作用。

产业集群在我国的发展及其作用，可以从产业集群主导下的县域经济发展状况表中体现出来。中郡县域经济研究所县域经济基本竞争力评价中心在《经济日报·县域经济》周刊等单位和有关专家学者的支持下，于2001年开始进行“全国县域经济基本竞争力评价”，至2012年已连续发布了12届评选结果。表1.1是根据历届“全国县域经济基本竞争力评价结果”中“中国县域经济基本竞争力百强县（市）”的数量进行统计的结果。

从表1.1可以看出，产业集群发展得比较成熟、规模比较宏大的省（直辖市），如浙江、山东、江苏、福建、广东、辽宁等，其百强县的数量也居前列。而中西部地区的产业集群大多处于新萌芽状态或规模经济不太突出，在百强县（市）中能占有一席之地的就少之又少了。

表1.1 中国县域经济基本竞争力百强县（市）的历届数量分布

届别 省份	1	2	3	4	5	6	7	8	9	10	11	12
浙江	24	24	27	27	27	25	25	26	26	25	24	20
山东	21	17	21	21	23	25	25	26	26	27	26	24
江苏	17	17	21	21	22	21	24	25	27	28	29	25
福建	7	8	7	8	8	8	8	8	8	7	8	7
广东	12	15	9	6	3	1	1	2	2	2		2
辽宁	3	5	5	5	5	5	5	5	1	7	10	11
河北	2	3	2	3	3	5	6	6	5	4	3	3
河南	2	2	1	2	2	3	7	7	8	8	6	3
湖北	6	2	1	1								1
湖南	1	1	1	1	1	3	2	3	4	4	4	4
上海	3	1	1	1	1	1	1	1	1	1		
四川	1	1	1	1	1	1	1	1	1	1	2	2
新疆	1	1	1	1	1	1	1	1	1		1	1

续表

届别 省份	1	2	3	4	5	6	7	8	9	10	11	12
北京			1	1	1							
山西				1	1	1	2	2	2	1	1	1
内蒙古					1	2	2	2	2	2	2	2
重庆			1									
陕西								1	2	3	2	
黑龙江								1	1	1	1	
江西								1	2	2	2	1
吉林									1		1	1
安徽										1	1	1

资料来源：根据“全国县域经济基本竞争力评价结果”进行整理。

县域经济的发展对产业集群具有较大的推动作用。全国县域经济平均规模中的地区生产总值的平均值从2002年的28.20亿元增长到2011年的121.10亿元，翻了两番；县域地方财政一般预算收入的平均值从2002年的1.00亿元增长到2011年的6.61亿元，增长了5.61倍（见图1.1、图1.2）。

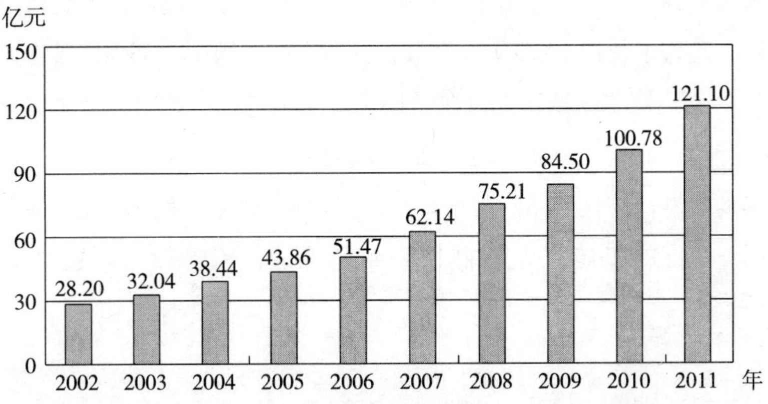

图1.1　2002—2011年全国县域经济地区生产总值规模比较图

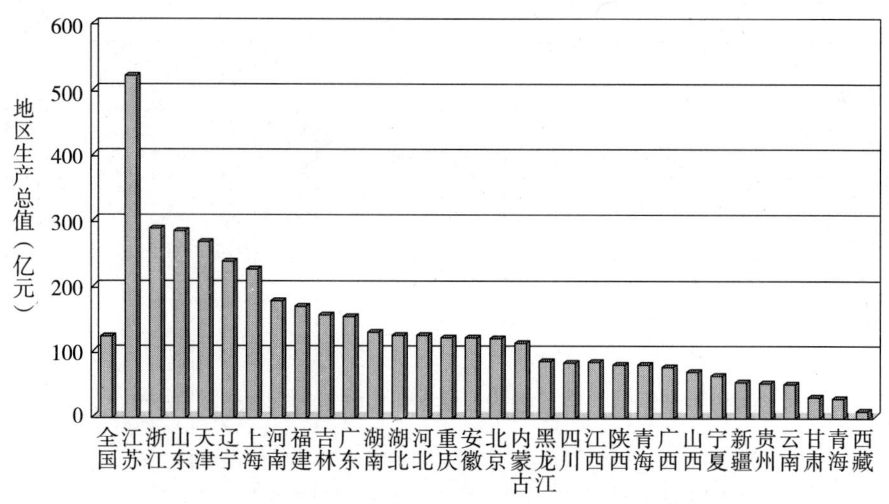

图 1.2 全国各省市县域经济平均规模（地区生产总值）比较图

三、中国产业集群发展存在的问题

在产业集群茁壮成长的兴盛图景背后，也有隐忧。尽管波特认为，大多数成功的集群一般可以维持几十年的繁荣，甚至可以让某个地方数世纪生机盎然。① 但是，世界上那些曾经辉煌的产业集群，并非都是一帆风顺、成绩斐然。例如，美国的底特律——世界著名的汽车城，随着 20 世纪 70 年代末世界性的汽车工业萧条期的到来，由于创新的缺乏和产业结构调整的滞后，陷入了长达 10 多年的衰败，其所在的美国中西部地区被世人称为“锈带”。而迈克尔·波特教授在《国家竞争优势》中作为典型案例分析的意大利瓷砖产业集群，如今就面临着新的挑战。进入 21 世纪以来，由于建筑市场的萎缩，替代产品的出现，全球经济的低迷以及竞争者的逐渐强大等原因，该国的瓷砖产业集群遭遇到了挑战，销售额呈现连年下降的趋势。②

---

① 迈克尔·波特：《竞争论》，中信出版社 2003 年版，第 262 页。

② 中国社会科学院赴希腊、意大利考察团：《意大利的产业集群状况及启示》，《中国社会科学院院报》2006 年 1 月 10 日第 003 版。

我国产业集群的情况目前也正发生着微妙的变化，以至于有人大呼我国产业集群将重演意大利式衰微。[①] 例如，以产业集群出名的浙江，面临着许多意想不到的问题和困难。最近有关部门对浙江的产业集群进行调查发现，产业集群内的企业普遍存在设备闲置的现象，上游的产品价格在不断上升，下游的价格则上升有限，企业不生产会失去客户与市场，要开工生产就需要大量的流动资金，而且往往是亏本生产，并因此得出结论：目前，浙江各地产业集群内的企业普遍日子难过，而产业集群外的企业反而比较好过。[②] 2003 年以来，以产业集群起家的珠江三角洲地区，特别是东莞、深圳一带的电脑及周边产品产业集群出现了比较明显的向长江三角洲一带转移的迹象。2006 年 10 月 29 日在江苏无锡召开的第二届珠三角与长三角纺织服装产业合作与发展战略论坛上，专家分析认为，集中了全国纺织服装工业近三分之二产能的珠三角与长三角地区，近年来出现了集聚与转移并存的态势，这里的产业集群正面临着延续与“长大”的难题。

既然我国产业集群比较发达、基础设施比较完善、市场开放程度比较高、发展资金比较充裕、高素质人才比较丰富的长三角地区、珠三角地区都感觉到危机与风险，那么其他地区的产业集群的状况就可想而知了。

随着经济全球化发展和国际产业特别是发达国家及新兴工业化国家和地区资本、知识和技术密集型产业向我国大规模转移，我国产业集群在发展壮大过程中将面临着相当大的挑战，存在诸如生产要素短缺问题、核心技术缺乏问题、同业无序恶性竞争问题、资金来源问题、集群规模问题、集群层次问题、集群总体布局问题、知名品牌问题、国际化经营问题等，这些问题的存在必然影响到产业集群的持续发展及其区域竞争优势的发挥。

四、产业集群核心竞争力的关注

美国密执安大学的普拉哈拉德（C. K. Prahalad）教授和伦敦商学院的

① 傅白水、李晓兰：《浙江产业集群重演意大利式衰微?》，《决策》2006 年第 7 期。
② 潘慧明、李必强：《产业集群风险管理系统研究》，《经济师》2006 年第 4 期。

哈默尔（Gary Hamel）教授（1990）在《哈佛商业评论》上发表的一篇具有标志性的论文《企业核心竞争力》（*The Core Competence of Corporation*），首次提出核心竞争力理论。[①] 自此以后，世界各国、各行各业都掀起了核心竞争力理论学习与实践的高潮。

20 多年来，国内外学者对企业核心竞争力概念作出了各种不同的理解和定义，对企业核心竞争力的形成机理和作用方式提出了各不相同的理论观点，从而极大地丰富了核心竞争力理论的研究和应用，但其研究成果大多集中在企业核心竞争力的层面，对产业集群层面核心竞争力的研究很少。从产业集群的发展实际来看，众多地方政府经济管理部门还不太清楚产业集群也有核心竞争力，从而忽视了对产业集群核心竞争力的培育。从产业集群理论研究情况看，关注的重点仍然集中在集群的形成条件、市场优势和政策等方面，较少从集群核心竞争力的角度来研究集群。

可以说，在经济全球化的宏观发展背景下，产业集群不仅没有被全球化的浪潮淹没，反而不断涌现和发展壮大，关键在于产业集群拥有自己的核心竞争力。大量的事实证明，那些拥有核心竞争力的产业集群，能够经受住市场和消费者的考验，获得持续的竞争优势。

第二节 产业集群核心竞争力研究意义

一、理论意义

（一）诠释产业集群发展的本质源泉

在市场经济环境里，由众多相关企业组成的产业集群要面对竞争求生存、求发展等问题。其竞争“核武器”就在于产业集群的整体核心竞争力。核心竞争力已经成为决定当今产业集群市场竞争成败的关键因素，更是产业集群能否控制未来、掌握未来市场竞争主动权的根本。它的功能和作用

---

① C. K. Prahalad, G. Hamel, “The Core Competence of Corporation”, *Harvard Business Review*, 1990, pp. 79 – 91.

体现为：集群核心竞争力是增强集群产业集聚、扩张功能的“灵魂”，是产业集群国际化的重要法宝，是维系产业集群持续竞争优势的动力所在。

（二）完善产业集群理论

产业集群理论经由众多先哲、学者的研究与推广，现已形成了一些研究流派，如竞争优势学派、外部经济学派、集群经济学派等，但从核心竞争力的角度来研究产业集群，从现在掌握的文献资料来看，还比较少见。本书将在遵循核心竞争力理论的前提下，结合产业集群的特征、生命周期等因素，构建产业集群核心竞争力理论的初级框架，进而完善产业集群理论。

（三）发展区域经济理论

迈克尔·波特指出，一个国家的经济是由各种产业集群所组成，这些产业集群弥补并提供竞争优势（当然也可能造成劣势），反映了经济的发展，各国竞争优势形态都是以产业集群的面貌出现。[①] 产业集群作为一种产业上相互联系的企业和机构在地域空间上的集聚现象，可以成为我们研究区域经济的一个桥梁。因此，通过对产业集群核心竞争力的相关研究，能够完善区域经济理论，推动其发展。

（四）开拓我国产业集群理论研究的新视角

正如前文所言，国内在引入核心竞争力概念以后，研究的重点是企业核心竞争力，而对于产业集群核心竞争力的研究则比较漠视，这固然与国外理论研究的影响和导向有关，也与产业集群本身结构比较复杂有关。像我国这样有特殊经济文化制度背景的国家，其产业集群的演化机制肯定有别于发达国家，将产业集群理论与核心竞争力理论相结合，来研究我国产业集群核心竞争力的构成要素和培育之路，将起到抛砖引玉之作用。

二、现实意义

经济全球化和贸易自由化是今后经济发展的必然趋势，而经济全球化和贸易自由化并没有使生产经营活动在空间分布上趋于平衡，相反全球具

---

① Michael E. Porter, *The Competitive Advantage of Nation*, New York: Free Press, 1990, pp. 24 – 38.

有竞争优势的产业仍有明显的集群现象，即同一产业及相关产业的企业及其支撑机构在地理上集中形成产业群。个别企业在国际市场上有着较强的竞争实力并不足以说明该产业在国际上有着较强的竞争力，在某种意义上来说，国际经济竞争实质上就是产业集群之间的竞争与较量，产业集群的实力也在一定程度上代表了国家经济竞争力的强弱。因此，加强对产业集群核心竞争力的理论与培育研究，具有重要的现实意义：

（一）为地方政府决策机构制定集群政策提供一定的理论依据

目前我国地方政府都看到了产业集群给当地经济和社会发展带来的利益和优势，也都在充分利用中央经济政策来发展地方产业集群，甚至是“有条件要上，没有条件创造条件也要上”，产业集群的培育与升级成为各地政府“十二五”规划的重点内容。但是，对于如何壮大产业集群，如何培育产业集群的核心竞争力，如何保持产业集群的持续竞争优势，各地方政府并没有形成比较成熟的方案与对策。而产业集群的地方根植性又决定了地方政府在产业集群培育与升级中的重要作用，必须增强宏观经济管理水平。因此，通过本书的研究，对地方政府制定产业集群发展政策具有一定的理论指导作用。

（二）为地方产业集群增强核心竞争力提供理论指导

历史经验表明，一个地区的经济发展往往与特定产业集群的形成和发展有着紧密的联系，培育产业集群是一个有效的区域发展战略，是工业化发展到一定程度的必然趋势。随着贸易自由化、经济全球化的发展，市场竞争程度不断加剧，我国地方产业集群一方面要参与国际竞争，另一方面又要在国内竞争中获得一定的优势，“国内竞争国际化、国际竞争国内化”。核心竞争力的差异决定产业集群的效率差异，效率差异决定产业集群的收益差别。在“前有狼、后有虎”的竞争环境中，地方产业集群必须培育自己的核心竞争力，方能立于不败之地。通过构建的产业集群核心竞争力评价模型，地方产业集群能较为方便地扬长避短，突出自己的核心专长。

（三）以产业集群核心竞争力的培育推动区域经济的发展

在知识经济条件下，由于区域竞争中以资源禀赋为基础的传统优势正在逐步丧失，区域经济发展的原则，已从基于资源禀赋上的差异所形成的比较优势，发展到了以更能有效地配置和整合资源的区域创新能力为基础的竞争优势，区域经济发展越来越强调和倚重于区域竞争优势。由于产业集群在其集聚区内所产生的集群效应能够充分发挥对区域内的各种资源要素的整合作用，可以形成多种竞争优势，培育基于产业集群核心竞争力为基础的区域竞争优势战略已成为我国各地促进区域经济发展的重要内容。

（四）为产业集群的持续发展提供一种新思路

产业集群现象在我国已相当普遍，但这些产业集群还存在不同程度的问题。此类问题的解决，既需要实践的探索，也需要发挥理论研究的抽象性与前瞻性思维为其提供依据并进行方向性指导。产业集群要避免早日萎缩，尽量延长生命周期，实现持续发展，关键在于产业集群核心竞争力的内在素质。因此，产业集群核心竞争力的内在素质的提高与融合，对产业集群的发展是根本的、持续性的和最有效的动力源泉。本书拟通过对产业集群核心竞争力进行全面细致的研究，从产业集群核心竞争力内在素质的视角来解决我国产业集群持续发展中存在的问题。

（五）为中西部地区产业集群的发展壮大提供借鉴

目前我国正在实行西部大开发战略、中部崛起战略，这些战略的实施，其基本点还是在于发展地方经济和促进社会进步，从而实现国家全面建设小康社会的目标。本书将对湖北产业集群的状况、湖北产业集群核心竞争力的培育进行探索，这对于中西部地区的地方产业集群在处理发展中的问题，诸如合理规划工业园区、合理配置资源、合理进行产业结构调整、防止恶性膨胀与恶性竞争等，具有较大的参考借鉴价值。

（六）为促进集群内企业的发展提供有价值的指南

产业集群的主体还是群内的企业，企业强，集群才强；企业弱，集群也弱。产业集群核心竞争力并不排斥群内企业核心竞争力，相反地，群内企业核心竞争力的培育是集群核心竞争力的基础。群内企业可以凭借自己的核心竞争力，为自己寻找并占领一个既有可观利润又有独特性的市场，或创建一种独特的市场运作方式，从而获得明显竞争优势。本书将从群内企业的层面来探讨产业集群核心竞争力的影响因素和培育策略，这将对群内企业的发展具有一定的促进作用。

第三节 产业集群核心竞争力研究综述

由于产业集群现象的大量出现以及成功的发展实践，从而使之成为许多学者研究的焦点。在过去的几十年里，国内外众多学者和机构对产业集群进行了卓有成效的理论研究和实证分析，取得了许多优秀的研究成果，有力地推动了产业集群的发展和实践。

一、国外研究综述

（一）关于产业集群的研究

在国际上首先提出产业集群概念的是美国哈佛商学院著名教授、战略管理学家迈克尔·波特。波特从培育和提高区域竞争优势的角度，把产业集群纳入竞争优势理论的分析框架，先后出版了《竞争战略》、《竞争优势》和《国家竞争优势》等著作，创立了产业集群新竞争经济理论。在竞争优势理论的基础上，波特（1998）在《哈佛商业评论》上发表的《产业集群和新竞争经济学》一文，系统提出了产业集群理论。① 波特认为，产业集群（Industrial Cluster）是在特定领域内相互联系的、在地理位置上集中的一群企业和相关机构在地理上的聚集体，并形成强劲、持续竞争优势的现象，该集聚体内部存在产业链上企业的纵向联系和竞争企业与互补企业之间的横向联系。产业集群包括一批对竞争起重要作用、相互联系的企业和其他实体。产业集群经常向下延伸至销售渠道和客户，并从侧面扩展到辅助性产品的制造商以及与技能技术或投入相关的产业公司。产业集群还包括提供专业化培训、教育、信息研究和技术支持的政府和其他机构。

① Michael E. Porter, "Clusters and the New Economics of Competition", *Harvard Business Review*, Vol. 76, No. 6, 1998, pp. 77 - 90.

波特认为，其竞争优势主要表现在三个方面：一是增加集群内企业或产业人的生产力，二是增强创新的能力并提升生产力，三是推动新企业的产生并扩大产业集群规模。

但是，对于产业集群这一世界性的经济现象的研究，并不是波特的首创。对产业集聚和产业集群现象最早给予关注的经济学家是亚当·斯密（Adam Smith）。他在代表作《国富论》（1776）中就谈到与产业集群有关的一些经济思想，比如分工与市场范围的关系、行业发展与市场竞争环境的关系等，[①] 但他的这些思想在当时并未引起主流经济学家的重视。

19 世纪末 20 世纪初，西方学者已开始注意到经济发展中的产业集聚现象，并将其纳入研究视野中。经济学史上第一个阐述产业集群理论的经济学家是 A. 马歇尔（A. Marshall），人们把马歇尔所描述的产业集群称为“马歇尔式”产业区。他在 1890 年出版的《经济学原理》一书中提出了产业区的概念，认为“工业往往集群（Cluster）在不同的地区，各个城市在一组关联产品上进行专业化生产”，并把它定义为一种由历史与自然共同限定的区域，其中的中小企业积极地相互作用，企业群与社会趋向融合。[②]马歇尔后来在 1920 年出版的《经济学原理》（第三版）中，从三个要素对产业的地区性聚集作出解释：专业劳动市场的存在、中间产品投入和技术外溢。[③]

继马歇尔从经济学角度对产业集聚现象作出解释后，阿尔弗雷德·韦伯（A. Weber）又从工业区位论角度对产业集聚进行了深入研究，并于 1909 年出版《工业区位论》，首次提出了聚集经济（Agglomeration Economics）概念，把产业集聚分为两个阶段：第一阶段是企业自身的简单规模扩张，从而引起产业集中化；第二阶段是大企业的带动效应，促进更多同类企业的出现。韦伯还认为推动产业集群产生的因素有四个方面：技术设备的发展、劳动力组织的发展、市场化、减少经常性开支成本。[④]

---

① 亚当·斯密：《国民财富的性质和原因的研究》，商务印书馆 1972 年版，第 13—50 页。

② 马歇尔著，朱志泰译：《经济学原理（上卷）》，商务印书馆 1965 年版，第 250—297 页。

③ 徐康宁：《当代西方产业集群理论的兴起发展和启示》，《经济学动态》2003 年第 3 期。

④ 阿尔弗雷德·韦伯著，李刚剑等译：《工业区位理论》，四川人民出版社 2000 年版，第 14—37 页。

随后，杨格（Young）于1928年发表了《报酬递增与经济进步》一文，从规模报酬理论的角度，以劳动分工、交易成本和市场范围为基础，第一次论证了市场规模与迂回生产、产业间分工的相互作用，发表了一些对产业集群的看法。①

胡佛（Hoover T.）于1948年出版了《经济活动的区位》一书，将集聚经济视为生产区位的一个变量，并把企业集群产生的规模经济定义为某产业在特定地区的集聚体的规模所产生的经济。②

法国经济学家帕鲁（F. Perroux）于20世纪50年代首先提出来增长极理论，后经保德威尔发展被应用于集聚经济分析中，该理论将推动性产业、集聚和经济增长联系起来，认为政府植入的推动性产业会产生里昂惕夫乘数效应和极化效应，导致围绕该产业的集聚，带动地区经济增长。③

经济学家斯格特（Scott A.）于1982年、斯多普（Storper M.）于1986年先后用交易成本理论对集群进行了分析，他们认为产业集群作为一种介于层级制企业组织形式和市场形式两者之间的特殊形态，产业集聚所形成的本地化生产协作网络可以降低交易成本并保护合作因素，有利于提高企业的创新能力和灵活适应性。④ 1995年，斯多普在交易费用分析基础上又提出了“非交易性相互依赖”的概念，他认为众多企业集聚一旦形成，就会形成产业社区，而且区内成员企业间存在着较强的非交易性相互依赖关系，有利于有关新产品、市场、生产方式以及资源获取方式等方面的“知识社区”的形成。⑤

1984年，美国学者皮埃尔和赛伯合著的《第二次产业分工》一书问世，该书较为系统地分析了“第三意大利”和德国南部的一些地区，并且

---

① 杨格：《报酬递增与经济进步》，《经济社会体制比较》1996年第2期。

② 王缉慈、童昕：《简论我国地方企业集群的研究意义》，《经济地理》2001年第5期。

③ 岳军：《国外产业集群理论的演进脉络》，《财经科学》2006年第2期。

④ Scott A.，“Locational Patterns and Metropolis：A Review Essay”，*Urban Studies*，No. 19，1982，pp. 111－142.

⑤ Storper M.，“The Resurgence of Regional Economics，Ten Years Later：The Region as a Nexus of Untraded Interdependencies”，*Europ*：*Urban Reg. Studies*，No. 3，1995，pp. 199－221.

认为，这些产业区的发展是依赖于大量的中小企业在柔性专业化基础上实现的集聚，由于这些企业运行机制灵活、专业化程度高、企业间协同作用强，从而可以与以大企业为核心的区域进行竞争。①

1985 年，社会网络学派代表人物格兰诺维特（Granovetter M.）等提出“社会关系网络不同程度的无规律的渗入了经济活动的方方面面”的“根植性”观点，将此观点应用于对产业集群的研究中，强调企业是以不同的方式嵌入集群中并且与各个不同部分建立联系，这种社会网络关系有利于群内企业获取新的思想和知识。②

1991 年，保罗·格鲁格曼（Paul Krugman）把劳动市场共享、专业化附属行业的创造和技术外溢解释为马歇尔关于产业集群理论的三个关键因素，并第一次通过数学模型分析证明工业集聚将导致制造业中心区的形成，在此基础上，他还创立了垄断竞争模型，为人为的产业政策扶持提供了理论依据。③ 1997 年，保罗·克鲁格曼又从理论上证明了工业活动倾向于空间集聚的一般性趋势，并强调由于外在环境的限制，如贸易保护、地理分割等原因，产业区集聚的空间格局可以是多样的，特殊的历史事件将会在产业区形成过程中产生巨大影响力。④

1992 年，美国学者斯科特（Scott）在关注“第三意大利”中小企业弹性专业化的发展模式的同时，总结了美国硅谷高新技术产业、好莱坞影视产业集群的经验，分析了文化、制度和政府在产业空间聚集中的作用。⑤

---

① Piore M. J. & Sabel C. F., *The Second Industrial Divide: Possibilities for Prosperity*, New York: Basic Books, 1984, pp. 29 – 103.

② Granovetter M., "Economic Action and Social Structure: The Problem of Embeddedness", *American Journal of Sociology*, No. 91, 1985, pp. 481 – 510.

③ Krugman P., "Increasing Returns and Economic Geogrrphy", *Journal of Political Economy*, No. 99, 1991, pp. 183 – 199.

④ Krugman P., *International Economics: Theory and Policy 4th Edition*, Addison-Wesley Longman, Inc., 1997, pp. 36 – 76.

⑤ Scott, "The Collective Order of Flexible Production Agglomerations: Lessons for Local Economic Development Policy and Strategic Choice", *Economic Geography*, No. 68, 1992.

1995 年，以麦莱特（Maillat）为代表的欧洲区域创新环境研究小组（GREMI）从创新环境理论角度对产业集群进行研究，他们把专业化分工纳入到产业集群机制的研究体系，认为创新环境构成了集群当地生产系统的基础结构，由集群内部的互动机制和学习机制驱动来实现创新环境的不断调整和转变。①

1996，美国学者马库森通过深入研究，提出了四种典型的产业区类型：马歇尔式产业区、轮轴式产业区、卫星平台式产业区、国家力量依赖型产业区。②

1998 年，英国和加拿大学者帕得摩和吉勃森（Padmore & Gibson）整合了波特的钻石模型四要素和另外两个在区域竞争力分析上很重要的要素——环境要素和市场要素，建立了 GEM 模型，用来对以产业集群为基础的区域竞争力进行综合测度。③

1999 年，达鲁姆·荷尔米恩（Dalum Holmen）和杰克布森（Jacobsson）从国家创新系统的角度，探讨了北日德半岛和瑞典西部知识产业集群的形成，提出产业集群实为区域创新系统的观点。④

2001 年，耶鲁大学教授拜尔（Jennifer Bair）和杜克大学格里芬（Gary Gereffi）教授分析了墨西哥服装产业集群与美国消费需求之间的关系，以全球商业链模型来评估地方出口外向型产业集群的发展动力要素，并对缩小发展中国家产业集群本地化与国际化之间的文化差异提出了解决方案。⑤

2002 年，英国教授斯旺（Swann）等通过实例分析研究了多个产业集

---

① Maillat D.，"Territorial Dynamic，Innovative Milieu and Regional Policy"，*Entrepreneurship and Regional Development*，No. 7，1995，pp. 157 - 165.

② Markusen A.，"Sticky Places in Slippery Space：A Typology of Industrial Districts"，*Economic Geography*，No. 72，1996，pp. 293 - 313.

③ Padmore T. & Gibson H.，"Modelling Systems of Innovation：A Framework for Industrial Cluster Analysis in Regions"，*Research Policy*，No. 26，1998，pp. 625 - 641.

④ 龚双红：《国外产业集群理论述评》，《中共杭州市委党校学报》2006 年第 1 期。

⑤ Jennifer Bair & Gary Gereffi，"Local Cluster in Global Chains：The Causes and Consequences of Export Dynamism in Torreon's Blue Jeans Industry"，*World Development*，No. 11，2001，pp. 1885 - 1903.

群的发展情况，将产业集群的动力机制概括为包括产业优势、新企业进入、企业孵化增长、气候、基础设施、文化资本等共同作用的正反馈系统。①

2006年，宾夕法尼亚大学罗德里格兹·克莱尔（Andres Rodriguez-Clare）教授认为，不同的政策因素会对集群产生不同的影响，国家不能通过高级行政部门应用价格扭曲来促使产业集群的形成，而应由基层政府部门制定相应的政策来推动产业集聚。②

此外，许多国际经济组织也对产业集群作了大量的研究工作，如联合国工业发展组织、联合国贸发组织秘书处、世界经济合作与发展组织、世界银行等，有力地推动了产业集群研究的普及和深化。

（二）关于核心竞争力的研究

从目前的研究实际来看，核心竞争力更多的是关注企业核心竞争力，因此，国外对于核心竞争力的研究也主要是企业核心竞争力理论的研究。作为战略管理理论的一个分支，企业核心竞争力理论是20世纪80年代以来出现的最具影响力的企业管理理论之一。它是一种基于从企业内部分析企业竞争优势来源、战略目标、企业边界以及绩效的战略观，通过对企业内部能力的分析去探索企业获得长期生存能力的途径。③

1990年，普拉哈拉德与哈默尔通过对大量企业的调研和前人理论的分析，在《哈佛商业评论》上发表了题为《公司核心竞争力》的文章，并把企业核心竞争力解释为："企业组织中的累积知识，特别是协调不同生产技能，将不同技术集成起来的知识集合。"企业核心竞争力来源于企业的"新产品开发能力、技术创新能力和营销能力"。④ 随后，1992年，美国哈佛商学院企业管理学教授巴顿（Dorothy Leonard-Barton），把公司核心竞争

① 陈文华、刘善庆：《国外产业集群研究的新成果及启示》，《企业经济》2005年第7期。

② Andres Rodriguez-Clare, "Cluster and Comparative Advantage: Implications for Industrial Policy", *Journal of Development Economics*, No. 82, 2006, pp. 43 - 57.

③ 苗金泽：《对核心竞争力的再认识：基于现代企业理论的思考》，《生产力研究》2006年第3期。

④ C. K. Prahalad, G. Hamel, "The Core Competence of Corporation", *Harvard Business Review*, 1990, pp. 79 - 91.

力定义为识别和提供优势的知识体系，它包括四个尺度：雇员的知识和技能；物理的技术系统；管理系统；价值和规范。并界定前两者构成重要的知识储备库，后两者组成整理和控制知识系统。①

由于核心竞争力是一个直观而又难以界定的概念，到目前也还没有形成一个普遍接受的企业核心竞争力的概念与理论体系。目前，已形成了整合观、知识观、技术观、资源观、文化观、组织与系统观、战略观等理论类型。具体情况如表 1. 2 所示。

表 1. 2　国外核心竞争力理论研究观点一览表

理论观	代表人物	主要观点
整合观	哈默尔、普拉哈拉德	核心竞争力是组织中的积累性学识，特别是如何协调不同的生产技能和有机结合多种技术流派的学识。核心竞争力代表着多种单个技能的整合，正是这种整合才形成核心竞争力的突出特性。
知识观	巴顿、麦肯锡管理咨询公司	核心竞争力是使企业独具特色并为企业带来竞争优势的知识体系，它包括四个维度，即技巧和知识基础、技术系统、管理系统和价值系统，这四个维度之间存在较强的相互作用；核心竞争力是某一组织内部一系列技能和知识的结合，它具有使一项或多项业务达到世界一流水平的能力。
技术观	梅约、厄特巴克	企业核心竞争力包括企业的研究开发能力、生产制造能力和市场营销能力，还认为核心竞争力在很大的程度上就是在产品创新的基础上，把产品推向市场的能力，可以分解为以下四个维度：产品技术能力、对用户需求理解能力、分销能力以及制造能力。
资源观	杰伊·巴尼、克里斯汀·奥利佛、皮特瑞夫	构成企业核心竞争力的资源具有稀缺性、独一无二性、持续性、专用性、不可模仿性、非交易性、无形性、非替代性等特征，企业只有拥有了这种资源，才能在同行业中拥有独特的地位，企业核心竞争力是指企业获取并拥有这些特殊资源的独特的能力。
文化观	拉法、佐罗	企业核心竞争力不仅存在于企业的操作子系统中而且存在于企业的文化子系统中，根植于复杂的人与人以及人与环境的关系中，是技术核心能力、组织核心能力和文化核心能力的有机组合，不可能在企业中分散开来并加以定位。企业核心竞争力的积累蕴藏在企业的文化中。

① Dorothy Leonard-Barton, "Core Capabilities and Core Rigidities: A Paradox in Managing New Product Development", *Strategic Management*, No. 13, 1992, pp. 111 – 125.

续表

理论观	代表人物	主要观点
组织与系统观	库姆斯	企业核心竞争力是企业在特定经营中的竞争力和多方面技能、互补资产和运行机制的有机融合，包括企业技术能力以及能够将技术竞争力加以有效结合的组织竞争力。因此，企业核心竞争力既具有技术特性又具有组织特性。
战略观	艾米特等	企业的核心竞争力在很大程度上受到企业战略过程及其管理的影响，企业核心竞争力的获得，需要战略共识和持续性的投资；为了获取持续竞争优势和经济增长，企业必须辨别和运用核心竞争力，持续地把企业战略与核心竞争力联系起来。

资料来源：根据荆德刚、许正良：《企业核心竞争力理论溯源及研究现状分析》，《当代经济管理》2005 年第 3 期；韩杨等：《企业核心竞争力理论研究历程、动态与趋势》，《黑龙江社会科学》2005 年第 3 期文献整理。

（三）关于产业集群核心竞争力

目前国外学者对于产业集群核心竞争力的研究，还不是很广泛，相关理论成果还不多。英国学者马丁·贝尔（Martin Bell）和迈克尔·阿尔布（Michael Albu）（1999）通过对发展中国家集群的研究发现，产业集群的持续竞争优势来源于“集群知识系统”而非“集群生产系统”。他们认为，集群知识系统是集群核心竞争力的主要源泉和载体，其结构与功能对集群核心竞争力的大小具有决定性的影响，正是因为集群能够促进知识的产生、扩散和外溢，从而导致集群产生核心竞争力。① 托尔曼等（Tallman 2004）发表的《集群、知识与竞争优势》一文，运用基于知识的竞争优势观点，发现集群的持续竞争优势来源于集群内部存在的异质性知识及限制该知识流出集群的机制，只有独特而先进的知识的存量与流量及其相关要素所构成的知识系统是集群核心竞争力的主要来源。②

二、国内研究综述

（一）关于产业集群的研究

由于产业集群在我国区域经济发展中的独特地位与作用，我国学术界

① Martin Bell, Michael Albu, “Knowledge Systems and Technological Dynamism in Industrial Cluster in Developing Countries”, *World Development*, 1999, pp. 1715 – 1734.

② Stephen Tallman (eds.), “Knowledge, Clusters and Competitive Advantage”, *Academy of Management Review*, No. 4, 2004, pp. 258 – 271.

对产业集群进行了大量的理论与实证研究，并取得了比较多的研究成果，有力地促进了产业集群持续健康地发展。

20世纪80年代初实施改革开放政策后，我国各地区域经济的发展非常活跃。20世纪80年代中后期，江浙一带的乡镇企业集聚区开始迅速发展起来。著名学者费孝通（1988）就注意到了浙江的以乡、镇或县、市为区域发展起来的，围绕服装、鞋、袜、低压电器、纽扣之类传统产品的生产、加工和销售所形成的专业化生产区域，并称之为“块状经济”。①

1994年，北京大学教授王缉慈在中日韩三国工业国际会议上发表的论文，对我国出现的一些开发区现象和发展中存在的问题进行探讨，并在同年出版的《现代工业地理学》一书中介绍了新产业区的概念，还结合国内各区域发展的实际情况进行了实证分析与探讨。②

1997年，李小建发表了《跨国公司对区域经济发展影响的理论研究》一文，就新产业区的来龙去脉进行阐述，提出从区域的形成时间、规模部门结构、联系程度和根植性等方面来判别新产业区。③

1999年，仇保兴从生态学的角度对小企业集群进行了研究，以永康保温杯产业集群内信用制度不健全为例，对产业集群发展的不利因素和危害条件做过深刻的分析，特别提出集群过度竞争的“柠檬”问题。④

2000年，陈建军在对广东、浙江等地的“块状经济”的实地调查的基础上，对这些区域的经济发展模式进行了概括，提出了“温州模式”、“苏南模式”、“江浙模式”等成功发展模式。⑤

2001年，徐康宁通过对浙江产业集群的研究发现，产业集群与经济开放的程度有很大的关系，如果合理运用产业要素变动和经济地理变迁的有利因素，可以加快产业集群的发展，发挥产业集群的效应，提高产业效率，并特别提出地区的经济制度虽然不会对产业集群发挥直接影响，但地

① 费孝通等：《地区发展战略与规划研究》，中国展望出版社1988年版，第36—78页。

② 储小平、李桦：《中小企业集群理论研究述评》，《学术研究》2002年第5期。

③ 李小建：《跨国公司对区域经济发展影响的理论研究》，《地理研究》1997年第16期。

④ 仇保兴：《小企业集群研究》，复旦大学出版社1999年版。

⑤ 陈建军：《中国的转轨经济与江浙模式》，《江海学刊》2000年第6期。

方政府的行为却与产业集群发展水平具有高度相关性。① 王缉慈则系统研究了产业集群创新环境，提出创新环境主要表现为建立在区域内企业间，以及企业与科研机构、行政机构间长期合作基础上的稳定关系和由此产生的创新网络与系统，它包括介质环境、机构环境和调控环境三种。同时，对政府为集体利益所采取的地方干预政策、机制和内容进行了详细研究。②

2002 年，魏守华研究认为浙江中小企业集群之间存在着部分过度竞争，甚至是恶性价格竞争的问题，造成区内资源的配置不合理的现象。通过对嵊州领带产业集群具体分析，研究其市场竞争的具体特征以及原因，并针对出现的问题，从产业组织的角度提出相应的解决措施。③

2003 年，蔡铂、聂鸣《社会网络对产业集群技术创新的影响》的文章，认为产业集群具有基于社会联系、信任和共享互补资源等特别管理特征的网络特性，扩大了自己的社会网络并积累了社会资本。它通过社会网络中的强关系、弱关系和结构洞特征，在密集网络和稀疏网络中降低了信息获取和交易的成本，增进了信任和联系，促进了信息和知识的流动，有利于隐含知识和敏感信息的传播，带来了技术创新优势，提高了竞争力。④陈剑锋在对国外社会资本评价模型理论回顾基础上，建立了基于产业集群的社会资本价值模型，并分析了社会背景、组织数量、组织关联、信息不对称程度、时间维度和空间维度对产业集群中社会资本价值的影响。⑤

2004 年，朱方伟等对产业集群核心要素演进进行了研究，认为以基本生产要素为核心要素形成的传统产业集群具有静态比较优势，由静态

---

① 徐康宁：《开放经济中的产业集群与竞争力》，《中国工业经济》2001 年第 11 期。

② 王辑慈：《创新的空间：企业集群与区域发展》，北京大学出版社 2001 年版。

③ 魏守华：《产业集群的市场竞争以及策略研究——以嵊州领带产业为例》，《财经论丛》2002 年第 5 期。

④ 蔡铂、聂鸣：《社会网络对产业集群技术创新的影响》，《科学学与科学技术管理》2003 年第 7 期。

⑤ 陈剑锋：《产业集群中社会资本价值模型及其影响因素》，《学术研究》2003 年第 2 期。

比较优势到动态竞争优势的发展，形成了以高级生产要素为核心要素的高技术产业集群。因此，产业集群的核心要素演进是沿着由低层次的基本生产要素到高层次的高级生产要素进行的。①蓝庆新和王述英对产业集群界定的竞争力效应进行了分析，一是正面市场竞争力，二是经济规避能力。他们认为这就是产业集群所以能够在世界各地长盛不衰的内在经济机理，也由此得出结论，即产业集群战略是促进我国地方经济发展的工作重点。②

2005 年，何继善与戴卫明利用种群生态学中研究物种个体间相互关系的理论建立的产业集群内企业间的竞争、互利和上下游关系的数学模型对产业集群内的生态平衡进行了研究，认为产业集群保持生态平衡的条件是：集群内企业之间必须保持一定的差异性，形成功能完善的分工协作网络，保持与外界的物质交流和信息交流，形成开放型的生态系统。③ 池仁勇等从企业出生率与死亡率、企业成长率、集群网络联结度、集群产业配套度的组合角度，将产业集群的发展过程分成以下四个阶段：孕育阶段、快速成长阶段、成熟阶段、衰退阶段，并分析了产业集群各发展阶段特征。④ 朱华晟等人认为，各级地方政府之间、区内外企业之间以及政府与企业之间在地域空间上的动态博弈，是产业集群空间结构演化的内在机制。集群空间结构能否得以优化，主要取决于政府和企业是否遵循市场规律对迅速变化的集群环境作出及时、准确的反应。⑤ 陈佳贵和王钦从产业集群演进视角出发，运用路径依赖理论对中国产业集群发展进行分析，并针对集群发展中存在的行政区划锁定、社会资本锁定和价值链低端锁定问题，按照如何规避和摆脱锁定状态的思路，提出推动中国产业集群可持续

---

① 朱方伟：《产业集群的核心要素演进分析》，《科学学与科学技术管理》2004 年第 2 期。

② 蓝庆新、王述英：《产业集群的内在竞争力效应分析》，《山西财经大学学报》2004 年第 2 期。

③ 何继善、戴卫明：《产业集群的生态学模型及生态平衡分析》，《北京师范大学学报（社会科学版）》2005 年第 1 期。

④ 池仁勇等：《产业集群发展阶段理论研究》，《中国软科学》2005 年第 5 期。

⑤ 朱华晟等：《政企互动与产业集群空间结构演变——以浙江省为例》，《中国软科学》2005 年第 1 期。

发展的相关政策建议。①

2006 年，王缉慈等人发表《产业集群概念理解的若干误区评析》一文，认为当前的误区主要是：①把产业集群等同于专业化城市；②把产业集群等同于产业部门或特色产业；③把产业集群等同于产业的投入产出链；④把产业集群等同于企业的地理邻近。他们进而指出，产业集群战略除了促进地理邻近的企业之间的物质联系之外，还需要促进企业之间进行频繁的信息交流、合作创新等非贸易依赖关系。② 张建华和张淑静认为产业集群的识别标准应该包括三个子标准，即产业集群的辨认标准、集群的产业分类标准和产业集群边界的确定标准。运用关系合约理论、分工理论和投入产出分析法，分别探讨三个子标准的内涵和要求，进而整合制定产业集群的识别标准。③ 惠宁对专业化分工与产业集群成长机理进行了研究，其主要观点是：分工的深化促进了企业的发展，而企业为了减少交易成本，增加报酬递增，就越来越多地集聚在一个地区，从而促进产业集群的形成和发展；同时，产业集群以其企业规模、降低成本、协作创新的功能，通过纵向专业化分工和横向经济协作，提高了交易效率，降低了交易费用，促进了分工的发展。④

我国对于产业集群的研究，主要是以发表学术论文的形式来体现，但是关于产业集群的理论著作也相继出现，对相关研究成果进行了系统总结与提升。除了前面提到的《小企业集群研究》、《创新的空间：企业集群与区域发展》等著作外，盛世豪与郑燕伟的《“浙江现象”——产业集群与区域经济发展》、朱英明的《中国产业集群分析》、江激宇的《产业集聚与区域经济增长》、鲁开垠的《增长的新空间——产业集群核心能力研究》等在学术界都引起了较大反响。

在研究队伍中，除众多理论工作者外，有关政府机构、行业组织、经

---

① 陈佳贵、王钦：《中国产业集群可持续发展与公共政策选择》，《中国工业经济》2005 年第 9 期。

② 王缉慈等：《产业集群概念理解的若干误区评析》，《地域研究与开发》2006 年第 2 期。

③ 张建华、张淑静：《产业集群的识别标准研究》，《中国软科学》2006 年第 3 期。

④ 惠宁：《分工深化促使产业集群成长的机理研究》，《经济学家》2006 年第 1 期。

济组织等也为我国产业集群的研究付出了较多心血，共同推动产业集群研究不断发展。

（二）关于产业集群核心竞争力的研究

核心竞争力理论一经提出，就引起了国内学者的注意与参与。国内的学者们在借鉴与消化吸收国外学者企业核心竞争力理论的研究成果的同时，注重与我国国情相结合，把企业核心竞争力理论与我国的企业发展现状结合在一起，并形成了一系列有创见性的研究成果。

包昌火等学者在分析各种观点后认为，企业的核心竞争力是企业的各种资源和能力的有机融合和独特优势，具有效益性、独特性、扩展性和企业占有性的特点。[①] 杨杰和田忠和把企业核心竞争力定义为具有充分的用户价值，独特的、可扩展的企业竞争力，是决定一个企业或组织生存发展的关键因素的总和，包括管理机制与理念、产品因素、市场因素、技术因素、人力资源因素和财务状况因素等。企业核心竞争力构成的基本条件包括战略目标、产品建设、市场开发、技术、人力资源和财务状况六个方面，这些要素从不同侧面影响和制约了企业核心竞争力的水平。[②] 盛立强和程国江认为企业核心竞争力的构成要素包括三个方面的内容：核心资源、企业文化和学习创新能力。[③] 时希杰与吴育华从三个层面对企业的核心竞争力进行分析与评价：①市场表现（外层）：通过分析企业的核心业务及其市场情况来确定企业的市场表现能力，如市场份额、市场前景、客户满意度等。②技术实力或服务水平（中间层）：通过分析企业所拥有的优势技术或者服务方式来确定企业在该层面的表现。对于制造性企业来说就是分析它的技术实力、专利情况；对于非制造企业则可以侧重于它的服务水平、人才素质等方面。③内部管理（内层）：这是企业核心竞争力的最核心部分，也是一个企业发展的基础动力，包括企业的内部治理状况、

---

① 包昌火等：《竞争对手分析论纲》，《情报学报》2003 年第 1 期。

② 杨杰、田忠和：《论企业核心竞争力的特征与构成》，《华北水利水电学院学报（社会科学版）》2003 年第 2 期。

③ 盛立强、程国江：《核心竞争力的构成要素分析》，《经济师》2004 年第 4 期。

企业文化等内容。[①] 张思锋等把企业核心竞争力界定为企业持续创造产品差异、获得超额利润以挑战竞争对手的能力。企业核心竞争力的源泉是企业对稀缺资源的垄断性占有，在特定企业哲学的基础上形成的具有特色的企业组织、管理制度、环境、氛围等文化资源是企业核心竞争力的源泉。[②] 杜纲和崔婷也认为可以从三个层面对企业核心竞争力进行评价与分析，这三个层面分别是最外层面的市场与赢利层，中间层面的业务与技术层，内层面的内部资源基础层。[③] 韩杨等人对企业核心竞争力理论发展趋势进行了预测：基于顾客价值的企业核心竞争力的发展、基于量化的角度研究企业的核心竞争力、基于综合的整合能力角度研究企业的核心竞争力。[④] 胡建波与王东平认为，企业文化是孕育企业核心竞争力的软环境，品牌是企业核心竞争力的有效载体，技术创新能力是企业核心竞争力的不竭动力，人力资源则是企业核心竞争力的根本。[⑤] 李存芳等将企业核心竞争力定义为一种基于企业重要资源与核心技术融合而成并支撑其发展的关键能力。其决定因素包括关键资源、核心技术、协整能力、新鲜知识。[⑥] 袁岩从核心产品拓展能力分体系、整合与组织资源能力分体系和外部环境状况分体系三大类的角度，对企业核心竞争力综合评价进行了探讨。[⑦]

（三）关于产业集群核心竞争力

与国外研究情况相类似，国内对于产业集群核心竞争力的研究也还处于初始阶段，现有的研究成果不多，但都能把产业集群与核心竞争力理论有机地结合在一起。

---

① 时希杰、吴育华：《企业核心竞争力三维评价模型与实证研究》，《中国管理科学》2004年第3期。

② 张思锋等：《基于一般均衡理论的企业核心竞争力及其源泉分析》，《人文杂志》2005年第1期。

③ 杜纲、崔婷：《企业核心竞争力的层次—维度结构及其评价判定模型研究》，《科学学与科学技术管理》2005年第1期。

④ 韩杨等：《企业核心竞争力理论研究历程、动态与趋势》，《黑龙江社会科学》2005年第3期。

⑤ 胡建波、王东平：《企业核心竞争力的关键构成要素及分析》，《华东经济管理》2006年第7期。

⑥ 李存芳等：《企业核心竞争力决定模型构建与评价实证》，《商业经济与管理》2006年第6期。

⑦ 袁岩：《浅谈企业核心竞争力评价指标体系的设计》，《价值工程》2006年第4期。

龙裕伟等认为，产业集群核心竞争力是从产业集群所在各产业构成的集群产业这一整体来考察的，它不同于企业核心竞争力，但又同企业核心竞争力相联系。同时，它也不是产业集群各企业的核心能力的简单相加，它受产业集群整体发育水平所制约。产业集群核心竞争力是其所在的主导产业能力以及所横跨的关联产业能力和支持产业能力的集合。它首先决定于集群的主导产业及其核心企业的核心竞争力；其次还受集群的关联产业能力和支持产业能力的大小、好坏所影响。① 李卫军和覃敏把中小企业集群的核心竞争力定义为：在集群长期发展中形成的，使集群整体保持长期稳定的竞争优势的自我发展能力和自我组织能力。这种能力建立在集群企业核心资源基础之上，具体表现为在技术、文化、管理、市场营销等方面超越其他竞争对手的综合竞争能力。② 蔡月祥等认为，小企业集群核心竞争力主要来源于聚集企业的磁场效应、柔性化的制造系统、网络化的组织结构和持续创新的动力机制的相互作用，构成一个具有核心竞争优势的体系。③ 他们还认为，中小企业集群核心竞争力的要素包括核心技术竞争力、集群文化竞争力、组织管理竞争力和市场营销竞争力等四个方面。④ 刘娟和谢守祥利用宏观经济增长的索罗模型，来构建区域经济中企业集群竞争优势的分析模型。通过对企业集群的总资本、集群的规模、技术几个主要影响因素进行定量分析，从中找到衡量集群间竞争优势的方法。⑤

第四节 产业集群核心竞争力研究路径

一、研究思路

本书研究遵循理论研究——具体分析——指标体系——对策措施——

---

① 龙裕伟等：《集群经济核心竞争力的培植》，《经济与社会发展》2005 年第 2 期。

② 李卫军、覃敏：《我国中小企业集群核心竞争力的培育和管理》，《科技创业月刊》2005 年第 12 期。

③ 蔡月祥等：《小企业集群核心竞争力的分析》，《经济问题探索》2004 年第 9 期。

④ 蔡月祥：《中小企业集群核心竞争力评价体系研究》，《经济问题探索》2004 年第 11 期。

⑤ 刘娟、谢守祥：《企业集群核心竞争力分析模型》，《科技管理研究》2004 年第 5 期。

实证研究的基本研究路径，以国内外产业集群理论和核心竞争力理论为基础，根据产业集群的特点，首先清晰界定产业集群核心竞争力，在此基础上，分析产业集群核心竞争力的理论渊源、形成机制、构成要素和影响因素，并建立起产业集群核心竞争力综合评价体系，然后对产业集群核心竞争力的培育提出相关建议。

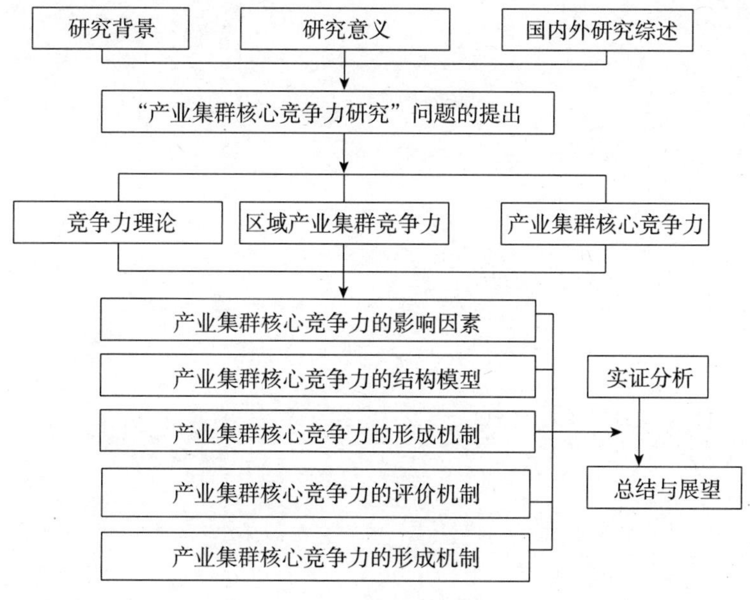

图 1.3　本书技术路线图

二、研究方法

（一）大样本调查方法

对产业集群及竞争力的现状、内容、因素进行实地调研、问卷调查、数据查询，对调查资料进行了分析。

（二）系统分析方法

借助典型调查资料和统计资料，从结构与功能、内容与形式、系统与环境的角度分析研究产业集群的核心竞争力，分析产业集群核心竞争优势的理论渊源、形成机制、构成要素和影响因素，通过对产业集群核心竞争力全面细致的研究，解决我国产业集群持续发展的问题。

（三）综合分析方法

综合运用经济学、管理学、社会学等多学科的方法，将文献研究法、定性分析法、定量分析法、系统分析法等，对产业集群核心竞争力进行分析、评价与综合研究。

第二章　产业集群核心竞争力的理论基础

第一节　产业集群核心竞争力的内涵

一、核心竞争力与竞争力

有关竞争力的理论研究可以说源远流长，早在18世纪时的古典经济学创始人亚当·斯密提出的绝对成本理论概念就是一种有关国际竞争力的比较分析，在他之后，大卫·李嘉图发展为比较成本论理论，即比较优势理论。①

在市场经济条件下，竞争是不以人们的意志为转移的，竞争力来源于竞争力量的对比。那么，何谓竞争？《现代汉语词典》对“竞争”的解释是：为了自己方面的利益而与人争胜。《说文》中对“竞”的解释是：兢者，从二人也。意思就是说要有两个人才可能有角逐、比赛。《庄子·齐物论》中的说法是：有兢有争。有人对此的注解为：并逐曰“竞”，对辩曰“争”。《尔雅·释言》则说：竞，强也。因此，通俗地讲，竞争可以认为是两个或两个以上的个人、集团或组织为了自身的利益，在一定的范围内为了夺取他们所共同需要的资源而展开的较量与争斗，其根源在于自身需求与特定资源之间的不平衡、行为主体利益的自利性。缘于此，竞争力也可能通俗地理解为：个人、集团或组织为了自身利益而在与别人争夺所共同需要的资源时的实力。

但是从经济学和管理学的角度来看，竞争力的概念则要复杂得多，如

① 刘国权、吴作斌：《国际竞争力理论及其发展》，《行政论坛》2002年第7期。

现在就有国家竞争力、产业竞争力、企业竞争力、高校竞争力、城市竞争力、区域竞争力等概念，不同的竞争主体其竞争力的概念界定也有所不同。基于本书的研究目的和理解简便化，在此仅对微观竞争主体即企业进行简要探讨。

著名经济学家樊纲（1998）从微观的角度出发，认为竞争力是一国商品在国际市场上所处的地位，商品在市场上是否具有竞争力来源于同样质量的产品具有较便宜的价格，或者说同样质量的产品具有较低的成本。竞争力包含着制度（包括管理等软性技术）进步、技术进步、要素成本和比较优势等四个环节。① 还有学者认为，竞争力反映的是参与竞争的主体争夺某种东西或获取某种稀缺资源的能力，它从根本上决定资源的配置和使用效率。②

本书认为，企业竞争力是指为了在激烈的市场竞争中求得比竞争对手更多的优势，而在资源配置和资源获取方面表现出来的生存能力和持续发展能力，是企业资源和能力的综合反映。企业能否在强手如林的国际市场竞争中立于不败之地，从根本上说，取决于企业竞争力的强弱。企业要在激烈的竞争中求得生存和发展，就必须要有较强的持续竞争力。企业竞争力表现在多个方面，但对于不同的企业来说，其竞争力的侧重点则有所不同。例如，对甲企业来说，市场开拓能力、市场营销能力、企业管理能力可能是其竞争力；对乙企业来说，其竞争力又可能表现在产品研发、售后服务、销售渠道等方面。

核心竞争力理论是战略管理理论的一个重要分支。1990 年，美国学者普拉哈拉德和哈默尔发表《公司核心竞争力》一文，在全世界掀起了核心竞争力理论研究的热潮。按照这两位学者的观点，核心竞争力是指“组织中的积累性学识，特别是如何协调不同的生产技能和整合多种技术流的学识”，并提出了判断核心竞争力的三个标准：①必须被市场认可，即能够提

① 樊纲：《论竞争力》，《管理世界》1998 年第 3 期。

② 沈西林：《企业竞争力的层次分析》，《工业技术经济》2002 年第 3 期。

供进入相关市场的机会；②必须给客户带来特别利益，能够提高企业效率，帮助企业通过降低成本或创造价值来扩大客户利益；③必须是竞争对手难以模仿的。[①]尽管其后还有很多学者从不同的角度对企业核心竞争力进行了解读，但普拉哈拉德与哈默尔的观点还是得到了学术界的基本认同。

企业核心竞争力是企业经过长时期形成的，从企业竞争力中提取出来的，是企业专有的、蕴涵于企业内质中的、能使企业在市场竞争中获得持续竞争优势的、在市场竞争中占据主动地位的、不易被竞争对手复制和超越的复合性、整合性能力。正如企业竞争力在不同企业的表征不同一样，不同企业的核心竞争力的表现方式也各不相同，有的可能是一项技术，有的可能是雄厚的资金，有的可能是科学的管理，有的可能是企业文化，但最重要、最本质的应是实现资源要素与组织能力之间的融合，能使企业在激烈的竞争中处于领先地位的能力。

关于核心竞争力与竞争力的关系，加拿大的战略管理学者曼苏·贾维丹（Mansour Javidan）对核心竞争力、竞争力、能力的关系脉络进行了分析，并阐述了这些概念与不同层次的战略关系，如图 2.1 所示。

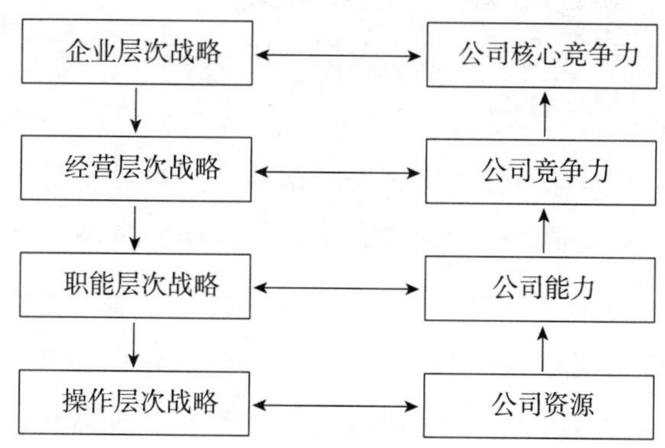

图 2.1 企业战略与各种能力关系图

资料来源：高红岩、王耀球：《核心竞争力概念辨析》，《中国物流与采购》2003 年第 6 期。

① C. K. Prahalad & G. Hamel, "The Core Competence of Corporation", *Harvard Business Review*, No. 5 -6, 1990, pp. 79 -91.

企业竞争力和核心竞争力是两个既有联系又有区别的概念。每个企业都或多或少具有一定的竞争力（否则就不可能在市场竞争中生存），但未必都具有自己的核心竞争力。[①] 竞争力是形成核心竞争力的基础，核心竞争力是竞争力的高度集中和综合。没有竞争力，就谈不上核心竞争力，而没有核心竞争力，竞争力就不会得到巩固和提高。

二、产业集群的竞争力

对于产业集群竞争力，国内外学者都从各自理解的角度，对其进行了论述。著名经济学家克鲁格曼（1995）给产业集群竞争力下过一个经典定义，即产业集群竞争力是以产业集群的各种资产要素（包括企业、资源、基础设施和技术条件等）为基础，以企业间的动态网络关系及其层次性递进为运行方式，具有对环境的利用能力和规避能力，在全球市场竞争中能为产业集群的整体绩效带来实质性功效的强劲竞争优势。[②] 梁宏（2005）认为，产业集群竞争力是产业集群基于资源禀赋，通过群内企业的竞争合作以及群体协同效应整合群内资源所形成的经济竞争力以及创新能力。[③] 潘慧明（2006）则把产业集群竞争力界定为：以产业集群的各种资产要素为基础，以企业间的动态网络关系及层次递进为运行方式，在全球市场竞争中的相对能力和绝对能力。[④]

本书认为，产业集群竞争力主要是指一个产业集群在竞争和发展过程中与其他同类产业集群相比较所表现出来的吸引、争夺、拥有、控制和转化资源，争夺、占领和控制市场，创造价值的生存能力和持续发展能力，是产业集群资源与能力的综合反映。产业集群竞争力是产业集群作为一个整体所表现出来的竞争力，并不是群内企业竞争力的简单加和。群内某一企业具有很强的竞争力，并不能就说明该产业集群具有很强的竞争力。同

---

① 金碚：《论企业竞争力的性质》，《中国工业经济》2001 年第 10 期。

② Krugman P., *Development*, *Geography and Economic Theory*, Cambridge: The MIT Press, 1995.

③ 梁宏：《产业集群及其竞争力研究》，《哈尔滨工业大学学报（社会科学版）》2005 年第 1 期。

④ 潘慧明：《产业集群竞争力及其培育》，《当代经理人》2006 年第 3 期。

时，产业集群竞争力与集群规模并不总是正相关关系，有时产业集群规模大并不等于产业集群竞争力强。

三、产业集群的核心竞争力

借鉴核心竞争力理论，结合产业集群的特殊性，本书认为，产业集群核心竞争力是一个产业集群充分利用自身的优势资源或要素组合，经过长时期形成的、从产业集群竞争力中提取出来的、产业集群专有的、蕴涵于产业集群内部的、能使产业集群在市场竞争中占据主动地位的、在市场竞争中获得持续竞争优势的、在资源配置中所表现出的优于其他同类或相关产业集群的、不易被竞争对手复制和超越的复合性、整合性能力。

（一）产业集群核心竞争力含义

这一定义包括以下几个方面的含义：

1. 产业集群核心竞争力要适应市场竞争的内在要求

经济全球化、贸易自由化、信息网络化的发展，使得地方产业集群生存与发展的环境发生了巨大变化，产业集群必须以全球市场的视角来参与市场竞争。特别是当面对同样的竞争环境，而影响产业集群发展的外在因素又趋于相似的情况下，各地产业集群之间的竞争，实质上就是产业集群内在素质和竞争优势的竞争，也就是产业集群核心竞争力的对抗。因此，地方产业集群必须提高其核心竞争力，才能适应市场竞争的需要，才能在激烈的国际与国内竞争中处于优势地位。

2. 产业集群核心竞争力是一种特殊竞争力

正如前面讲到的竞争力与核心竞争力的关系一样，竞争力中最为关键、起决定性作用的因素，是核心竞争力，产业集群核心竞争力来源于产业集群竞争力，是一种特殊竞争力。产业集群核心竞争力是产业集群竞争力中核心和关键的部分，是某一产业集群所特有的、其他同类产业集群所不具备的、不易被其他产业集群模仿和超越的，所以说它是一种特殊竞争力。产业集群要想长盛不衰，就必须不断培育和形成自己的核心竞争力，拥有别人无法取代的、可持续的核心竞争力，即核心竞争力能给产业集群带来独有的不能复制的持续竞争优势。

3. 产业集群核心竞争力是产业集群专有的能力

产业集群核心竞争力应该是产业集群自身拥有的，关键或者潜在关键因素的组合所形成的特殊竞争能力。产业集群核心竞争力来源于产业集群自身关键或者潜在关键因素的组合，而不是外界的给予。尽管产业集群可以从外部积累、吸收知识、技术和人才，但必须通过充分调动自身的关键或者潜在关键因素，进行消化、吸收并加以创新，才能最终转化为产业集群自身的核心竞争力，从而来提升自身的持续竞争优势。

4. 产业集群核心竞争力是一种整合性能力

产业集群在构成上不同于单个企业或企业集团，可以被看成是一种松散的联盟，由主导或核心企业、关联企业、服务支持部门等构成。因此，产业集群核心竞争力主要是由其所在的主导产业能力以及所横跨的关联产业能力和支持产业能力的集合。它首先决定于集群的主导产业及其核心企业的核心竞争力；其次还受集群的关联产业能力和支持产业能力的大小、好坏所影响。这也决定了产业集群内部各构成主体必须具备一定的核心竞争力，这样才能形成合力，从而构筑起产业集群核心竞争力。

5. 产业集群核心竞争力是可持续性的能力

产业集群核心竞争力关注产业集群发展的可持续性，强调产业集群核心竞争力是产业持续地发展和不断获得竞争优势的保证。产业集群核心竞争力的建立、培养和提升是一个持续性的过程，而不是短期的行为；偶然的或者短期的竞争力和竞争优势的培育行为并不能达成产业集群可持续性发展的目标。所以说产业集群核心竞争力是可持续性的，随着产业集群的不断发展和升级，产业集群核心竞争力也应该是不断发展和完善的。

（二）产业集群核心竞争力特点

产业集群核心竞争力作为一种独具的、不易被模仿和超越的竞争力，是产业集群获取持续竞争优势的来源和基础，这主要是由产业集群核心竞争力本身所具有的特点所决定的。北京大学张维迎教授曾对核心竞争力的特性作了界定，认为它必须具备 5 个特点：“偷不去、买不来、拆不开、带不走和流不掉”。

1. 价值性

核心竞争力是组织在所拥有的资源基础上，开发的核心专长的集合，其价值性主要是通过市场检验实现的。产业集群核心竞争力虽不同于企业核心竞争力，但同样具有价值性。企业核心竞争力的价值性是从用户的角度来衡量的，即企业核心竞争力能实现用户所看重的核心价值，能够真正满足用户需求。产业集群核心竞争力的价值性，在于核心竞争力能够推动产业集群可持续地发展和不断地竞争优化，持续地创造价值，使产业集群的竞争力得到提升、市场占有率得到提高、社会知名度得到传播、用户需要得到尽可能地满足，从而取得更高而且长期的经济效益，实现集群价值的最大化。

2. 独特性

产业集群核心竞争力是在结合产业集群自身发展的特点基础上形成的，某产业集群建立起自身核心竞争力后，其他相同产业集群想模仿其核心竞争力是不容易的。产业集群不同，核心竞争力也不同。核心竞争力是特定产业集群的特定组织结构、特定集群文化、特定人力资源、特定技术专长等综合作用的产物，是在产业集群长期经营管理实践中逐渐形成的，是集群个性化的产物。由于各地产业集群发展的影响因素不同，资源要素禀赋不一，这也让某产业集群建立起的核心竞争力不易被其他产业集群所模仿。任何产业集群都不可能靠简单模仿其他产业集群而建立自己的核心竞争力，应依靠自身的不断学习，经过在市场竞争中的磨炼，并加以创新，建立和强化自身的独特的核心竞争力。

3. 持久性

对于同一国度、同一行业、发展阶段相近、集群规模相仿的产业集群，其外部环境是非常相近的，但核心竞争力仍然存在着显著的差异。环境的变化属于外生变量，产业集群可以对不同的环境进行能动的适应性选择，但要改变外部环境相对来说却比较困难。因此，产业集群必须拥有其他集群不易获得、仿效、复制的核心竞争力，能够长期拥有，在不断变化和发展的环境中长期发挥作用，使产业集群的竞争优势相对不变或者进一步提高，才会带来集群的长期生存和发展。同时，产业集群核心竞争力也是产业集群发展的一种战略资产，并且是一种无形的战略资产，其持久性越长，对产业集群的发展就越有价值。

4. 延展性

核心竞争力具有溢出效应，它可使产业集群在原有竞争领域中保持持续的竞争优势，集群也可围绕核心竞争力进行相关市场的拓展，通过创新获取该市场领域的持续竞争优势。与企业核心竞争力的延展性一样，产业集群核心竞争力所具有的延展性，是四维空间上的延展性。① 核心竞争力能使产业集群在变幻莫测的、复杂的外部环境和市场动态需求的情况下，为实现产业集群的总体价值而进行纵向延展，包括集群内部价值链和外部价值链的延展与优化；横向延展，扩大规模；纵向延展，向不同区域或产业延伸优化价值链条。通过四维空间上的延展，能使产业集群在新业务、新领域、新区域产生新的竞争优势。

5. 动态性

核心竞争力总与一定时期的产业动态、管理模式以及资源存量等变量高度相关，产业集群之间的竞争离不开其所处的环境，随着时间的推移，产业集群间的竞争环境会发生变化，产业集群核心竞争力也应该是动态变化的。一定时期内的核心竞争力在一段时间以后可能就成了一般能力。②产业集群若想保持核心竞争力的领先优势和持久性，就必须以动态的观点看待核心竞争力，随时对自身的能力与竞争对手进行比较和评价，要持续不断地进行创新、发展和培育，以维护或扩大核心竞争力与竞争对手之间的领先距离，以保持持久的核心竞争力，这样才能保证产业集群不断向前发展，不断拥有持续竞争优势。

6. 系统性

产业集群本身就是一个大系统，所以，集群的持续生存和发展，是集群以能力为核心的各类资源、环境要素共同作用以及要素间相互作用的结

---

① 张明明、刘志锋：《核心竞争力理论再探讨》，《兰州商学院学报》2006 年第 4 期。

② 王阳：《构造我国企业核心竞争力的形成机制》，《开发研究》2006 年第 2 期。

果，而不仅仅是某一方面的个别力量，离开其中任何一类要素，集群的生命运动都难以为继。产业集群核心竞争力体系也是一个系统，是一组技能和技术的集合体，而非单个分散的技能或技术，它是各种资源、知识和能力的特定组合，也是群内核心企业、关联企业及服务支持部门不同核心竞争力的集合。集群目标的实现程度不仅决定于集群核心竞争力的强弱，群内企业的核心竞争力的强弱和完善与否也会影响集群的竞争优势。

四、产业集群核心竞争力与相关概念的关系

产业集群核心竞争力作为一个系统性的概念，与产业集群竞争力、产业集群持续竞争优势、群内企业核心竞争力有着天然的联系。对这几组概念之间关系的明确界定，有利于加深对产业集群核心竞争力理论的理解，也有助于帮助解释产业集群核心竞争力的理论渊源。

（一）产业集群核心竞争力、竞争力与持续竞争优势

产业集群核心竞争力、产业集群竞争力的概念已在前面进行了解释，而产业集群持续竞争优势是指产业集群在赢得市场青睐、获得市场资源、得到社会认可、促进集群发展等方面长期处于一种有利的态势。三个概念之间的关系就是：

1. 产业集群竞争力与产业集群核心竞争力是包含关系

从逻辑上来说，核心竞争力包含在竞争力之中，竞争力的外延要比核心竞争力大，核心竞争力的内涵要比竞争力丰富。[①] 产业集群核心竞争力是产业集群竞争力中核心的部分，两者在能力的范围上不同，前者是指局部的，后者是指全部的。事实也如此，在实际的市场竞争中，拥有核心竞争力的产业集群要比简单拥有竞争力的同类集群优越得多，即战胜对手的能力要强得多。

2. 产业集群竞争力进一步提升与发展就升华为核心竞争力

企业核心竞争力理论认为，企业能存在的前提是具有生存能力，有生存能力不一定有竞争力，因为生存能力有强有弱，弱小到一定程度企业就

---

① 金碚：《竞争力经济学》，广东经济出版社 2003 年版，第 26—27 页。

会不复存在了；生存能力如果强到一定程度，则就会形成竞争力，竞争力促进企业不断发展，竞争力的进一步提升则升华为具有核心竞争力。① 对于产业集群而言，其核心竞争力也是由竞争力的发展和提升而来的。但是，并不是构成产业集群竞争力的所有要素都能顺理成章地成长为产业集群核心竞争力，构成产业集群竞争力的要素也只是构成产业集群核心竞争力要素的一部分。

产业集群核心竞争力、竞争力与持续竞争优势三个概念之间的内在关系与相互作用，可用图 2. 2 表示。

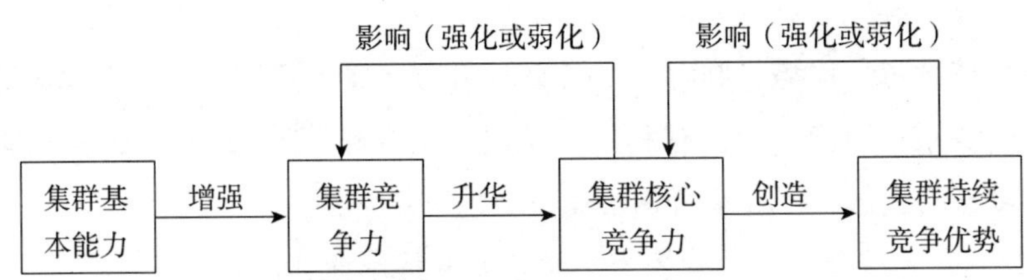

图 2. 2　产业集群竞争力、核心竞争力与持续竞争优势关系图

3. 产业集群核心竞争力是产业集群持续竞争的源泉

随着经济全球化的形成，国际国内市场的一步步开放，无论是发达国家还是发展中国家，他们的产业和企业都会融入国际市场中来。目前经济领域的竞争，在某种程度上就是不同国家、不同地区产业集群之间竞争。因此，提高市场占有率和产业集群竞争力是所有产业集群的追求目标。产业集群核心竞争力是产业集群在长期的探索、区分、确认、形成、培育、强化、发展过程中所形成的，促进产业集群在动态的竞争加剧的市场环境下生存下去，并获得长期的可持续的成长与发展，能够不断更新并创造产业集群新的持续竞争优势，是产业集群持续竞争优势的源泉。

4. 产业集群核心竞争力对产业集群竞争力、产业集群持续竞争优势对产业集群核心竞争力具有能动反作用

具有强大的产业集群核心竞争力反过来能促进产业集群竞争力的发展

① 俞国方：《企业竞争力与核心竞争力价值辨析》，《价值工程》2001 年第 1 期。

与强大，延长产业集群生命周期，从而使产业集群竞争力无论从量上还是质上都发生飞跃；产业集群具有持续竞争优势的话，又能推动产业集群核心竞争力的培育、强化、升级与拓展，从而使整个产业集群形成一种正向的循环发展。

（二）产业集群核心竞争力与群内企业核心竞争力

产业集群作为一个松散的整体，是在某一特定领域内相互联系的、在地理位置上集中的一群企业和相关机构在地理上的聚集体，企业是构成产业集群的主体。单个企业仅仅是产业集群的一个有机组成部分，它的核心竞争力是构筑产业集群整体核心竞争力的基础，即产业集群的核心竞争力是对多个企业各自核心竞争力及其各支撑机构的整合。① 另一方面，由于产业集群内部竞合关系的存在，产业集群核心竞争力对群内企业核心竞争力也会产生反作用，集群核心竞争力越强，就越能鞭策群内企业保持竞争意识，增加科技与经营投入（比如向金融机构寻求资金支持），加大技术创新力度（比如向知识生产机构寻求知识技术支持），提升企业自身核心竞争力。这两者的关系如图 2.3 所示。

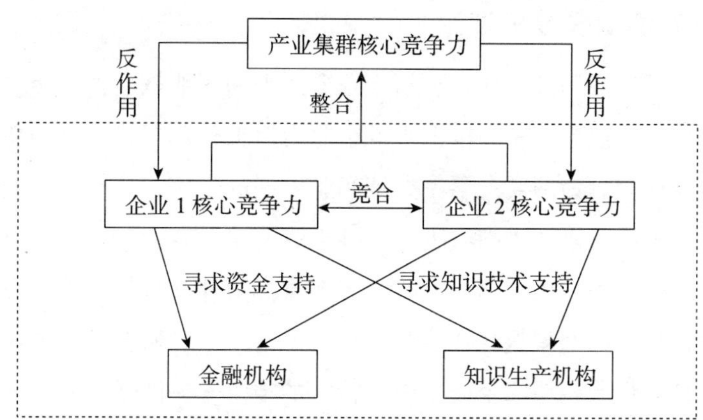

图 2.3 产业集群核心竞争力与群内企业核心竞争力关系图

注：为便于表述清晰，仅用企业 1 和企业 2 来代表群内企业；虚框用来表示产业集群的边界。

① 刘娟、谢守祥：《企业集群核心竞争力分析模型》，《科技管理研究》2004 年第 5 期。

第二节 产业集群核心竞争力传统理论渊源

产业集群核心竞争力理论渊源应基于产业集群竞争优势理论来进行分析。理由有二：一方面，国内外学者对企业核心竞争力理论渊源进行研究时，无论是从经济学角度还是从管理学角度进行解释，并引述了相关理论，如劳动分工理论、比较优势理论、产业定位理论、资源基础理论、核心能力理论等，但理论渊源的落脚点都是基于“企业的持续竞争优势”。[①]这为分析产业集群核心竞争力理论渊源提供了很好的借鉴作用，即可以从产业集群竞争优势理论入手，来分析产业集群核心竞争力的理论渊源。另一方面，产业集群核心竞争力与产业集群持续竞争优势、产业集群竞争力的作用与反作用的关系，特别是产业集群持续竞争优势对产业集群核心竞争力有强大的正向反作用，也决定了可以用产业集群竞争优势理论来解释产业集群核心竞争力的渊源。基于此，产业集群核心竞争力的传统理论渊源主要有以下五种理论：

一、外部规模经济理论

外部规模经济理论是由马歇尔首先提出来的，他从新古典经济学的角度，通过研究工业组织，间接表明了企业为追求外部规模经济而集聚。他曾把经济规模划分为两类：第一类是产业发展的规模，这和专业的地区性集中有很大关系；第二类则取决于从事工业的单个企业和资源、它们的组织以及管理的效率。他把第一类的经济规模称为外部规模经济，把第二类的经济规模称为内部规模经济。[②] 马歇尔认为，外部规模经济“这种经济往往能因许多性质相似的企业集中在特定的地方——即通常所说的工业地区分布——而获得”。[③]

---

① 朱华桂：《企业核心竞争力理论渊源》，《南京社会科学》2002 年第 9 期。
② 管福泉等：《产业集群竞争优势理论分析》，《工业技术经济》2006 年第 3 期。
③ 马歇尔：《经济学原理（上卷）》，商务印书馆 1997 年版，第 279—280 页。

按照马歇尔的观点，产业集群具有持续竞争优势的原因是获取了外部规模经济提供的好处。正如马歇尔所说："当一种工业已这样选择了自己的地方时，它是会长久设在那里的，因此，从事同样的需要技能的行业的人，互相从邻近的地方所得到的利益是很大的行业的秘密不再成为秘密，而似乎是公开了，孩子们不知不觉地也学到许多秘密。优良的工作受到正确的赏识，机械上以及制造方法和企业的一般组织上的发明和改良之成绩，得到迅速的研究。如果一个人有了一种新思想，就为别人所采纳，并与别人的意见结合起来，因此，它就成为更新的思想之源泉。不久，辅助的行业就在附近的地方产生了，供给上述工业以工具和原料，为它组织运输，而在许多方面有助于它的原料的经济。"① 换言之，外部规模经济由于有丰富的专业劳动力供求、专业化供应商的存在、提供协同创新的环境、技术知识的外溢、原料运输成本的大量节约和辅助性服务行业的产生，② 集群内的企业可以通过身处集群而分享到这种外部经济性，从而形成一定的竞争优势。

马歇尔还进一步指出，企业是通过集聚获得利润，并通过与其他企业在合作过程中形成的网络联系，促进了思想、信息、物质等要素较容易地流动，增强了知识、技术能力的累积与创新，使信任和满意成为可能，这将意味着区内交易成本的降低，有利于集群竞争优势的形成与维系。

二、集聚经济理论

集聚经济理论是由阿尔弗雷德·韦伯最早提出的。他从工业区位理论的角度，阐释了产业集群竞争优势的形成原因。所谓集聚经济，是指由于把生产按某种规模聚集在同一地点进行，因而给生产或销售方面带来的利益或造成的节约。③ 他在其代表作《工业区位论》一书中，把影响工业区位的因素分为两类：一类是区域因素，主要指运输成本和劳动力；另一类

---

① 马歇尔：《经济学原理（上卷）》，商务印书馆1997年版，第284页。

② 马歇尔：《经济学原理（上卷）》，商务印书馆1987年版，第279—280页。

③ Weber A. 著，李刚剑等译：《工业区位论》，商务印书馆1997年版，第135—138页。

是集聚因素，也就是使企业在某一地点集中产生优势的因素。集聚一方面表现为工厂生产规模的扩大所带来的单位产品生产成本下降和利润增加；另一方面又表现为那些在生产或分配上有着密切联系或在分布上指向性相同的企业，按一定的比例规模集中地分布于具有特定优势的区位，会产生比分散布局更大的效益。产业集聚是通过企业对集聚好处的追求自发形成的，是自下而上产生的。①

韦伯认为，产业集聚分为两个阶段：第一阶段是企业自身的简单规模扩张，从而引起产业集中化，这是产业集聚的低级阶段。第二阶段主要是靠大企业以完善的组织方式集中于某一地方，并引发更多的同类企业出现，这时，大规模生产的显著经济优势就是有效的地方性集聚效应。他经过分析，把产业集聚归结为四个方面的原因：一是技术设备的发展，技术设备的专业化会实现生产过程的专业化，而生产过程的专业又促进生产部门的集聚化；二是劳动力组织的发展，由于生产过程的分工，需要劳动力的高度分工，而劳动力组织能够为劳动力的分工提供帮助，从而促进了集聚；三是市场化因素，批量购买、批量销售、批量存运能提高效率，降低成本，促进了统一市场的形成；四是经常性开支成本，集聚可以共享基础设施，基础设施的共享降低了企业的一般经常性支出，同时一般开支的降低还会进一步促进企业的集聚。②

韦伯之后，经济学家胡佛也将集聚经济视为生产区位的一个变量，并把产业集聚产生的规模经济定义为某产业在特定地区的集聚体的规模所产生的经济。③ 另一位区位经济学家巴顿则认为，产业集群有利于熟练劳动力、经理和企业家的成长。④

正是由于集聚经济效应的存在，能使企业通过地理上的集中，促进社会分工的深化，提高劳动生产率，加强企业间的联系，共享基础设施，降

---

① Weber A., *The Theory of the Location of Industries*, Chicago: Chicago University Press, 1929, pp. 50 - 92.

② 阿尔弗雷德·韦伯：《工业区位论》，商务印书馆 1997 年版，第 119—120 页。

③ 管福泉等：《产业集群竞争优势理论分析》，《工业技术经济》2006 年第 3 期。

④ 巴顿：《城市经济理论与政策》，商务印书馆 1984 年版，第 21—23 页。

低生产成本，强化区域品牌效应，实现信息知识共享，从而增强产业集群的持续竞争优势，强化产业集群的核心竞争力。

三、工业集聚理论

当代新古典经济学家保罗·克鲁格曼以传统的收益递增为理论基础，借用报酬递增的正式分析工具，引入地理区位等因素，分析了空间结构、经济增长和规模经济之间的相互关系，提出了新的空间经济理论——工业集聚理论，进而发展了集聚经济的思想。①

克鲁格曼在他建立的工业集聚模型中，假设一个国家有两个区位，有两种生产活动（农业和制造业），在规模经济、低运输费用和高制造业投入的综合作用下，通过数学模型分析，从理论上证明了工业活动倾向于空间集聚的一般趋势。另外，他在融合传统经济地理学理论的基础上，以垄断竞争模型来综合考虑多种影响因素：收益递增、自组织理论、向心力和离心力的作用，证明了低的运输成本、高制造业比例和规模有利于区域集聚的形成。② 克鲁格曼将最初的产业集聚归为一种历史的偶然，由于外在环境的限制，如贸易保护、地理分割等原因，产业区集聚的空间格局可以是多样的，特殊的历史事件将会在产业区的形成过程中产生巨大的影响，人们的预期也可能改变产业集聚的区位，现实中的产业区的形成是具有路径信赖性的，而且产业空间集聚一旦建立起来，就倾向于自我延续下去。③另外，克鲁格曼认为，市场的不确定性和技术的快速变化导致内部规模经济和范围经济的衰退，而集聚经济则通过各种形式的垂直和水平生产活动外包来实现交易成本节约，由此得出，集聚经济具有外部规模和范围经济优势。④ 1991 年，克鲁格曼发表《递增收益与经济地理》一文，提出了基于规模报酬递增的“中心—边缘”产业集群理论，并以运输成本、规模经

① 陈柳钦：《产业集群竞争力理论的演变》，《甘肃理论学刊》2006 年第 7 期。

② 杨洪焦等：《产业集群理论研究述评》，《经济问题探索》2006 年第 3 期。

③ 梁琦：《产业集聚论》，商务印书馆 2004 年版，第 50—64 页。

④ Krugman P., *Geography and Trade*, Cambridge, MA: MIT Press, 1991, pp. 183 - 199.

济与国民收入中的制造业份额为基本出发点进行研究，结果表明：报酬递增使每一种商品的生产倾向于集中在市场规模较大的区位，劳动力会有移向该地的动力，并且，劳动力的移动本身会增加移入地的市场规模，而减小移出地的市场规模，从而导致经济规模越大，产业集中越明显。①

克鲁格曼的工业集聚理论，一方面为自上而下的产业政策的制定提供了理论依据，产业政策有可能成为地方产业集聚诞生和不断强化的促成因素；另一方面也解释了产业集群之所以具有持续竞争优势，在于存在有两种集聚效应的力量：“价格效应”（即非产业集聚区的劳动力受工资的诱惑而向集聚区内迁移的现象）和“市场规模效应”（即厂商有内在的冲动集聚在一起共同分工协作的意愿）。②

四、竞争优势理论

从国家竞争优势的角度对产业集群竞争优势进行定位研究，首推美国著名战略管理学家、哈佛商学院迈克尔·波特教授。1990 年，波特在考察了大量发达国家竞争力状况的基础上，出版了《国家竞争优势》一书，提出了决定国家竞争优势的关键因素主要有四个：要素条件；需求条件；相关与支撑产业；企业战略、结构和竞争。这些要素为国家特色产业持续创新和升级创造了条件。此外，还有影响国家竞争力的两个附加因素——机遇和政府行为。机遇和政府行为通过各自的方式改变着四个关键因素，从而影响国家竞争优势。以上四个要素构成了波特的国家竞争优势“钻石模型”，如图 2.4 所示。波特强调，该模型是一个动态的系统，只有在每一个要素都积极参与的条件下才能创造出企业发展的环境，进而促进企业投资和创新，因此，地理集中是必要条件。地理集中性使得各个关键要素的功能充分发挥，在互动的过程中，推动产业集群的出现。

在《国家竞争优势》一书中，波特还引入了“产业集群（Cluster）”

---

① Krugman P.，“Increasing Returns and Economic Geography”，*Journal of Political Economy*，1991.

② 陈柳钦：《产业集群竞争力理论的演变》，《甘肃理论学刊》2006 年第 7 期。

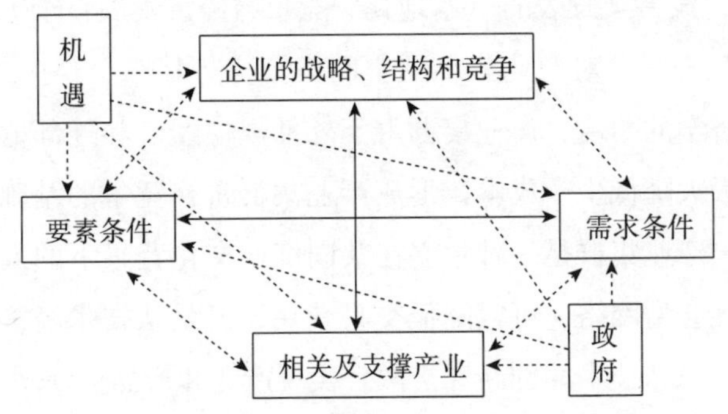

图 2.4　波特的国家竞争优势“钻石模型”

资料来源：迈克尔·波特：《国家竞争优势》，华夏出版社 2003 年版，第 66—164 页。

这一概念，认为一个国家的成功并非来自某一项产业的成功，而是来自纵横交织的产业集群。一个国家的经济是由各种产业集群所组成，这些产业集群弥补并提供竞争优势（当然也可能造成竞争劣势），反映了经济的发展，并认为国家竞争优势的关键要素会组成一个完整的系统，是形成产业集群现象的主要原因。① 1998 年波特发表了《集群与新竞争经济学》一文，系统地提出了新竞争经济学的产业集群理论，并对产业集群的含义作了进一步的解释，认为产业集群包括一连串上、中、下游产业以及其他企业或机构，互补性产品的制造商和原材料供应商，政府和其他支持性机构。② 在此文中，波特认为，企业由于地理集中产生的生产率和创新利益提高、交易费用降低而自发地集聚在一起，集群的规模可大可小。他还指出了产业集群对区域竞争的影响：一是提高区域企业的生产率；二是指明创新方向和提高创新速率；三是促进新企业的建立，从而扩大和加强集群本身。他认为，产业集群与竞争的关系表现在三个方面：其一，产业集群内的企业通过在群内的生产力对群外企业施加影响；其二，集群内的企业通过采取低成本战略，进行技术创新为将来的发展奠定了基础；其三，集群的环境有利于新企业的产生和集群规模及影响的扩大。

① Michael E. Porter, *The Competitive Advantage of Nations*, New York: Free Press, 1990, pp. 68 – 140.

② Porter M. E., *Clusters and the New Economics of Competition*, Harvard Business, 1998, pp. 77 – 91.

2000年，波特又发表的《本地化、竞争与经济发展：全球经济中的地方产业集群》一文，对产业集群的空间集聚优势从三个角度进行了分析：一是从纯经济学的角度，产业集群由于外部规模经济和外部范围经济效应的存在，能大大降低生产成本，形成产业集群价格竞争的基础；二是从社会学的角度，产业集群是一种建立在共同产业文化背景下的人与人之间信任基础上的社会型网络，可以降低交易费用；三是从技术经济学角度，集群能够促进知识和技术的创新和扩散，实现产业和产品创新。①

波特的竞争优势理论，很好地诠释了产业集群持续竞争优势的根源：产业集群有利于资本、技术、人才和资源的集聚，降低企业的生产成本与运输成本；产业集群有利于群内企业在互动机制的协助下实现信息和知识的迅速传播，加快企业学习和创新进程；产业集群有利于缓和群内企业经济利益冲突，形成信任的空间，克服内在惯性与僵化，实施组织创新；产业集群有利于专业市场的形成，让群内企业及时掌握市场行情；完整的产业集群有利于提高企业的竞争意识和危机意识，可以放大和加速生产要素创造力，激发企业的创新热情。

五、交易费用理论

交易费用理论由新制度经济学的代表人物科斯（Coase R.）在其1937年发表的代表作《企业的性质》一文中首先提出。科斯交易费用理论认为，企业和市场是两种执行相同职能而又相互替代的机制，企业的出现是对市场机制的替代，是因市场这只“看不见的手”失灵而出现的。企业或其他组织作为一种参与市场交易的单位，其经济作用在于把若干要素所有者组织成一个单位参加市场交换，这样减少了市场交易者单位数，从而减少信息不对称的程度，降低机会主义的发生和不确定性，有利于降低交易费用。②

---

① Michael E. Porter, “Location, Competition and Economic Development: Local Clusters in a Global Economy”, *Economic Development Quarterly*, No. 14, 2000, pp. 15 - 20.

② Coase R., “The Nature of the Firm”, *Economica*, No. 4, 1937, pp. 368 - 405.

在科斯之后，威廉姆森（Williamson H.，1980）等许多经济学家又进一步对交易费用理论进行了发展和完善。威廉姆森认为交易费用产生的原因主要是信息搜寻成本和机会主义行为，交易费用的影响因素主要是环境的不确定性、小数目条件、组织或人的机会主义以及信息不对称等，这些因素构成了市场与企业间的转换关系。① 杨小凯（1995）认为企业与市场之间的关系在于企业是以劳动市场代替中间产品市场，并认为企业和市场的边际替代关系取决于劳动力交易效率和中间产品交易效率的比较。②

按照交易费用理论，从交易角度看，市场和企业只不过是两种可选择的交易形式和经济组织形式，他们之间并没有什么本质区别。而且，在他们之间还存在着多种其他中间组织形式。产业集群就是处于市场和企业之间的一种中间组织形式。③

产业集群是一种介于市场和企业之间的网络组织，是大量专业化分工的企业在空间地域上集聚，并与区域内其他行为主体结成的紧密协作的生产体系。集群的专业化分工可通过网络关系和空间优势大大降低交易费用，共同的产业文化和价值观利于建立以信任合作为基础的社会网络，使交易双方容易达成交易，使利用市场交易的效率要大于企业组织效率。④ 集群内的企业无论在原材料采购费用、营销成本、公关成本、物流成本、信息成本、人才招聘成本、技术创新成本等方面都存在着较低的交易费用，降低交易风险，从而赢得了一定的竞争优势。

第三节　产业集群核心竞争力现代理论渊源

上文从经济学与管理学的角度对产业集群核心竞争力、产业集群持续

---

① Williams H. & A. G. Wilson, *Some Comments on the Theoretical and Analytical Structure of Urban and Regional Models*, Sistemi Urbani, 1980, pp. 203 - 242.

② XiaoKai Yang, Ng Y. K., "Theory of the Firm and Structure of Residual Rights", *Journal of Economy Behaviour and Rgannisation*, 1995, pp. 107 - 128.

③ 陈柳钦：《产业集群竞争力理论的演变》，《甘肃理论学刊》2006 年第 7 期。

④ 何燕子：《产业集群竞争优势的形成机理及其延续》，《重庆大学学报（社会科学版）》2006 年第 2 期。

竞争优势的传统理论渊源进行了分析。然而，产业集群不仅是一种经济组织，它同时也是一种社会组织，集群这种特定产业组织带来了区域内部人与人之间特殊的相互关系；[①] 产业集群核心竞争力、持续竞争优势不仅与全球产业结构调整、产业转移、区域合作有关系，而且与科技创新、城市规划、市场化程度以及产业投资的合理性等都有密切的关系。[②] 因此，成为产业集群核心竞争力与持续竞争优势理论渊源的还有以下几种：

一、创新网络理论

1985 年，欧洲创新研究小组（GREMI）经过长期研究后认为，企业的创新和发展是依赖于其在区域内结成的网络，这种区域的网络不仅包括同一产业或相关产业的企业间正式的产业和经济网络，而且还包括企业在创新与发展过程中与当地的大学、研究机构、行会等中介组织以及地方政府等公共组织机构之间合作基础上而结成的研究与开发网络、社会关系网络、企业家间的个人关系网络等。[③] 这标志着创新网络理论的诞生。

随后，众多创新网络理论研究者对创新网络与产业集群核心竞争力、持续竞争优势的关系展开了多角度的研究。欧洲创新研究小组（GREMI）的主要成员凯蒙基尼（Camgini）等在 1991 年其著作《创新网络》（*Innovation Networks*）中指出，在产业区发展过程中，企业之间及其与外部的网络连接对于企业发展、创新和整体区域经济的发展起了关键作用。[④] 德布雷逊（Debresson）与塞艾姆（Amesse，1991）认为，创新网络可以有效降低创新活动中的技术和市场的不确定性，克服单个企业在从事复杂技术系统创新时的能力局限，从而使其成员赢得商业游戏带来的收益增长，并且创新网络发挥功效的能力与网络结点的空间配置关系密切，地理位置邻近有助于维持并强化创新网络的支撑因素，如文化认同和相互信任等；同

① 张元智、马鸣萧：《产业集群：获取竞争优势的空间》，华夏出版社 2006 年版，第 74 页。

② 隋映辉：《论产业集群形成模式及竞争体系》，《中共青岛市委党校青岛行政学院学报》2006 年第 1 期。

③ 管福泉：《产业集群竞争优势理论分析》，《中国工业经济》2006 年第 3 期。

④ Camagni R.，*Innovation Networks*：*Spatial Perspectives*，London：Beelhaven-Pinter，1991.

时，他们认为，创新性的集群不是指经济实体的简单集中，而是意味着在产业内相互作用水平上，相互关联、相互协作的潜在的网络体系。① 哈里森（Harrison）则认为，产业区（集群）的发展严重依赖于区内企业在本地区所形成的创新网络，只有根植于当地社会文化环境的创新网络才能更好地发挥作用。② 卡佩罗（Capello，1999）在研究产业区内创新网络时发现，区域内的行为主体在网络连接过程中不断进行集体学习，促进创新网络与创新环境的互动，进而实现企业的空间集聚和产业区的持续发展。③卡佩罗（Capello）的研究指出了创新网络的根本优势就是集体学习机制——一种互动、开放式的学习过程，这也是实现集群持续发展的源泉。

1975 年，威廉姆森从生产组织形式的角度认为，产业集群是基于专业化分工和协作的众多中小企业集合起来的组织，是介于纯市场组织和层级组织之间的中间性组织，它比市场稳定，比层级组织灵活。④ 也就是说，产业集群是由众多存在前向、后向和水平的产业联系的供应商、生产商、销售商、当地政府、金融机构、知识生产机构、中介服务机构等通过长期联系形成的本地化网络。根据创新网络理论者的观点，可以构建出产业集群创新网络模型，如图 2. 5 所示。

从图 2. 5 中可以看出，在集群创新网络中，中介机构作为各企业与支持性机构的“黏合剂”，它的作用非常明显，是连接知识生产与知识消费之间的桥梁与纽带。在集群网络中，企业技术创新可以通过企业间的交流及企业衍生较快地移植或嫁接到其他企业；技术之间的相互融合，激发了大量渐进性的技术创新；企业之间通过技术交流，加快了技术扩散的速度，同时也便于他们联合成立技术研发小组，实现技术合作，赋予企业集群创新活力，最终形成地方化知识和能力体系，成为企业集群长期竞争优

① Debresson C. & Amesse F. , “Networks of Innovators: A Review and an Introduction to the Issue”, *Research Policy*, No. 20, 1991, pp. 363 – 380.

② Harrison B. , “Industrial District: Old Wine in New Bottles?”, *Regional Studies*, No. 26, 1992, pp. 469 – 483.

③ Capello R. , Spatial Transfer of Knowledge in Hi-Techmilieux: Learning Versus Collective Learning Progresses, *Regional Studies*, No. 33, 1999, pp. 352 – 365.

④ Williamson O. , *Market and Hierarchies*: *Analysis and Antitrust Implications*: *A Study in the Economics of International Organization*, London: The Free Press, 1975.

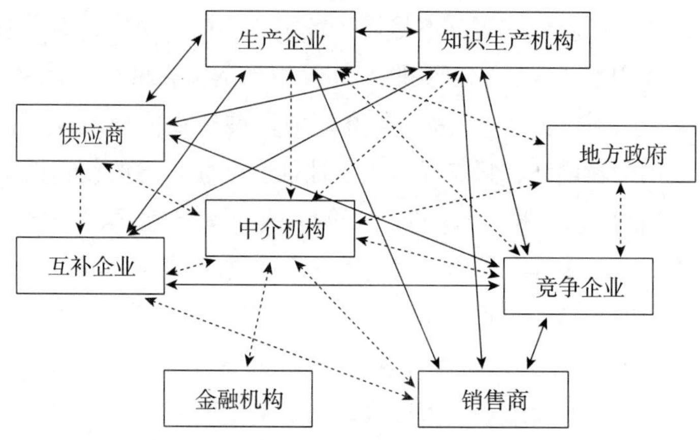

图 2.5 产业集群创新网络模型

注：箭头表示学习方向，实线表示以直接途径学习，虚线表示以间接途径学习，虚框表示产业集群的边界。

势的基础。

集群式创新网络还有利于新企业的衍生。这些衍生企业常常把公司的选址靠近母公司，利用原来的关系网络和共享的信息开展创新活动。事实证明产业集群的发展有利于吸引更多的企业加入，促进新企业的建立，从而形成更大规模的集群，提升产业集群的核心竞争力。①

二、社会网络理论

社会网络最早产生于英国人类学的一种研究范式，20 世纪 70 年代中期，网络分析成为社会学中有影响力的领域和新经济社会学的主要分析范式，1985 年，格兰诺维特（Granovetter. M.）发表《经济行动与社会结构：镶入性问题》一文，提出社会网络是人们生活中的社会结构，而处于其中的人的经济行为必然受社会网络的影响，标志着社会网络理论的真正形成，从而社会网络理论也成为研究产业集群的一种重要范式。②

社会网络理论认为，网络组织比市场组织稳定，比层级组织灵活，是

① 魏后凯：《对产业集群与竞争力关系的考察》，《经济管理》2003 年第 6 期。

② 李士忠、方齐云：《产业集群研究的理论视角》，《职业圈·现代软科学》2006 年第 3 期。

一种介于市场组织和层级组织之间的新的组织形式。网络组织一般具有以下性质和特点：网络是一个动态开放系统；网络的结点构成不固定并且是交流之源；网络的结点具有加工处理能力和决策能力；网络中的流体多样化；网络的交流是多层次、多渠道的。① 网络组织理论将社会经济活动放到了更加现实和更为广阔的背景下，分析的重点不是企业的界定、企业与市场之间的最佳组合以及企业内部等级组织形式的选择，而是企业内部或外部能够诱导和实际存在的各种交互作用的网络关系及其构造。② 社会网络的存在，可以降低成员之间的交易成本，增强网络结点间的信任，加强网络结点间的团结，加强网络结点间的合作，优化网络结点间的关系，增强网络结点间的环境适应能力，加快信息在结点间流动，提供更为广阔的学习界面，提高知识在网络内的扩散水平，共享社会关系网络、劳动力市场和服务，共享市场机会及分担风险，提高网络内结点的持续创新能力，从而维系网络组织的持续竞争优势。

由于集群内的企业之间具有共同的社会文化背景，同时可以便利地交流和互动，如果把产业集群内部企业以及与其相关的各行动主体看作是网络结点，把他们之间的联系纽带看作某种关系，就形成了一个错综复杂、具有弹性化和波动性的、基于社会关系信任和共享互补资源等特别管理特征的社会网络。产业集群之所以能成为一种社会网络，主要有三种原因：一是中小企业在现实环境中因资源、信息不对称所导致的对资源依存的需要；二是中小企业为减少外部环境的不确定性对自身发展的影响；三是中小企业为增强企业间的信任度在空间上集聚。③

产业集群作为一个社会网络，可以在集群内部构建起合作与信任机制，产生很强的集体效益，使群内企业克服生产规模小的弱点，具备比较强的竞争优势；可与集群外部建立起必要的信任，开拓集群外部的社会资

① 刘珂、和金生：《论产业集群中的区域创新网络建设》，《西北农林科技大学学报（社会科学版）》2006 年第 2 期。

② 马刚：《产业集群演进机制和竞争优势研究述评》，《科学学研究》2005 年第 2 期。

③ 鲁开垠：《产业集群社会网络的根植性与核心能力研究》，《广东社会科学》2006 年第 2 期。

源，使群内企业获得广泛的社会支持；可以加强产业集群内部各企业的联系，使先进的技术和管理经验通过人员的流动扩散到集群内的其他企业中；可以为集群内企业的衍生和发展提供便利条件，同时也规避了创办新企业的风险；可以促进集群内企业之间建立正式或非正式的水平合作关系，如相互交流生产、管理经验，甚至帮忙完成订单任务等。这些竞争优势的获得，都是基于集群内企业间的信任、合作、学习、交流、知识共享、技术外溢等来实现的。可以用图 2.6 来表示产业集群社会网络效应机制。

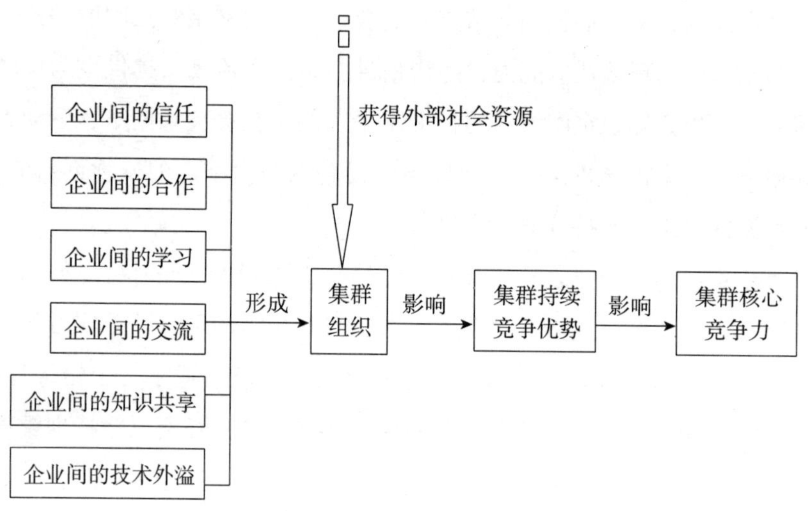

图 2.6 产业集群社会网络效应机制

三、社会资本理论

当代对于社会资本概念的第一个系统表述是由法国社会学家皮埃尔·布迪厄提出的。1980 年，他在一本叫做《社会科学研究》的杂志上发表了《社会资本随笔》的短文，正式提出了“社会资本”这个概念，并把它界定为“实际或潜在资源的集合，这些资源与由相互默认或承认的关系所组成的持久网络有关，而且这些关系或多或少是制度化的”。[①] 在社会资本研

① 李惠斌、杨雪冬：《社会资本与社会发展》，社会科学文献出版社 2000 年版，第 3 页。

究领域，影响最大的是詹姆斯·科尔曼，他把社会资本定义为人们为了群体或组织目标而实现合作的能力。[①] 他把社会资本的表现形式概述为义务与期望、信息网络、规范和有效惩罚、权威关系、多功能社会组织、有意创建的组织，强调自愿合作和自我实施的相互合作关系。政治学家罗伯特·普特南把“社会资本”定义为社会组织的特征，例如信任、规范和网络，它们能够通过推动协调和行动来提高社会效率。社会资本提高了投资于物质资本和人力资本的收益。[②] 普特南认为，像信任、惯例以及网络这样的社会资本存量有自我强化和积累的倾向，一次成功的合作会建立起联系和信任，这种社会资本的形成有利于未来的充分和连续合作。美国经济学家弗朗西斯·福山认为，社会资本是一种有助于两个或更多个体之间相互合作，可用事例说明（Instantiated）的非正式规范。[③] 从以上学者的定义可以看出，社会资本的核心价值在于信任、规范与制度，因而社会资本的作用就是通过信任、规范与制度来实现集体性互惠的合作，从而增加个体和群体的总收益。

社会资本理论很好地解释了产业集群持续竞争优势与核心竞争力的来源，其作用机制如图 2.7 所示。由于社会资本的存在，一方面，群内企业愿意进行合作和交流，而不用担心对方的机会主义行为；另一方面，企业愿意重新组织它们的关系，以减少风险，而不用担心受到伤害；同时企业愿意作为合作者网络的一员而支持具有共同目标的活动，以扩展网络关系。[④] 在这样一种集群社会资本机制作用下，有利于形成集群文化，有利于生产要素在群内企业之间、区域之间充分流动和高效配置，有利于实现信息流、知识流、技术流、经验流等在集群内的高速流动，有利于群内企

---

① Coleman James, “Social Capital in the Creation of Human Capital”, *American Journal of Sociology*, Vol. S, No. 94, 1988, pp. 95 – 120.

② Putnam Robert, “Turing in, Turning out: The Strange Disappearance of Social Capital in America”, *Political Science and Politics*, No. 28, 1995, pp. 664 – 683.

③ 弗朗西斯·福山：《公民社会与发展》，转引自曹荣湘：《走出囚徒困境——社会资本与制度分析》，三联书店 2003 年版，第 72 页。

④ 惠宁：《产业集群理论的形成及其发展》，《山西师范大学学报（社会科学版）》2005 年第 6 期。

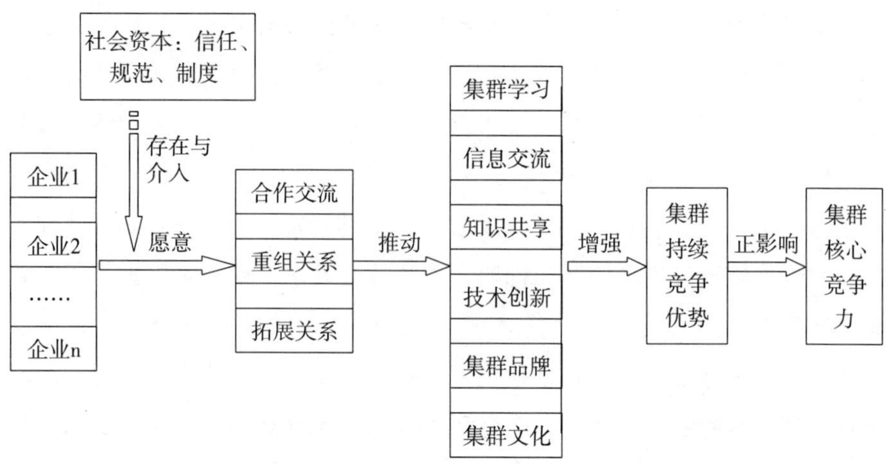

图 2.7 社会资本与产业集群持续竞争优势、核心竞争力的作用机制

业在竞争中互相学习，通过非正式的交流和正式的合作，及时了解变化的市场和技术，加强产业集群组织内企业之间的知识共享与交流合作，为知识文化的相互碰撞创造条件，为技术创新、产品升级换代、设备更新、管理创新等创造条件。同时，由于社会资本的存在，集群内部企业容易遵守共同的行为规则，相互之间易达成无形串谋，在国际国内市场范围内拥有强大的市场力量，使产业集群无论作为产品市场的供给者，还是作为要素市场的需求者，都是有很强的谈判能力，从而获得竞争优势。因此，有学者认为，社会资本存量决定集群的创新能力、持续的市场需求能力以及有序的竞争与协作关系的维持，是构成对手难以模仿、保持持续竞争优势的关键。①

四、战略生态理论

生态学架起了自然科学与社会科学沟通的桥梁，利用生态学的方法可以分析和指导企业、组织、机构的发展。战略生态理论作为一种新兴的战略管理理论，是一种将生态学的思想和方法引入到管理实践而产生的理论，其最早可追溯到 20 世纪 80 年代后期出现的环境学派的理论。1989 年，迈

① 李玉连：《基于社会资本理论的产业集群可持续发展研究》，《科学学与科学技术管理》2006 年第 3 期。

克尔·哈南（M. T. Hannan）与约翰·弗里曼（J. H. Freeman）最早提出了"组织生态"的概念；1993 年，詹姆斯·弗·穆尔（James F. Moore）发表了《捕食者与被捕食者：一种新的竞争生态学》一文，提出了企业生态系统的发展演化理论；① 1996 年，詹姆斯·弗·穆尔又出版了其专著《竞争的衰亡：商业生态系统时代的领导与战略》，用系统论反思竞争含义，用生态学新解商业运作，定义了"商业生态系统"的概念，并从现代生态学的角度透视整个商业活动，强调企业生态的共生和进化。为了便于研究和实际管理，作者把商业生态系统的发展划分为四个持续阶段，并对每个阶段的特征、工作内容进行系统研究。② 1997 年，欧文·拉兹洛（Ervin Laszlo）的《管理的新思维》一书问世，他从组织原则、战略原则、经营原则三个方面提出了生态进化管理的原则。③ 1998 年，肯·巴斯金（Ken Baskin）出版了《公司 DNA：来自生物的启示》，提出了"市场生态"的概念，将自然科学的一些最新见解以及关于动荡和复杂问题的最新研究成果融入现实战略管理中，通过研究混乱复杂的生物生态系统来理解与其相仿的企业生态系统的发展，帮助企业重新思考它们的未来。④ 国内许多学者也对战略生态理论进行了卓有成效的研究，并取得了相应的成果，很好地指导了企业管理实践。

按照战略生态理论，战略生态管理是一个系统，不仅包括企业本身将采取的战略，而且还包括对整个战略生态系统的识别、规划、实施、评价和自我更新等进化过程的管理。战略生态系统是企业及其利益相关者构成的集群，是一种复杂的生态系统，涵盖面很广，包括了影响企业生存与发展的所有方面。⑤ 战略生态系统以企业为核心，是社会经济生态大系统的重要组成部分，从其构成成员的紧密性和重要性来看，主要包括核心生态系统和扩展生态系统两个部分。战略生态理论与其他管理理论相比，主要

---

① 刘跃所等：《战略生态理论的演进：概念与基本问题》，《科学学研究》2004 年（S）。
② 詹姆斯·弗·穆尔著，梁骏等译：《竞争的衰亡》，北京出版社 1999 年版，第 20 页。
③ 欧文·拉兹洛著，文昭译：《管理的新思维》，社会科学文献出版社 2001 年版，第 2—5 页。
④ 肯·巴斯金著，刘文军译：《公司 DNA》，中信出版社 2001 年版，第 1—9 页。
⑤ 李春青：《企业战略管理新范式探索——战略生态管理》，《化工管理》2004 年第 2 期。

有以下几个特点：①战略生态的目标既要考虑自身利益，也要考虑生态系统的整体利益。②战略生态建设与投资范围已超越“企业是独立、自治的实体”，它包括对核心生态系统和整个生态系统两方面的投资。③战略生态超越了在定义明确的产业中竞争的传统战略思维，强调技术、产业边界发展与战略生态系统的协同进化。① 因此，战略生态管理作为一种全新的战略管理思维，可以很好地指导组织选择更科学的战略行为和竞争手段，增强组织适应知识经济的发展与剧烈的竞争环境的能力，提高组织对战略环境的长期适应性和生态进化能力，增强组织的竞争优势，实现组织和生态系统的可持续发展。

产业集群概念本身就是基于生物学中“种群”概念提出来的，产业集群包括一批对竞争起重要作用的、相互联系的企业和其他实体，同时向下延伸至销售渠道和客户，并从侧面扩展到辅助性产品的制造商，以及与技能技术或投入相关的产业公司，还包括提供专业化培训、教育、信息研究和技术支持的政府和其他机构。从产业集群的构成主体来看，就是一个战略生态系统，是“由企业及其利益相关者构成的集群”，并且是“一种复杂的生态系统”，图 2. 8 描述了产业集群战略生态系统结构示意图。

产业集群作为一个生命有机体，集群内存在互惠共生行为、竞合博弈行为、资源共享行为、结网群居行为。② 因此，产业集群应从战略生态理论出发，群内企业应把它赖以生存的利益相关者群体和外部环境作为战略生态系统来研究，实现利益相关者和战略环境协同进化，使企业和集群变革措施更具针对性、前瞻性、适应性，提高企业和集群对战略生态环境的适应能力；通过战略生态思维，使企业从有限的焦点扩展到广阔的视野，从关注自身利益转向战略生态系统的共同利益；通过有效的竞争协作机制，形成功能完善的分工协作网络，扩展市场竞争范围，建立战略生态联盟；保持与外界的物质交流和信息交流，形成开放型的生态系统，实现产

① 聂锐、张焱：《战略管理新范式：战略生态管理》，《中国矿业大学学报（社会科学版）》2003 年第 3 期。

② 崔焕金：《产业集群竞争优势的行为生态学透视》，《生产力研究》2005 年第 12 期。

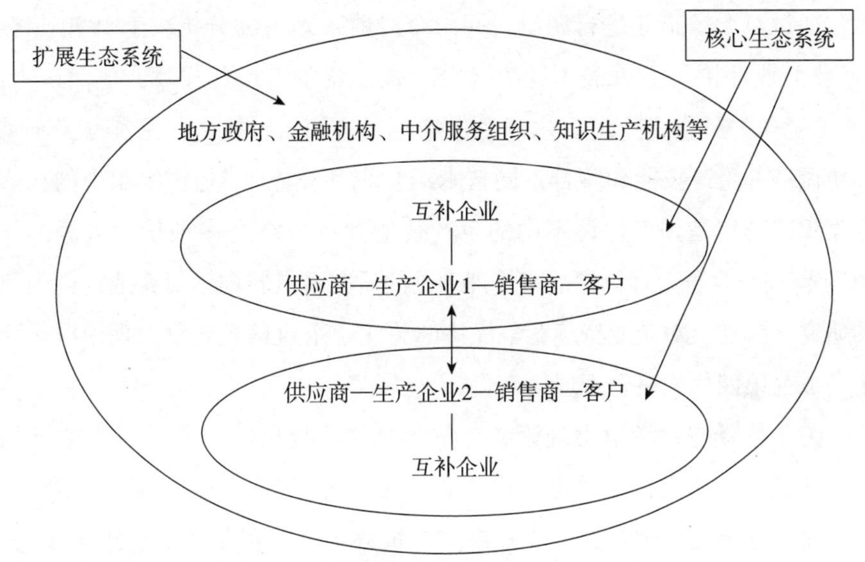

图 2.8　产业集群战略生态系统结构示意图

注：此图只以生产企业 1 和生产企业 2 来代表集群企业，两个核心生态系统之间的双向箭头表示两者间存在一定的交叉和相互作用。

业集群整体资源的优势和效率的提升，促进产业集群持续竞争优势的维系，提升产业集群核心竞争力。

五、核心竞争力理论

核心竞争力理论是战略管理理论的一个分支，但企业核心竞争力的思想可以追溯到亚当·斯密、阿尔弗雷德·马歇尔等的微观经济理论。1976年，斯密提出了企业内部劳动分工决定企业的劳动生产率的思想；1925年，马歇尔提出了企业内部各职能部门之间、企业之间、产业之间的“差异分工”，并指出这种分工直接和各自的技能与知识相关；1959 年，伊迪丝·彭罗斯（Edith Penrose）发表了《企业成长论》一文，特别强调了企业成长过程依赖于企业内部的能力资源。[①] 但这些人的研究并没有深入下去，只能说是核心竞争力的思想火花。著名战略管理学家普拉哈拉德与哈

① 徐向艺、谢子远：《核心竞争力理论及其对当代企业管理理念的影响》，《文史哲》2005 年第 1 期。

默尔通过对大量企业进行调研，并结合对前人理论的分析，于1990年在《哈佛商业评论》上发表了题为《公司核心竞争力》的文章，他们认为："核心竞争力是在一个组织内部经过整合了的知识和技术，尤其是关于怎样协调多种生产技能和整合不同技术的知识和技能"，是"组织中的积累性学识，特别是如何协调不同的生产技能和有机结合多种技术流派的学识"。① 核心竞争力理论把战略管理理论的研究重点转向了对企业内部因素的研究，再加上对企业持续竞争优势的关注，企业核心竞争力理论应运而生，成为第四代战略管理理论。

为了解释核心竞争力理论，普拉哈拉德还提出一个非常形象的"树型"理论。他认为，多样化公司就像一棵大树，树干和主枝是核心产品，分枝是业务单元，树叶、花朵和果实是最终产品，提供养分、维系生命、稳固树身的根就是核心竞争能力。核心竞争能力是公司内部的知识汇总，尤其是如何协调纷繁复杂的生产技能和融合多种技术潮流。核心竞争力不会随着使用而递减，它不像物质资产那样会随着时间的流逝而损耗，相反竞争力却随着它们的应用分享而提高。②

其后，美国麦肯锡咨询和商业在线专家詹姆斯·迈天等都给出了各自对核心竞争力的解释，从而构建起一个发展中的核心竞争力理论。③ 不同的企业具有不同的核心能力，但这些不同的竞争力却有着一些共同的特征：一是扩散性，二是重视用户价值，三是独特性，四是价值的可变性，五是核心竞争力的暂时性。④ 核心竞争力理论认为，核心竞争力考察的是企业持续的动态的竞争状况，特别是企业面对竞争对手的潜在的获利能力，而非现有的单纯的市场占有率、品牌知名度以及企业的生产规模等指标参数；企业竞争优势的主要来源是自身的资源和能力，当企业将所拥有的资源和能力用于发展其独特的核心竞争力，而且竞争对手不能用其他方

① 张石森、欧阳云：《哈佛MBA核心竞争力全书》，远方出版社2003年版，第1—7页。
② 卢福则：《核心竞争力与企业创新》，经济管理出版社2002年版，第47页。
③ 张明明、刘志锋：《核心竞争力理论再探讨》，《兰州商学院学报》2006年第4期。
④ 王阳：《构造我国企业核心竞争力的形成机制》，《开发研究》2002年第6期。

法代替或者模仿这些能力时，企业就能维持自己的竞争优势等。

核心竞争力理论不仅能够用于微观环境中的企业，还可用于中观环境的产业集群发展领域之中，核心竞争力就是产业集群持续发展的源泉所在。不可否认，一些产业集群的发展优势是由其资源禀赋条件所决定的，但在市场经济条件下，一个产业集群的优势不是自封的，而是市场竞争活动的结果，产业集群竞争优势是在市场竞争中自发形成的。事实也证明，只有那些具有核心竞争力的集群，才能长盛不衰，才能在激烈的市场竞争中获得优势，才能保持产业集群持续竞争优势。

第三章　产业集群核心竞争力的影响因素

第一节　产业集群核心竞争力的生命周期

一、产业集群生命周期的内涵

出生、成长、成熟、衰老、死亡，对于任何有生命的机体来说，都是不可逾越的过程和阶段，其中的差别在于过程和阶段的长短，或者在于过程和阶段的不完全性。诸多理论研究也表明，经济组织也与自然界的生命体一样，也有自己的生命周期，同样会经历或部分经历出生、成长、成熟、衰老、死亡的过程和阶段。产业集群作为一种经济组织形式，也有自己的生命周期，并且在生命周期的每一阶段，发展状况和发展因素也各有不同。

1998 年，奥地利区域经济学家蒂奇（Tichy G.）借鉴佛农的产品生命周期理论，从时间的维度将集群的生命周期划分为四个阶段：诞生期（the birth phase）、成长期（the growth phase）、成熟期（the maturity phase）和衰退期（the petrify phase），并认为产业集群的发展总要经历这四个阶段，但是不同的产业集群存续周期的长短是有较大差别的。① 这四个阶段与产业集群的规模关系如图 3.1 所示。

按照蒂奇的观点，结合图 3.1 可以看出，诞生期是指集群的初创阶段，

---

① Tichy G. & Clusters，“*Less Dispensable and More Risky than Ever*，*Clusters and Regional Specialisation*”，London：PionLimited，1998，pp. 226 – 236.

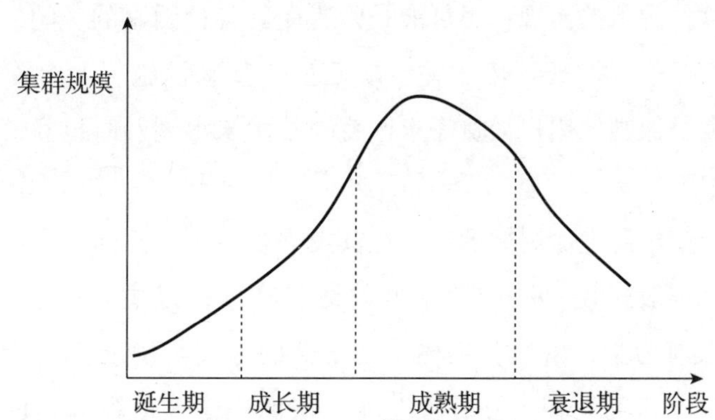

图 3.1　产业集群生命周期与产业集群规模的关系

集群规模较小，企业仅是聚集在一起进行产品生产，集群还未真正形成，产品和生产过程还没有标准化，参与的企业也比较少，产业链不太完整，主要依靠地区的资源要素禀赋或者政府政策的支持来维持其发展；成长期是产业集群迅速发展的阶段，集群规模逐渐扩大，增长率高，集群规模不断扩大，企业数量逐渐增多，产业链已经初具规模，开始形成自己的主导产业，同时大量辅助性、补充性产业的企业也开始加入其中，集群内的资源也日益集中；成熟期是产业集群处于发展的鼎盛阶段，集群规模达到极致，生产过程和产品走向标准化，集群内部分工明确，企业间形成了比较完整的产业链，群内企业的生产规模也不断扩大，但也导致同类产品企业间的竞争加剧，产品同质化现象严重；衰退期是集群逐渐失去活力，逐步走向衰退的阶段，集群规模逐渐变小，集群对于市场的反应能力下降或消失，集群企业大量外流或死亡。

于秀婷、史占中（2005）把产业集群生命周期也划分为四个阶段：第一阶段为集群的起源与出现；第二阶段为集群的增长期或者过早夭折；第三阶段为集群的成熟稳定期或者快速消亡；第四阶段为集群的二次飞跃或者衰退消亡。① 这种划分，具有动态性，比较准确地描述了产业集群发展的历程和变化，特别是集群的消亡，很有可能跳过成熟阶段而在成长阶段

① 于秀婷、史占中：《产业集群的演化和阶段性成因探讨》，《上海管理科学》2005 年第 1 期。

就出现。这种现象的出现，很可能是因为受到各种因素的影响，如群内企业间的恶性竞争、投资环境太差、缺乏公共基础设施、人力资源储备不足、市场竞争加剧、用户消费需求改变、技术未得到及时更新、产业链断裂等。

根据产业集群生命周期理论，在其发展阶段中，不同的主体起的作用各不相同。一般来说，在产业集群的诞生初期，以主导企业、供应商、服务商和政府为主，由这些主体带动集群的形成与发展；在产业集群的成长时期，销售商、相关互补性企业、培训机构等也跟进集群，共同促进集群的发展与壮大；到了产业集群的成熟时期，随着集群影响力和市场竞争力的扩大，行业协会、中介服务机构、知识生产机构、金融机构等也成了集群的主体，相互配合、相互协作，推动产业集群向更大的规模扩展。同时，在产业集群生命周期的不同阶段，不同的生产要素所起的作用也有所不同。在集群的诞生期和成长期初期，主要以土地、劳动力、原材料、资本、自然资源等基本生产要素为主，依赖这些生产要素，比较容易形成产业集聚现象；而到了集群的成长期后期和成熟期，除了基本生产要素之外，还需要知识、技术、文化、能力、社会资本等高级生产要素，并且这些高级生产要素所起的作用越来越强，推动了产业集群的发展与升级。

二、产业集群核心竞争力的生命周期

产业集群核心竞争力并不是天然就有的，是伴随着集群的发展过程而逐渐形成、发展和成熟起来的。产业集群核心竞争力成熟以后，尽管有较强的稳定性，但如果不能适应外部环境的变化和内部机制的变化，也很有可能退化为一般竞争力，甚至于毫无竞争力，成为集群发展的滞后因素。因此，产业集群核心竞争力也存在着生命运动周期。

借鉴产品生命周期和产业集群生命周期的做法，如果不受到外界因素和内部因素的影响，产业集群核心竞争力可以划分为四个阶段：集群核心竞争力初步形成阶段、集群核心竞争力成长阶段、集群核心竞争力成熟阶段、集群核心竞争力逐渐消亡阶段。这四个阶段与集群竞争优势的强弱关系如图 3. 2 所示。

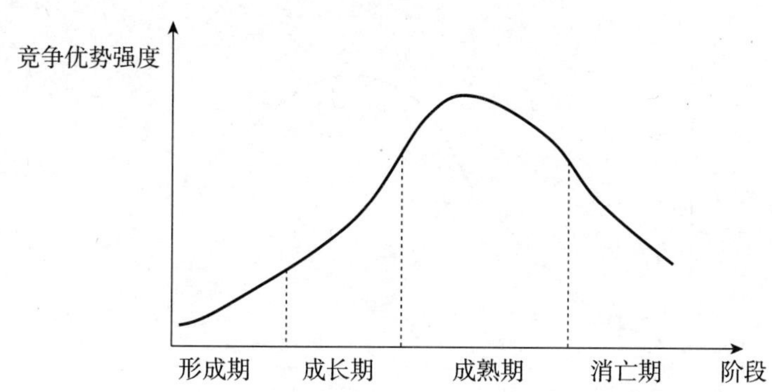

图 3. 2　产业集群核心竞争力生命周期与产业集群竞争优势的关系

从图 3. 2 可以看出，产业集群核心竞争力在初步形成时期，竞争力非常弱，这种弱竞争力给集群带来的竞争优势很不明显；随着集群核心竞争力的不断成长和日渐成熟，核心竞争力得到加强，产业集群能够保持较长时间的竞争优势，在市场竞争中比较具有竞争力、影响力和领导力；当产业集群核心竞争力不能随机应变实现升级时，核心竞争力会逐渐减弱，甚至转换成一般竞争力或无竞争力，产业集群的竞争优势也逐渐衰退，预示着产业集群在市场竞争中的地位岌岌可危。

产业集群作为市场的一种组织形式，不可能也绝不会与外界绝缘，也不可能不受集群内部主体的影响。因此，产业集群核心竞争力的生命周期并不一定就如图 3. 2 所示一样，按部就班地走完四个阶段，产业集群核心竞争力是个动态变化的过程。如果集群内部的变革、核心竞争力的调整能够适应环境的变化，集群核心竞争力就能以跃迁的方式延长生命周期，甚至于很长时间内不会出现消亡期，集群也能在变化中得以生存和发展，并拥有持续的竞争优势；如果集群内部的变革、核心竞争力的调整不能够适应环境的变化，消亡期就有可能提前来临，甚至在初步形成阶段就“胎死腹中”。产业集群核心竞争力的动态变化过程可以用图 3. 3 表示。

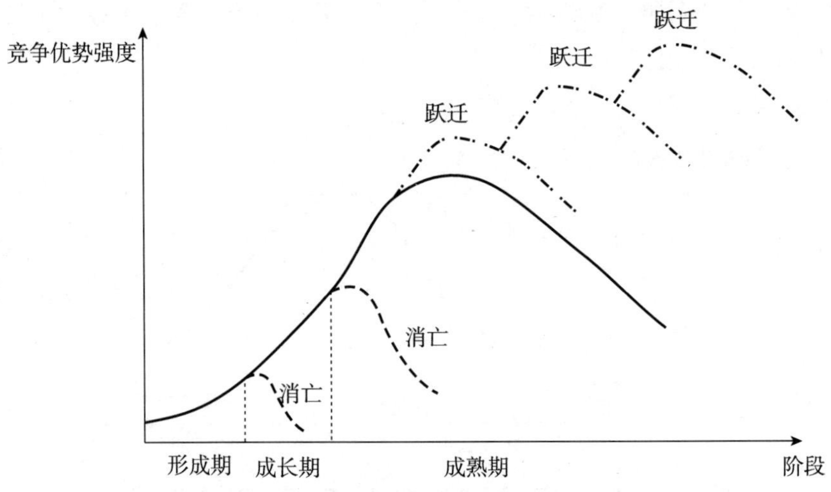

图 3.3 产业集群核心竞争力动态变化过程

注：图中实曲线表示常规生命周期线，单点虚线表示消亡期提前到来，双点虚线表示核心竞争力以跃迁的方式得以延续和增强。

三、产业集群核心竞争力生命周期的作用

产业集群生命周期与产业集群核心竞争力生命周期之间，存在着一定的关系，可以用图 3.4 来表示。

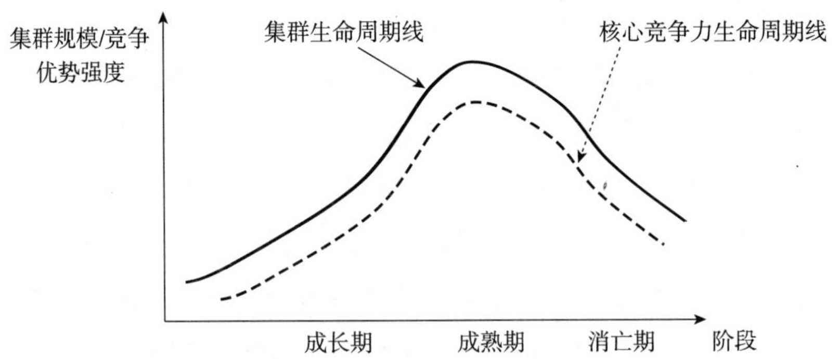

图 3.4 产业集群生命周期与产业集群核心竞争力生命周期的关系

通过对产业集群生命周期和产业集群核心竞争力生命周期的分析，我们可以看出：

（一）产业集群发展阶段与产业集群核心竞争力之间存在着正相关关系

一般来说，在产业集群诞生期，集群核心竞争力也处于形成阶段或尚未形成；而随着产业集群的成长与成熟，集群核心竞争力也从萌芽到不断地发展壮大，并且是产业集群保持较长成熟期的关键所在。

（二）产业集群本身发展的阶段性也要求集群应不断地创新核心竞争力

产业集群本身有一个发展过程，集群核心竞争力作为集群竞争优势的来源和基础，在集群发展的不同阶段应有不同的表现。随着集群竞争范围、程度、方式的不断扩大、深化，应不断提升集群核心竞争力，这样才能适应更大范围、更激烈的市场竞争。

（三）产业集群与集群核心竞争力的发展阶段都会受到外界环境和内部环境的影响

产业集群生命周期理论表明，并不是所有集群都能保持长期的生命力，产业集群会由于外界和内部的力量丧失其市场地位，会走向衰败；产业集群核心竞争力生命周期理论同样表明，集群核心竞争力是个动态变化的过程，核心竞争力一经形成并不能一劳永逸，有可能过早地进入消亡期。这两类情况的发生，主要是受外界环境和内部环境的影响，集群不能适应这种影响。

（四）产业集群生命周期的影响因素对产业集群核心竞争力生命周期的影响因素将产生正相关作用

从产业集群生命周期来看，区位优势、自然资源优势、劳动力资源优势、资本资源优势或技术资源优势等在集群的初期起比较重要的作用，这些因素的存在，有利于产业集群核心竞争力的诞生与形成；而随着产业集群的发展，相应的制度支持、知识生产机构、中介服务机构、专业化分工合作、产业链的形成与完善、知识创新、技术创新、制度创新等发挥着重要作用，这同样对产业集群核心竞争力的发展与成熟起到推动、促进作用。

（五）产业集群核心竞争力的影响因素来源于三个层面

一是政府宏观层面，如能否提供适于集群发展的经营环境，能否提供优质的行政服务等；二是集群中观层面，如集群主体间的信任关系、合作关系等；三是企业微观层面，集群内的企业的技术能力、经营规模、知识存量、创新意识等对于产业集群核心竞争力会产生影响。

第二节 产业集群核心竞争力的宏观因素

波特指出，在经济全球化的条件下，繁荣是一国自己的选择，竞争力的大小不再由先天承接的自然条件所决定。如果一国选择了有利于生产率增长的政策、法律和制度，则它就选择了繁荣；反之，则就是选择了贫穷。他还指出，国家或区域政府对于产业集群有重要影响。① 从产业集群核心竞争力的形成与培育、产业集群持续竞争优势的保持与维系的角度来看，宏观影响因素主要有：

一、产业集群的外部经济环境

产业集群是一个有机的动态的产业组织，它是在特定的环境中产生的，其形成具有路径依赖的特征，并与其生存环境存在相互作用的关系。产业集群核心竞争力的产生与壮大离不开国家与区域的经济环境。

一方面，从国家的层面来说，如果国家的宏观经济环境比较稳定，国内市场需求比较强健，通胀率较低，预算赤字较低，利率合理，汇率科学，在这种稳定的宏观经济环境中，将刺激国民储蓄的增加，并引导储蓄转化为投资，实现企业投资的多元化，那么这将有利于产业集群的形成与发展，有利于产业集群核心竞争力的萌芽与壮大。特别是在全球化环境中，地方产业集群的发展离不开国际性的经济环境，而国家与其他国家或国际性组织签订的双边或多边贸易协议，将推动产业集群较快地融入全球价值链；对于国际性经济环境的把握与导向，需要从国家的角度进行引导，如果发生国际性的经济贸易纠纷，也离不开国家的支持

① 迈克尔·波特：《国家竞争优势》，华夏出版社 2002 年版，第 73 页。

与帮助。这点从近年来“温州鞋”在欧盟市场与国内市场的遭遇对比就可以看出来。宏观经济环境的稳定与发展，离不开中央政府的宏观经济政策与努力。

另一方面，从区域的层面来说，区域经济的持续、健康的发展，对于产业集群核心竞争力形成中的基础性资源和高级资源将产生影响。产业集群形成和发展过程中需要大量资源要素的投入，诸如资金要素、人才要素等。区域经济的发展，意味着当地物质财富的增加，地方政府财政收入的增加，这种增加一方面使可用于投资的资金总量得到了提高，另一方面能用于加大教育投入而提升人口的素质，增加当地的人才储备，从而为产业集群形成和发展提供极为有利的条件。除了资金和人才与区域经济发展程度密切相关外，产业链也会随着区域经济的发展而渐次成熟，知识储备和技术革新也将得到加强，这些都会对产业集群核心竞争力的生成与发展产生影响。

二、产业集群的基础设施

产业集群的形成、发展与成功，虽然是市场经济发展的必然结果，市场力量在其中起着决定性作用，但市场机制本身也存在着局限性，比如各企业有可能只关注自身的利益而忽视外部环境的建设，市场的逐利性让企业产生“搭便车”的心态与现象等，这些问题的存在，必须以政府引导与服务功能来辅助，尤其是在一些非营利性领域，政府必须发挥主导作用，特别是在区域基础设施等领域。

产业集群能否快速成长发挥其竞争优势，与其所在的基础设施能否提供多样化的服务密切相关，区域基础设施是驱动产业集群产生和发展的必需要素。这些基础设施包括信息基础设施（如信息网络等）、公共基础设施（如区域的交通、服务等）、文化基础设施（如图书馆、科技馆、经济与科技情报所等）、科技开发与成果转化基地、虚拟科技园、孵化器等。这些基础设施对产业集群的影响是显而易见的。完善的区域基础设施为产业集群的生存与发展提供了一个良好的“硬”环境，为本地的集群成长奠定良好的基础，可以吸引和留住更多的企业进入集群，从而使集群能够形成较大的竞争优势。当这种区域基础设施比较完备时，集群内的各主体也才能更专注于自己的核心专长，供应链、价值链、知识链会越来越强大，产业集群的核心竞争力也将日益增长和巩固。很难想象，一个没有良好基础设施的区域，一个不能以基础设施来产生吸引力和诱惑力的区域，一个不能为外地客户前来采购提供尽可能便利的区域，还能吸引大笔的投资、大量的企业、专业的人才、先进的技术？

因此，区域基础设施建设与产业集群生产要素之间有着重要的关联，政府在这些领域运作，对集群是一种间接的补贴行为，并且这方面政府能力超过单个企业的能力，能使整个集群受益，极利于改善地方产业集群的竞争地位，① 促进产业集群核心竞争力的形成与培育。

三、产业集群的政策制度

现代经济学的创始人亚当·斯密在其影响世界经济进程的名著《国富论》中指出，政府是一个社会的“守夜人”，保护着国家和人民的财产安全；波特的研究证明，政府的政策会影响到一个国家或者区域的竞争优势，它的影响可正、可负；在新制度经济学中，制度被看作是经济发展的既定前提和重要原因，制度是全社会的“游戏规则”，是为了确定人们之间相互关系而人为设定的制约，制度具有预见性、重复性、制约性和惩罚性等特点，正是制度的这些特点保证了“游戏规则”的正常运行。②

产业集群是市场经济的产物，市场失灵会影响集群的发展和素质的提高。解决市场失灵的有效办法就是运用公共权力，让政府作为促进者和中间人，介入产业集群的发展与壮大。这种介入，并不是要让政府成为产业集群发展的主导力量，而是让政府转变职能，通过完善和优惠的政策制度框架来引导、推动和促进产业集群的发展，为产业集群核心竞争力的形成

---

① 王发明、周才明：《产业集群政策研究——以浙江为例》，《技术经济》2006 年第 6 期。

② 游士兵、胡彭辉：《对国家竞争力的综合影响因素分析》，《全国商情（经济理论研究）》2005 年第 4 期。

与培育作出贡献。

产业集群政策制度框架是一个国家或地区为促进产业集群的发展，规范产业集群主体行为而制定和采取的直接或间接的政策、制度、措施的总和，主要包括产业扶持政策、科技扶持政策、财政税收优惠政策、中小企业发展政策、维护社会秩序制度、人事制度、反腐败制度、政务公开制度、产权制度、金融制度、法制制度、竞争制度、激励制度、文化制度等。这些政策制度框架的建立，能为产业集群构建一个良好的政策制度环境，体现政府的意志和对产业集群的指导与支持，有利于实现集群内经济发展的稳定性，有利于产业集群竞争优势的发挥和核心竞争力的形成与培育。例如，积极的产业扶持政策能够优化产业结构，推动主导产业的发展，规范群内企业竞争行为，促进新企业的诞生；完备的科技扶持政策，有利于加大群内知识生产机构（高等院校与科研院所等）与企业之间的合作，有利于激励企业加大科技研发力度，从而推动整个集群的自主创新；合理的法律制度能够增进厂商之间的信任，丰富本地的社会资本，协调厂商之间的共同行动，形成厂商之间良性的竞争与合作格局，也能够保护创新企业的创新成果不被他人随意占用，激励集群主体成员企业的创新活动。

四、产业集群的服务平台

产业集群的发展与壮大，产业集群核心竞争力的形成与培育，如果只依赖于群内企业单枪匹马、单兵作战，是很难形成气候的。在产业集群及其核心竞争力的不同发展时期，都需要公共服务平台的支持，如各种各样的服务机构、商业银行、信息中心、行业协会、培训中心、技术推广中心、质量检测中心等。由于这些公共服务平台大多具有公共产品的性质，具有很强的外部性，一般由政府来提供或推动是最具效率的。

如果公共服务平台比较完备和健全，将对产业集群及其核心竞争力产生以下积极影响：①有利于群内企业获取战略信息和资源，提高市场信息和技术信息的准确性，提高群内企业的反应能力和应变能力，降低企业技术创新和知识创新的风险与成本，提高企业的创新能力和创新绩效；②有利于促进集群企业间的合作，以及在集群相关机构中间促进联合行动，建立群内企业间的对话机制，协调群内企业间的竞争行为，形成良性竞争的集群环境；③有利于推动行业标准的制定，强化群内企业的产品质量意识与管理，提高集群产品的质量标准和规范化程度，增强集群产品的市场竞争力，提高集群产品的市场占有率；④有利于营造公平有序的市场环境，整顿市场秩序，打击假冒伪劣商品，净化生产环境，确保产品质量和企业声誉，树立本地的良好形象，创建区域品牌，促进产业集群的成长与升级；⑤有利于集群加强区际交流，获得更多的发展机会，通过与其他区域的分工协作、优势互补更好地发挥自己的优势，弥补自身的不足，实现资源的优化配置，在更广泛的协作竞争关系中实现技术创新能力的进步，发挥出比较优势。

五、产业集群的知识网络

知识创造是产业集群核心竞争力的构成要素之一，知识创造需要知识网络体系的支撑。这种知识网络体系，也只能靠政府力量才有可能真正形成和产生作用。地方政府通过鼓励公共研究机构的建立、高等院校的建立、技术中介组织的建立，推动企业、高等院校和科研院所合作平台的建立，能形成较为完善的公共知识基础环境，建立彼此间的互动关系，促进知识的交换，从而形成知识网络体系。

知识网络体系的形成，一方面，有利于推动群内企业与大学、研究机构的合作，促进知识和信息反馈，能为产业集群的发展提供丰富的公共知识，群内企业能从中获取创新所需要的知识、技术和技能，充实了集群内部的知识基础和知识储备；另一方面，有利于为集群发展提供大量高素质的人才，同时也可以吸纳这些知识生产机构积极参与技术创新活动，提高技术创新的针对性和有效性，实现企业与知识生产机构的良性互动。

第三节　产业集群核心竞争力的中观因素

产业集群核心竞争力集群层面的影响因素主要是集群构成主体间的关系及其决定因素，在很大程度上是表现为集体效率问题。集体效率是指企业从地理集聚中获得外部经济、规模经济的收益。[①] 基于此，微观影响因素主要有以下几个方面：

一、产业集群中的信任关系

产业集群是个竞争与合作共存的经济组织区域，一方面，既存在争夺供应商、分销商的竞争，也存在争夺产品市场的竞争；另一方面，企业之间也进行合作，而且合作是主流，既可是供应链上的节点企业之间的合作，也可以是竞争对手之间为了创造外部规模经济而进行的合作。产业集群内部需要一套运转良好、团结协作的竞争规则，这种竞争规则建立的基础就是集群主体间的信任。产业集群内部的企业之间，由于地理位置的接近，产业文化和价值观念比较趋于同一，相互间的交往比较频繁，并且从长远来看，相互合作带来的收益明显高于恶性竞争带来的收益，这些为建立良好的信任关系打下了坚实的基础，企业之间容易彼此信任。

这种信任关系的存在，对产业集群核心竞争力的形成与培育、产业集群持续竞争优势的实现与维持，将产生重要影响：①有利于在企业与企业之间、人与人之间建立起稳定和持续的关系，这种关系的维系可以让企业更加专注于价值链上的某一个生产环节，提高企业间的合作效率，在原材料采购、加工生产、商品销售等环节都可以加强合作，减少不必要的交易环节，降低交易成本；②有利于知识的转移和技术的交流，克服其中的障碍，通过知识转移和技术交流，可以提升科技实力较弱企业的科技实力，

---

① 肖家祥、黎志成：《基于组合赋权法的产业集群竞争力评价》，《科技进步与对策》2005年第4期。

也能让主导企业加强对技术链和知识链的管理，实现技术链和知识链的协同发展，提高集群整体的知识储备和技术储备，增强集群的知识创造能力和技术创新能力；③有利于人力资源的培养，在一种信任的环境中，企业与企业之间的人员交流比较顺利，可以方便地实现隐性知识的转换，提升个人的知识能力，无形中实现了对人力资源的培养，而新知识、新技术的获取不仅为自身增加了择业的机会，极大地降低了失业的风险，也为集群内企业的可持续发展储备了人才资源；④有利于共享市场信息，提高群内企业的市场灵敏度和反应度，可以及时把握市场机遇，找准市场方向，开发符合市场需要的产品与服务，提高集群的市场驾驭能力。

二、产业集群的外部联系

产业集群尽管存在地理上的聚集性，但并不是一个封闭的系统，需要加强与外界的联系，特别是在全球化这种环境中，如果没有外部联系，那么集群就毫无生命力可言，就更不可奢谈什么集群核心竞争力了。这种外部联系，既是产业集群在国内与其他经济主体之间的联系，更应是走出国门，与他国经济主体之间的联系。

通过加强外部联系，集群可以参与国内产业链的竞争与协作，在这种竞争与协作中汲取知识养分，扩展产品的知识含量和技术含量，扩大产品的国内市场占有率。集群可以比较容易地融入全球价值链，成为全球价值链中的一个部分，参加更大范围内的专业化分工，带动集群内的产品迈出国门、走向世界，也方便集群与其他国家的经济主体之间的合作与交流，在合作与交流中提高自己。集群中的企业不但可以寻求加入跨国公司的分包网络，而且可以购买世界范围内产业领先者的技术许可，同时可以和有竞争力的知识源组建学习联盟或者合资企业，也可以通过建立产学研联合体等方式来获取外界知识。① 可以说，通过外部联系，不但可以使集群内

① 缪小明、李刚：《基于企业认知角色的产业集群研究》，《科学学与科学技术管理》2006年第1期。

的企业通过销售产品获得利润，而利润的获得又能带动生产投资的追加，扩大集群的整体规模，更重要的是能够获取新知识、新技术、新理念，提高集群的核心竞争力。

三、产业集群中的知识扩散

朱利亚尼（Elisa Giuliani）通过研究发现，集群中企业对产业集群的知识贡献主要有以下几个方面：①从集群外吸收知识；②通过自己的研发产生知识；③为知识在集群内部的扩散做贡献。① 产业集群内部知识扩散，在很大程度上提高了集群的整体知识创造能力和技术创新能力，提高了产业集群核心竞争力。

产业集群内部的知识扩散是个循环的过程，即知识首先是由群内处于知识优势地位的主体向处于弱势地位的主体扩散，这种扩散推动了整个集群的知识量和知识能力，知识技能得到整体提升；当知识技能得到整体提升以后，又会产生知识技能的聚集，将外部新的人员、技术、公司、机构吸引到集群中来；而知识聚集以后，又会引发新一轮更大规模的知识扩散过程。②

在知识的循环扩散过程中，不仅显性知识得以传播和扩散，更重要的是隐性知识在集群内得到了传播与扩散，而隐性知识是知识创造的主要源泉，这样，就容易使集群实现技术的突破性创新，以技术获得较强的竞争优势。同时，通过知识扩散，还可以让集群实现突破性创新的同时实现渐进式创新，增强集群与其他集群之间的差异化，从而提升集群的竞争优势。因此，知识扩散不仅可以提升产业集群的创新优势，还可以实现产业集群创新优势的可持续发展。

但是，知识扩散的度很难把握，特别是对于一心只想坐享知识扩散带来好处的企业来说，这些企业就不愿在研发上进行投资，也不愿进行创

---

① Elisa Giuliani, "The Micro-determinants of Meso-level Learning and Innovation: Evidence from a Chilean Wine Cluster", *Research Policy*, No. 34, 2005, pp. 47 - 68.

② 赵强等：《产业集群创新优势分析及其启示》，《商业研究》2005 年第 8 期。

新。如果这种“搭便车”的思维模式在集群内滋生并扩散的话，就会影响其他企业创新的积极性，进而严重削弱集群的应变能力和技术能力，这对产业集群核心竞争力的形成与培育来说是非常不利的。

四、产业集群中的吸引效应

产业集群发展到一定程度后，由于其能给当地经济发展带来活力，能给群内企业带来实惠，就会产生一种吸引效应，也就是集群具备了较强的吸附力，能够吸引其他的企业和生产要素进入集群。这种吸引效应表现在以下三个方面：

（一）吸引投资

产业集群作为企业的聚集区，由于其存在外部规模经济和外部范围经济，提高了群内企业的生产效率，企业既能享受集群带来的好处，又不必过分扩大企业规模，这对群外企业或相关人员来说，是一种吸引力。因此，群外相关企业会因这种吸引力的存在而加入到集群当中来，或者有关人员会到集群区来投资办厂，加入集群产业链。这样就能更好地吸引国际资本和国内资本，为集群的发展带来了新的资金、技术和人才。

（二）吸引人才

产业集群发展到一定的程度时，一方面对人才有了更高和更多的要求，无论是量上还是质上都有需求，需要大量专业化人才的加入；另一方面，能为人才的发展提供了比较宽松的氛围和发展环境，人才在集群中比较容易找到合适的岗位，比较容易实现自身的价值。这两个因素一结合，将产生人才聚集趋势，有利于集群对人才进行深层次的挖掘，实现人才的专业化分工。

（三）吸引市场

产业集群如果形成了区域品牌的话，那么对特定领域的吸引力就能得到提高。消费者能有更多的选择机会，从众多的生产厂家中作出自己的选择，获得自己最满意的商品和服务。这种对市场的吸引力会反作用于集群，推动集群企业创新与创造，提高集群核心竞争力，以培训市场吸引力。

五、产业集群的多样化

随着科学技术的迅猛发展、全球范围内市场竞争的加剧和人们生活水平的提高，产品的生命周期越来越短，顾客的需求变得更为挑剔，对产品的需求变得日益复杂起来，成本不再是消费者购买商品唯一的决定因素，更倾向于尝试个性化、多样化的新产品，要求企业对顾客需求的变化作出敏捷的反应。产品的多样化和个性化、售后服务的专业化、产品质量等因素越来越上升到更高的高度。

面对用户需求差异化的压力，集群内企业必须提高产品的差别化程度，以满足有经验、日益挑剔的顾客的需求，提高本企业的竞争优势。群内个别企业实现产品差别化以后，又会带动其他企业想方设法改变现状，加大产品研发力度，实现产品革新，差别化的产品日益出现。随着众多企业的努力，集群就能形成规模化和多样化的产品，促进集群规模的扩大和多元化经营。而集群的扩大和多元化经营就会进一步提高集群的整体竞争优势，形成对市场更广泛的吸引，同时还使得集群原有企业可以向先进企业学习新的观念、知识和方法提高管理水平，促进集群发展。[①] 可以说，如果一个集群能够提供多样化的产品与服务，则在竞争中就可以发展壮大，成为有竞争优势的集群，能够促进产业集群核心竞争力的形成与培育；反之则有可能在竞争中面临威胁，让集群核心竞争力过早的消亡或难以为继。

六、产业集群中的行业协会

行业协会本身更多的是地方政府政策催生的产物，但作为中介组织的一种形式，又是产业集群内部构成主体之一，成为产业集群发展过程中不可或缺的机构，是产业集群的利益代表，是推动产业集群效应充分发挥的力量之一。

---

① 赫连志巍、陈志春：《产业集群多元化的路径及对策》，《技术经济》2006 年第 6 期。

行业协会作用发挥与否、作用发挥的程度与力度，对产业集群核心竞争力的形成与培育具有关键性的影响。第一，集群内众多的中小企业可以在行业协会的团结与带领下，能够更好地合作，形成一个整体，成为集群产业链的必要组成部分，这样将壮大产业集群的整体实力，增强群内企业间的信任与合作，加强企业间的沟通与协作，协调企业间矛盾纠纷，加快信息、知识与技术在集群成员间的传播与共享。第二，行业协会作为集群利益的代表，是集群与地方政府、知识生产机构、金融机构之间联系的桥梁与纽带，既可以游说政府部门加大对集群的扶持与补助，促进公共基础设施的建设，为集群制定有利的政策制度框架；又可以同知识生产机构之间建立良好的关系，促进集群人力资源的培训、知识资源的开发；还可以接受政府的委托，对群内企业加强在发展规划、服务质量、技术培训、计量等方面的行业管理，规范行业行为，对行业协会会员提出自律要求，促进集群内部的治理与整顿。第三，行业协会可以为会员企业服务，加大对劳动力资源培训的投资，加强对市场需求发展趋势的研究，推动支持性产业的设立，促进会员企业竞争实力的增强。

第四节　产业集群核心竞争力的微观因素

企业是产业集群最基本的构成主体，尽管群内某一企业核心竞争力强并不代表集群核心竞争力强，但单一企业的经济实力、知识储备、人才实力、企业文化、企业家素质等都会或多或少地影响产业集群的竞争优势与核心竞争力。群内企业与产业集群是“小河有水大河满，大河无水小河干”的关系。微观影响因素很多，从最具相关性的角度来看，主要有以下几个因素：

一、产业集群中的企业家

熊彼特对企业家与经济增长的关系进行了详细阐述，认为经济系统变迁的内生性动因主要是企业家的特殊个体动机，企业家出于对经济利润和社会声誉追求的动机，推动了创新和经济增长，创新、生产要素的新组合和经济发展的组织者是企业家；企业家的发明与创新是长期经济周期背后的驱动力，企业家成为创新的主体。① 迈克尔·波特也指出，国家优势的核心是“发明”和“企业家”。② 北京大学光华管理学院张维迎教授认为，从社会人力资源的配置变化来讲，是企业家的出现和成长改变了中国，如果把全国各省市自治区的GDP情况做一个比较，就会发现，企业家活动越发达的地方，社会收入差距越小，企业家的作用就是通过调配资源使得社会财富增加。

可以说，企业家作为区域经济发展中的重要人力资源，是地方经济发展的推动力之一。对于产业集群来说，企业家处于将技术、产业和地区向前推进的最有利地位，在企业集群形成和发展的所有阶段，企业家的动力作用都是极为明显的，企业家是集群发展的原动力。③ 对于群内企业来说，企业家的地位更显重要，甚至是决定着企业生存与死亡。企业间的竞争既是群体的竞争，在群体的背后更可以看成是个人的竞争——企业家间的竞争。中外众多企业的发展经历都表明，那些具有高素质企业家的企业，市场竞争力总比那些企业家能力平平的企业更强，更能做到基业长青。那些获得巨大成功的企业总是与一位企业家联系在一起的，企业家是企业成功的灵魂。因此，群内企业要想在集群内部与集群外部的竞争当中取得优势，与企业家的素质和能力是分不开的。企业家在企业创立之初就是创业团队的核心人物；在企业的发展与壮大阶段，企业家能以正确的决策、开放的态度、进取的精神来推动企业在技术创新、管理创新、制度创新等方面取得进步，通过整合企业内外的群体的智慧与力量生成企业总体的核心竞争力，并进而形成外在的竞争优势。因此，企业家个人的才能、魄力和远见卓识对群内企业核心竞争力的形成会产生至关重要的影响。而群内企

---

① 熊彼特：《经济发展理论》，商务印书馆1990年版。

② 迈克尔·波特：《国家竞争优势》中译本，华夏出版社2002年版，第117页。

③ 田红云等：《企业家与产业集群发展的动力——基于复杂系统理论的观点》，《扬州大学学报（人文社会科学版）》2006年第3期。

业核心竞争力的提升又会直接或间接对产业集群核心竞争力的形成与培育产生正面影响。

二、产业集群中的龙头企业

所谓龙头企业，是指在产业集群形成与发展过程中，处于产业链的核心位置，在技术上、营销上、制度上、分工上、合作上等对群内其他企业具有较强的统治力、吸引力和支配力，能够左右产业集群发展态势的企业。一旦一个区域内形成以少数龙头企业为主导，以产业链为基础，大量中小企业做配套的分工协作体系，一个具有较强竞争优势的产业集群便基本形成。一般来说，一个产业集群内部的龙头企业数量不止一个，但对产业集群的影响是重大的，这一点从国内部分产业集群的发展经验就可以看出来。例如，在上海，以宝钢为龙头的钢铁产业链，形成了近 600 亿元的年产值和 60 多亿元的年纯利；广东茂名石化的发展，每年为地方提供下游成品油加工及合成树脂、合成橡胶、有机化工等原料 200 多种，约 230 万吨，带动了各类化工企业 400 多家，年销售额超过 400 亿元；河北保定以长城汽车、长安汽车等为龙头，带动了 26 家汽车零配件企业发展，2005 年汽车产业销售收入达 120 亿元，利税占全市工业的 27%。①

具体来看，龙头企业在产业集群发展的各阶段起的作用各不相同。②在产业集群诞生期，龙头企业决定了产业集群的形成定位，其产业选择通常决定了整个产业集群的产业性质；在产业集群成长期，龙头企业开始发挥吸附效应，众多中小企业围绕龙头企业沿着产业链进行分工协作，龙头企业不仅在生产上发挥横向的支撑作用，而且在市场营销中以品牌效应发挥纵向的纽带作用；在产业集群成熟期，龙头企业处于信息交换、物流集散、任务分配的中心环节，带动整个集群的生产、科研、开发、营销等活动，扩大产业集群的整体竞争优势；在产业集群衰退期，龙头企业能够依

---

① 姚胜菊、连智涌：《推动产业集群发展，构筑经济增长支撑》，《经济论坛》2006 年第 15 期。

② 李瑞丽：《核心企业在产业集群演化过程中的作用分析》，《科技与管理》2005 年第 4 期。

靠它较强的创新能力，发挥它的创新优势，为整个产业集群的发展开辟新的空间，延伸产业链条，从而摆脱产业集群陷入衰退期的困境。

因此，龙头企业能够产生强烈的集聚效应和领导效应，通过产业链的延伸、生产工序的分割和不断深化产业重组，带动同类产业上、下游相关企业和同类型配套企业在特定区域的大规模集聚，并以技术优势、管理优势、人力优势、资金优势影响整个产业集群的发展与壮大，也影响着产业集群核心竞争力的形成与培育。

三、产业集群中新企业的进入门槛

产业集群要想获得持续发展，新企业的不断滋生是一个先决条件。尽管产业集群使企业的进入风险更小、壁垒更低，促进新企业的产生与发展，但新企业进入总会有一个门槛，不可能毫无条件地就能进入。因此，这个门槛的高低也决定了新企业产生的幅度。一般来说，如果门槛较低，新企业就比较容易在集群内建立，也比较容易吸引新的企业的产生，这样，集群就能保持持续的活力。而这种活力的存在，能给集群带来新工艺、新思想、新联系、新分工，能让群内企业在竞争与合作的关系中建立彼此间的关系，并使企业从这些关系中获益。反之，如果门槛较高，那么新企业就不容易进入集群，就算进入了集群也可能因各种生产要素的缺乏而无法生存与发展。在这种情况下，就会影响产业集群的新陈代谢，不利于集群的成长，新的知识、信息和技术也不容易进入集群，给集群核心竞争力带来负面影响。

四、产业集群中知识技能的获取

对于集群内的广大中小企业来说，并不是家家企业都具有知识创造和技术创新的能力，特别是对于那些在集群产业链中处于末端和配套的企业来说，自身的企业规模、经济实力都不强，既不感兴趣也无能力从事创新活动，这类企业对于集群内的知识技能就存在很强的依赖性。因此，获取知识技能的难易程度决定了这些企业在价值链上作用的发挥。一般来说，如果获取知识技能比较容易，比如通过学习和模仿获得先进的知识和技术，那么这类企业的实力将会逐渐得到提升，有利于在价值链的环节上各司其职，在某一方面做专、做精，提升企业的核心竞争优势，从而在整体上提升产业链的实力。如果获取知识技能比较困难，比如那些实力较强的企业加强技术封锁、企业与企业之间的交流合作不流畅等，那么这类企业原有的知识技能跟不上市场环境的变化，企业要想在产品生产环节、市场营销环节有所创新那是非常困难的，将在整体上降低产业链的市场竞争力，对于产业集群核心竞争力肯定会产生负面影响。

第四章　产业集群核心竞争力的结构模型

第一节　产业集群核心竞争力的构成要素

一、产业集群核心竞争力构成要素的含义

理论界对于核心竞争力的构成要素目前并未达成统一意见，可谓是仁者见仁、智者见智，莫衷一是。例如，巴顿（D. L. Barton）与普拉哈拉德和哈默尔的观点就有所不同，巴顿认为核心竞争力不只是技术和技能，而更是一种制度化的相互依存、相互联系，能够识别和提供竞争优势的企业知识体系，其构成包括四个方面的内容：①知识与技能；②管理体制；③实物系统；④价值观。[①] 现在，已形成了多种构成要素论，如知识论、技术论、资源论、文化论、管理论、营销论等。

本书认为，任何成功的产业集群，都有自己与竞争对手不同的独特能力，这种与众不同的独特能力是战胜竞争对手、获取成功的杀手锏。至于这个与众不同的独特能力是什么，不同的产业集群可能不一样。有的可能凭借的是专有的集群技术窍门获得成功，有的可能凭借的是一种集群价值观，有的可能是一种特殊的集群资源环境，有的可能凭借的是产品链的有机整合，也有的是可能上面几种能力综合的结果。

那么，到底哪些因素才能算是产业集群核心竞争力的构成要素呢？可以借鉴企业核心竞争力理论的相关做法，来识别产业集群的核心竞争力构成要素。[②]

---

① 胡大立：《企业核心竞争力的构成要素及其构建》，《科技进步与对策》2003 年第 5 期。

② 郑克俊、迟清梅：《企业核心竞争力的识别与评价研究》，《科技管理研究》2006 年第 5 期。

本书前面已对产业集群核心竞争力的特点进行了分析，主要是价值性、独特性、持久性、延展性、动态性和系统性，而其中价值性、独特性、持久性、延展性是产业集群核心竞争力的最本质的特征，这也是产业集群核心竞争力区别于其他类竞争力的关键所在。根据产业集群核心竞争力的本质特征，本书提出识别产业集群核心竞争力构成要素的过程如图4.1所示。

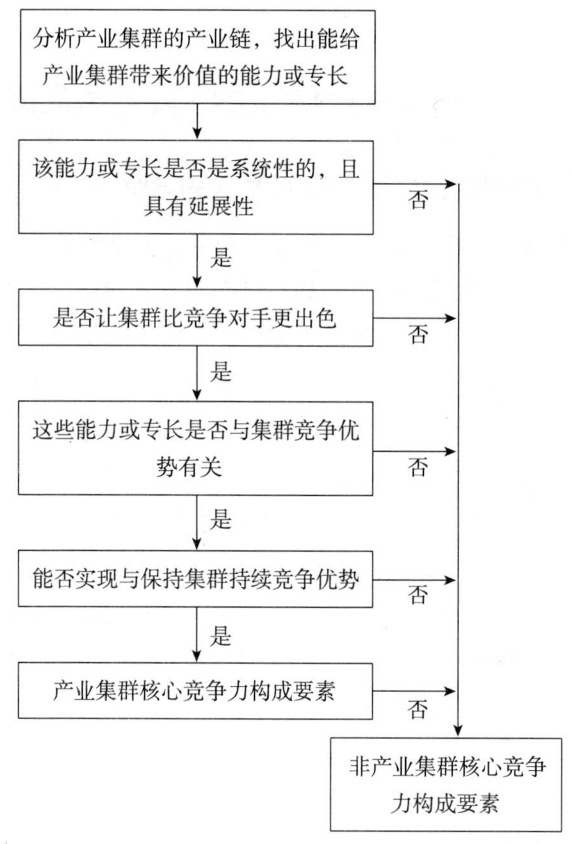

图4.1 产业集群核心竞争力构成要素的识别过程

根据产业集群核心竞争力的识别过程，结合国内外现有产业集群成功的案例，本书认为，产业集群核心竞争力不是单个分散的技术或技能，而是一组资源、技术和技能的集合体。产业集群核心竞争力的构成要素包括三个方面：核心技能、产业整合、投资环境。

所谓核心技能，是指一系列整合了的基本技能和技术，这种整合了的技能或技术是在市场竞争中独特的和难以再配置的。核心技能能在产业集群拥有资源的基础上，发挥和挖掘资源价值，结合市场能力实现产业集群价值的最大化。

关于核心技能是核心竞争力的构成要素，这在理论界与实业界已无异议。正如哈默尔和普拉哈拉德认为，核心竞争力是一组先进技术的和谐组合，即核心竞争力是一种综合能力，它必须要由“先进”的技术所组成，但又不是这些技术的简单堆砌，而是它们的“和谐”组合。这种组合越巧妙、越稳固，就越能使竞争对手难以仿效，也就越能结出丰硕的成果。①

所谓产业整合，也称产业链整合。整合的概念源自于国外理论界，牛津现代高级英汉双解词典中指出，整合即为 integrate，指连接各部分使成为一整体，使成完整、结合为一体。在产业经济学上，产业整合是指为了谋求长远的竞争优势，按照产业发展规律，以企业为整合对象，跨空间、地域、行业和所有制重新配置生产要素，调整和构筑新的资本组织，从而形成以大企业和企业集团为核心的优势主导产业和相应的产业结构的过程。②

将产业整合作为产业集群核心竞争力构成要素的原因在于：①产业链与产业集群的形成具有极其密切的关系，产业集群的形成，本身就是产业链在集群内的纵向延伸，是各企业之间横向专业化分工的结果。很多情况是某个区域有大型企业存在，一些中小企业作为其配套，形成了龙头（核心）企业和配套企业之间密切合作的产业集群。②产业链整合有利于资源优化配置，促进产业结构优化、升级；有利于降低交易成本，扩大市场占有份额，消除一定范围内的市场压制，增强市场控制能力，增强经济规

---

① 加里·哈梅尔、C. K. 普拉哈拉德著，王振西主译：《竞争大未来：企业发展战略》，昆仑出版社 1998 年版，第 205—230 页。

② 岳玉珠、付亚莲：《关于沈阳装备制造业产业链整合的研究》，《集团经济研究》2005 年第 11 期。

模；有利于发挥产业协同效应，加速技术转移和技术扩散，提高产业链各企业的整体实力。③产业集群内部产业整合，其实质是指产业集群中的主导（核心）企业以集群中的中小企业为整合对象，运用市场机制，将中小企业“内部化”，跨空间和所有制重新配置产业集群中的生产要素，形成“小巨人”为主要特征的产业链，从而降低主导企业经营成本，增强产业链上的主导企业、中小企业竞争力，促进产业集群升级改造的一种产业链整合模式。[①] 通过产业整合，能够依靠产权纽带和各种联盟契约形成众多合作关系稳定的产业链，集群内企业共享信息，共同合作，从而极大地增强集群的核心竞争力。

所谓投资环境，是指产业集群赖以生存和发展的集群环境，包括土壤、气候、矿藏等自然资源、现代化的道路等有形基础设施、信息基础设施、公共基础设施、完善的物流配送体系、专业化批发市场等硬环境，也包括法制环境、政策环境、诚信环境、文化环境、行政环境、舆论环境、品牌口碑、人力资源等软环境。

投资环境之所以被认为是产业集群核心竞争力的构成要素，理由是：①企业核心竞争力理论之一——资源基础论，侧重于从资源的差异性来分析企业的优势，认为企业间存在有形资源、无形资源和积累知识的差异，企业的特殊资源是企业竞争优势源泉，拥有优势资源的企业能够获取超出平均水平的收益，企业“成功的关键因素应当是这些资源”。[②] ②比较优势理论作为核心竞争力理论来源之一，也强调资源拥有量与核心竞争力之间的关系，认为由一国或地区的资源禀赋所决定的静态优势，是本地区在经济发展中所具有的独特资源和有利条件，比较优势是形成核心竞争力、获取竞争优势的前提条件。[③] ③从产业集群的发展历程来看，硬环境是产业集群形成初始阶段的主导力量，充分利用自然资源条件是产业集群形成的

① 卜庆军：《基于企业核心竞争力的产业链整合模式研究》，《企业经济》2006 年第 2 期。

② 尼古莱 · J. 福斯、克里斯第安 · 克努森编，李东红译：《企业万能：面向企业能力理论》，东北财经大学出版社 1998 年版，第 20—50 页。

③ 吴玉鸣：《区域核心竞争力理论研究》，《改革与战略》2006 年第 1 期。

原始动力，现在企业选址的首要考虑因素还是看资源禀赋的获取难易程度；随着产业集群的发展与扩大，对软环境的要求也越来越高，良好的投资软环境能促进地区产业集群的迅速发展，建立起产业集群强大而持久的竞争优势。可以说，投资环境的完善与精细程度决定了产业集群竞争能力的品质和竞争能力将持续升级或者被赶上的命运。

二、产业集群核心竞争力构成要素的内在关系

上述三种构成要素所体现出来的竞争优势和竞争能力，分别形成核心技能竞争力、产业整合竞争力和投资环境竞争力，三个构成要素之间，不是相互独立、互不影响的，而是具有难以分割的内在联系，共同促进产业集群核心竞争力的形成与维系。

（一）层次关系

产业集群核心竞争力的内在层次关系如图 4.2 所示。投资环境竞争力是基础，为产业集群核心竞争力的培育和形成提供环境、资源、能量、条件，为产业集群核心竞争力的培育和形成提供着发展导向、精神动力和激励约束功能。产业整合竞争力是根本，处于中间地位，发挥着合理配置资源、整合内外合力、优化产业集群运行、激发创新动力、实现倍增的作用。核心技能竞争力是关键，处于核心地位，发挥着综合集成、融合能量、转化提升价值、汇聚特色优势的关键作用，将产业集群的各种要素资源进行有机融合，形成和保持产业集群持续竞争优势。

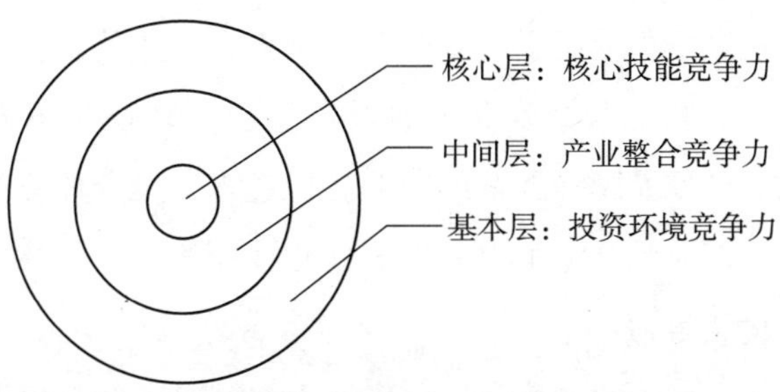

图 4.2 产业集群核心竞争力构成要素间的层次关系图

(二) 作用关系

构成产业集群核心竞争力的三种主要竞争力之间相互依存、相互配合、共同作用形成核心竞争力,如图 4.3 所示。也可以把这三种竞争力之间的作用关系形象地描述为弓箭的三个要素:弓、弦、箭,只有弓强、弦紧,箭才能射得远。投资环境竞争力就如同一张弓箭的弓,产业整合竞争力如一张弓箭的弦,而核心技能竞争力则如一张弓箭的箭。从图 4.3 可以看出,只有投资环境竞争力足够强、产业整合竞争力足够紧,核心技能竞争力才能得以有效发挥。也就是说,只有这三种竞争力互相作用,产业集群核心竞争力才能真正实现。

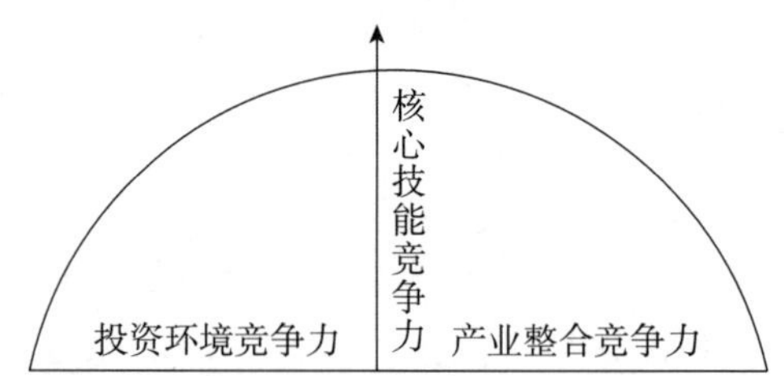

图 4.3 产业集群核心竞争力构成要素间的作用关系图

(三) 价值传递与转化关系

产业集群核心竞争力的三种主要竞争力之间是复杂的非线性的转化关系。单纯的投资环境优势不能自然形成优势,不能直接转化为核心技能竞争力,而必须经过产业整合;投资环境和产业整合的优势也不能直接体现在产业集群的最终产品或服务、市场占有率上,必须经过核心技能的集成融合。投资环境竞争力受制于产业整合竞争力,产业整合竞争力又受制于核心技能竞争力,核心技能竞争力也受制于投资环境竞争力中的人力资源、集群文化、区域品牌等因素的影响。反过来,投资环境竞争力影响产业整合竞争力,产业整合竞争力又影响核心技能竞争力,核心技能竞争力也影响投资环境竞争力。

产业集群核心竞争力的培育、形成过程也就是一个从资源优势转化为整合优势再转化为能力优势的过程,其过程如图 4.4 所示。

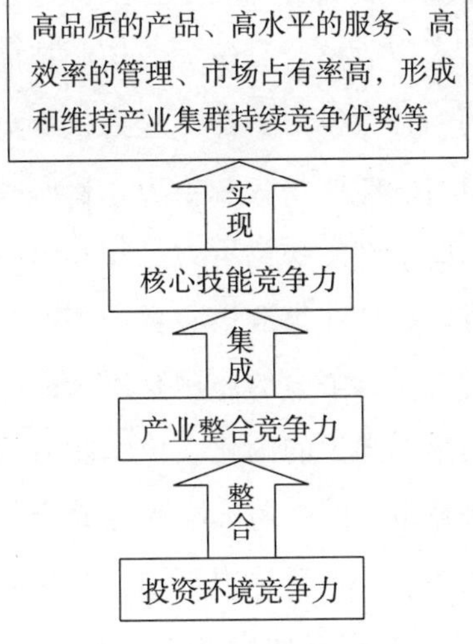

图 4.4　产业集群核心竞争力构成要素间的价值传递与转化关系图

第二节　产业集群核心竞争力模型的结构分析

产业集群核心竞争力是核心技能竞争力、产业整合竞争力和投资环境竞争力经过整合而形成的合力。因此，基于构成要素的产业集群核心竞争力简单模型如图 4.5 所示。

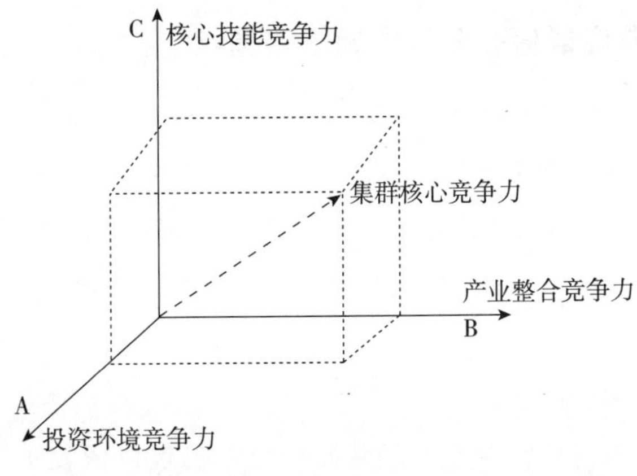

图 4.5　基于构成要素的产业集群核心竞争力简单模型

从图4.5中我们可以明显地看到五层含义：一是产业集群核心竞争力主要由投资环境竞争力、产业整合竞争力、核心技能竞争力构成，三者缺一不可，离开其中任何一种竞争力，都不成为核心竞争力，产业集群核心竞争力是投资环境竞争力、产业整合竞争力、核心技能竞争力的融合。二是产业集群核心竞争力的三种主要竞争力是相互依存、互相支撑和相互制约的关系，共同作用推动着产业集群核心竞争力的发展和变化。三是产业集群核心竞争力的三种主要竞争力的作用是复杂的非线性关系，其价值的传递和转化主要体现为集群知识的内化、技术能力的提高和智力成果的转化。四是产业集群三种竞争力的强弱大小决定着产业集群核心竞争力的强弱大小，且呈正相关关系。三种竞争力都强，其核心竞争力也就强；三种竞争力都弱，其核心竞争力相应地也就弱；其中一种或两种竞争力强或弱，核心竞争力也相应地受到不同的影响。五是产业集群核心竞争力是三种竞争力协调作用、持续演化的发展能力。

总之，产业集群核心竞争力的三要素之间存在着彼此制约、相互强化的机制。如果核心竞争力的构成要素中某一个要素出现了问题，不能给集群带来独有的持续竞争优势，那么其他两个要素就会自动丧失效用，整个核心竞争力的构建也就成了空中楼阁。三种竞争力的协调、持续发展才能最大限度地形成和支撑健康、和谐、持续、富有活力和价值的产业集群核心竞争力。

一、产业集群核心竞争力的战略基点

产业集群核心竞争力的战略基点是集群的核心技能，并不是单指某个企业的核心技术、商业秘密、技术诀窍、产品设计、生产设备、市场营销、广告宣传等，而是指集群作为一个整体，形成和维持产业集群持续竞争优势所具有的技能与能力，主要包括三个方面：知识创造、技术创新和集群学习。

（一）知识创造

在知识经济时代，企业的经营发展已不再仅仅依赖于自然资源、资本、劳动力等传统的生产要素，而是更多地依赖于知识的创造、吸收和利用，知识无疑是最具战略性的资源和资产。企业知识理论认为，企业是一个知识的集合体，企业的知识存量决定了企业配置资源和创新的能力，从而最终在企业产品及市场竞争中体现出竞争优势。[①] 1995 年，彼得·德鲁克提出了一个后来被反复引述的观点："知识已经成为关键的经济资源，而且是竞争优势的主导性来源，甚至可能是唯一的来源。"[②] 知识已成为企业的一种不可或缺的资源，是企业竞争优势的源泉。

自从企业核心竞争力的概念提出以来，许多学者和企业界人士分别从不同的角度加以研究，提出了自己的观点。但更多地都是基于知识的角度来解析核心竞争力。比如，普拉哈拉德和哈默尔认为核心竞争力是"组织中的积累性学识，特别是关于如何协调不同的生产技能和有机结合多种技术流派的学识"。美国哈佛大学的巴顿认为企业核心竞争力是使企业独具特色并为企业带来竞争优势的知识体系，并且这个知识体系包括四个维度：员工的知识和技能；物理的技术系统；管理系统；价值和规范。[③] 哈默尔在 1994 年又再次提出，"一种核心竞争力毫无疑问地包括隐性知识和显性知识"，"企业的相对于竞争对手的难于模仿的能力其实就是企业的隐性知识"。[④] 英国学者马丁·贝尔和迈克尔·阿尔布通过对发展中国家集群的研究发现，产业集群的持续竞争优势来源于"集群知识系统"（Cluster Knowledge Systems）而非"集群生产系统"（Cluster Production Systems），集群知识系统是集群核心竞争力的主要源泉和载体，其结构与功能对集群核心竞争力的大小具有决定性的影响。[⑤]

从这些学者的论述中可以看出，知识作为一种与自然资源、资本、劳动力等传统生产要素并存的独特性资源，成为一种最重要的资源，是构成

① 孙东生、李娟：《基于知识的企业核心竞争力的管理问题》，《科技与管理》2005 年第 2 期。

② 迟英庆：《基于知识的核心竞争力与企业的竞争优势》，《企业经济》2004 年第 2 期。

③ Dorothy Leonard-Barton, "Core Capabilities and Core Rigidities Aparadox in Management New Product Development", *Strategic Management Journal*, No. 13, 1992, pp. 111 – 125.

④ 刘冀生、吴金希：《论基于知识的企业核心竞争力与企业知识链管理》，《清华大学学报（哲学社会科学版）》2002 年第 1 期。

⑤ Martin Bell, "Knowledge Systems and Technological Dynamism in Industrial Clusers in Developing Countries", *World Development*, 1999, pp. 1715 – 1734.

核心竞争力的本质所在。

理论界对于知识的分类，通常分为两类：一是显性知识，一是隐性知识。显性知识是易于编码、易于用正式系统化的语言传播、易于理解与共享的知识，如程序、数学表达、计划书、手册等；隐性知识是不易表达的、难以交流的、情境的知识，它往往存在于人的大脑中，通过行动、技能等表现出来，如员工个人的技术专长、创造性解决问题的能力、依附于特定企业的企业结构、制度规范、企业文化和惯例等。① 显性知识与隐性知识之间是可以互相转化的，典型的转化模式是日本学者野中郁次郎根据隐性知识与显性知识之间的差别提出来的 SECI 转化模式：隐性知识转化为隐性知识为社会化（Socialization）模式、隐性知识转化为显性知识为外化（Externalization）模式、显性知识转化为显性知识为综合化（Combination）模式、显性知识转化为隐性知识为内化（Internalization）模式。②

知识管理理论和核心竞争力理论都认为，隐性知识对于企业的发展和核心竞争力的确立是至关重要的，隐性知识代表企业知识资本中最先进、最有活力和最深层的部分，是企业创新的源泉和形成企业核心竞争力、培育竞争优势、促进可持续发展的关键。

所谓知识创造，就是“新知识”的出现，是在个人的想法、直觉、经验、灵感的基础上通过显性知识（包括结构化和非结构化知识）和隐性知识之间的相互转化过程，在某种共享环境的影响下，将那些想法、直觉、经验、灵感等具体化为新知识的过程。③ 实际上，知识创造就是对知识的形态间的差异（隐性知识与显性知识）进行关注并将这两种知识进行统一的过程，也就是依据 SECI 模式实现隐性知识与显性知识的有效转换，其关键是将隐性知识转换为显性知识。企业的知识创造是一个动态的过程，

---

① 周海炜：《核心竞争力：知识管理战略与实践》，东南大学出版社 2002 年版，第 33 页。

② 南希·M. 狄克逊著，王书贵、沈群红译：《共有知识——企业知识共享的方法和案例》，人民邮电出版社 2002 年版。

③ 樊治平、李慎杰：《知识创造与知识创新的内涵及相互关系》，《东北大学学报（社会科学版）》2006 年第 2 期。

可分为个人、团队、企业和企业间环境四个层次。① 在此基础上，产业集群中的知识创造过程分为三个层次：集群企业内部的知识创造、集群企业间的知识创造、产业集群与外部互动中的知识创造。②

本书认为，产业集群中的知识创造，其主体是群内企业，知识来源包括群内企业、知识生产机构、地方政府、中介服务组织、外部战略伙伴、外部竞争对手；过程包括知识源的识别、知识采集与选取、知识集成、知识转化、知识扩散、知识共享、知识应用；层次包括集群企业内部的知识创造、企业间的知识创造、集群与外部环境间的知识联系中的知识创造；目的是追求新发现、探索新规律、创立新学说、积累新知识，促进集群内同一产业链内企业的新技术、新工艺、新产品的发明与创造，形成与提高产业集群核心竞争力。可以用图 4.6 来演示产业集群中的知识创造运行过程。

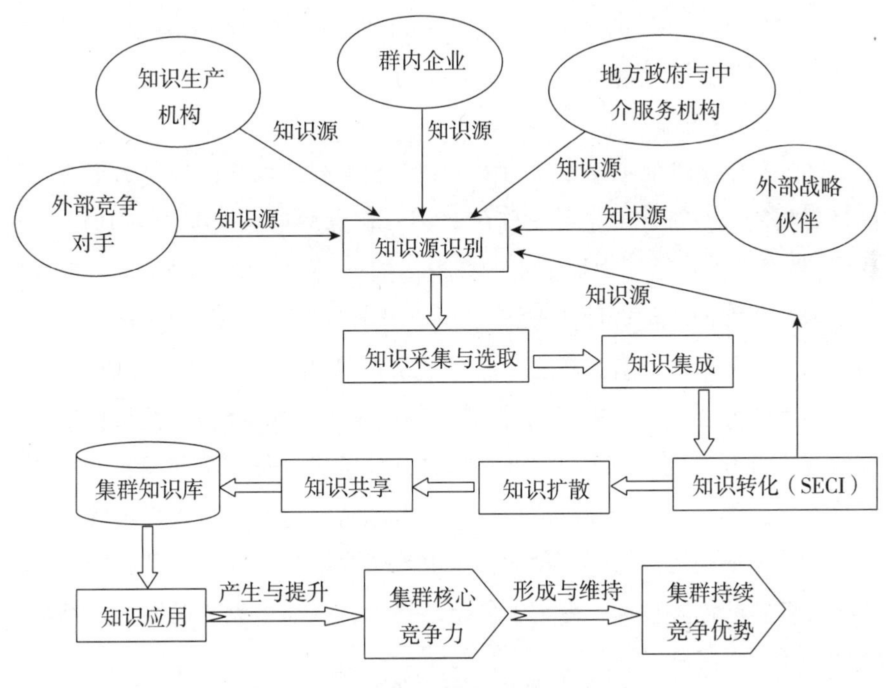

图 4.6　产业集群内部知识创造运行过程

① 秦世亮等：《个人知识和企业知识创造》，《研究与发展管理》2004 年第 1 期。
② 郑亚莉：《产业集群中的知识创造机制》，《浙江社会科学》2005 年第 3 期。

产业集群中的知识创造，实现了隐性知识与显性知识的转换，增强了集群的知识存量，完善了集群的知识结构，提高了集群配置资源和创新的能力，促进了集群创新范式的转变，是集群技术创新的基础，是集群制度创新的内在要求，是集群管理创新的推动剂，是集群人力资源的培养剂，是形成和维持产业集群持续竞争优势的革命性力量和根本动力，是产业集群核心竞争力的根源。产业集群作为一种参与市场竞争的经济聚集区，在激烈的市场竞争和多变的市场环境中，集群能否迅速作出反应，提供差异化的产品和服务，拥有持久的竞争优势，归根结底在于集群是否拥有知识创造的能力，是否能通过对知识资本这一特殊的无形资本不断地进行积累、管理、更新和运用，来推动集群的技术创新、管理创新以及制度创新等，从而培育和提升集群的核心竞争力。

因此，在发展中国家或者发达国家，无论是传统型集群还是创新型集群，正式集群还是非正式集群，知识累积尤其是知识的不断创造、使用、转移和共享是产业集群核心竞争力存在的原因。①

（二）技术创新

随着科学技术的迅猛发展和市场竞争的激烈，创新已经成为当今时代的显著特征。创新并不是一个新的名词，它最早是由熊彼特于 1912 年在《经济发展理论》一书中提出来的。根据熊彼特的界定，创新是对现存生产要素组合进行“创造性的破坏”，并在此基础上“实现了新组合”。创新包括以下 5 种情况：引入新的产品或提供产品的新质量（产品创新）；采用新的生产方法（工艺创新）；开辟新的市场（市场创新）；获得新的供给来源（资源开发利用创新）；实行新的组织形式（体制和管理的创新）。②在他看来，创新是一个经济范畴而非技术范畴，它不仅是指科学技术上的发明创造，更是指把发明的科学技术引入企业之中，形成一种新的生产能力。熊彼特的创新理论，界定了创新的概念，描述了创新类型，是经济史上的一个重大突破。③

① 鲁开垠：《产业集群核心能力的理论解释》，《岭南学刊》2004 年第 1 期。

② J. A. 熊彼特：《经济发展理论》，商务印书馆 2000 年版。

③ 金锡万：《管理创新与应用》，经济管理出版社 2003 年版，第 19—22 页。

创新在当今至关重要，是经济活动中创造过程的关键，是促进增长的核心，是增加生产力和创造就业的中心部分，是企业永续生存的关键。[①]随着经济全球化和市场竞争的日益加剧，创新的范畴又进一步得以外延，它包括质量创新、技术创新、管理创新、组织创新、制度创新、服务创新、知识创新和营销创新等。其中最为重要和关键的是技术创新，因为核心技术在很大程度上决定产品的成本、价格、质量与更新速度，企业之间的竞争实质上是核心技术的竞争。技术创新是一个从新产品或新工艺设想的产生到市场应用的完整过程，它包括新设想产生、研究、开发、商业化生产到扩散等一系列的活动。[②] 技术创新具有价值创造性、可扩展性和难以模仿性的特征，这些特征使其成为竞争优势的重要来源。缺乏独占性技术和技术创新能力的企业，有可能在市场上做大，但在产业分工中却很难处于有利地位，也很难做强，更不可能获得持久的竞争优势。可以说，离开技术创新，企业核心竞争力就成为无源之水、无本之木，技术创新是形成和提升企业核心竞争力的关键要素。

产业集群作为众多企业在空间上的一种集聚现象，企业之间存在很强的关联性，这种关联性除了依靠价值链和供应链来维系外，产业技术链在其中也起到非常重要的作用。产业技术链产生的分工合作机制将众多企业联结起来形成一个有机整体，企业之间存在很强的技术依赖性，从而形成了一个以产业技术链为基础的集群。与企业技术创新的重要性一样，能够实现产业集群从量变到质变的转化，持续的技术创新使得集群保持旺盛的生命力与活力，集群技术创新同样是集群获得持续竞争优势的重要源泉，是形成和提升产业集群核心竞争力的关键因素。

产业集群的技术创新主要有两种模式：一种是大公司主导，另一种是小公司主导。[③] 以纵向一体化为主的产业集群，多是由大公司来主导创新；

---

① P. F. Drucher, " The Discipline of Innovation ", *Harvard Business Review*, No. 76, 1998, pp. 149 – 157.

② 杨东奇：《对技术创新概念的理解与研究》，《哈尔滨工业大学学报（社会科学版）》2000年第2期。

③ 芮明杰等：《论产业链整合》，复旦大学出版社 2006 年版，第 160 页。

对于网络状产业集群，创新一般由众多分散的小公司来完成。但无论是哪种模型，归结起来，都可以将集群技术创新的要素分为创新主体和创新辅助体两部分。技术创新主体是集群内的众多企业（尽管有些小企业可能以模仿的形式来推进技术升级，但模仿本身也可以看成是一种技术创新的方式）；[①] 创新辅助体则包括当地的高等院校和科研院所等知识生产机构、技术推广机构、中介服务机构、地方政府和集群外部组织或机构。产业集群内部技术创新过程如图 4.7 所示。

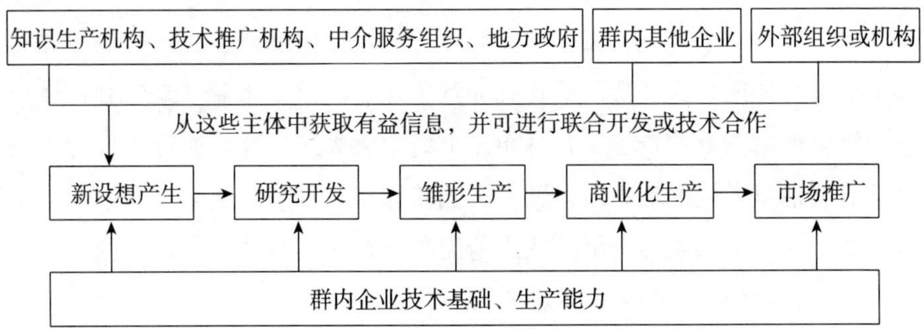

图 4.7 产业集群内部技术创新过程

对于产业集群来说，技术创新将产生以下效应：

1. 技术创新提高了群内企业的核心竞争力

在产业集群的相对狭窄的地理范围内通常聚集着几十家甚至上百家企业并进行着同类或相似产品的生产，集群内的竞争非常激烈。由于集群内的企业之间在资金、技术等方面的竞争优势差异很小从而迫使企业必须通过不断的技术创新来获取竞争优势。通过技术创新，企业可率先推出创新性产品，创造产品与服务的差异化，满足顾客对创新性产品的需求，培养顾客对企业的信赖，提高顾客满意度，提高消费者品牌忠诚度，全面提升企业形象，使核心竞争力这种无形资产的范围经济得以实现，[②] 引导企业

① 季风：《技术创新成功案例》，西苑出版社 2000 年版，第 20 页。

② 胡建波、王东平：《企业核心竞争力的关键构成要素及分析》，《华东经济管理》2006 年第 7 期。

走上技术创新的良性循环的发展轨道。

2. 技术创新是产业集群形成与发展的重要推动力量

技术创新者的领先效益和示范效应突出，率先进行技术创新的企业所取得的超额垄断利润，无形中给其他的企业以很大竞争压力和利润驱动力，从而引发连锁反应：既可吸引周围的生产者为消除技术差异而进行学习、模仿和借鉴，由此发生技术扩散；又可诱导其他企业也进行技术创新以满足先创新企业的需要；还可以促进很多企业为了充分利用技术外溢带来的利益，不断地靠近技术创新的源点。在这一系列的反应过程中，该地区企业数量迅速增加，相关配套机构也不断进驻该地区，从而促进了地区产业集群的形成，产业集群反过来又进一步刺激了产业集群内企业的技术创新，从而直接推动了产业集群的形成、完善和不断升级。

3. 技术创新是产业集群保持竞争优势的内在动力

产业集群区内企业彼此接近，竞争激烈，新工艺、新技术、新管理能够迅速传播，新思想、新观念容易被验证和接受，进而使创新费用、创新风险大大降低。为了保持在群内的竞争优势，企业必须要持续不断的创新，而这种创新又会带来集群保持着一种持续的竞争优势。

4. 技术创新不仅维持核心竞争力，而且能够扭转劣势

对于具有创新精神的集群来说，它们能够根据自身面临的不利因素，努力寻求技术或产业环节等方面的突破，从而化劣势为优势，形成新的竞争力。

因此，产业集群内部的技术创新，不仅意味着生产方式、生产技术与效率的提升、产品质量的改进以及新的产业环节与市场空间的发现，而且意味着集群协作与竞争方式、群内企业的组织结构的创新。技术创新的结果往往提升了竞争的层次，将竞争从成本竞争提升到差异化竞争，从而能够保持持续的竞争优势，延续集群的发展，提高产业集群核心竞争力。

（三）集群学习

我们现在所处的这个时代是一个“知识爆炸”的知识经济时代，也是一个瞬息万变的信息时代。对于任何组织来说，“学习、学习、再学习”

永远都是永恒的主题。学习是一种能力，学习是有生命系统不可或缺的组成部分，是社会环境中活动的基础。对于企业来说，原有的能带来持续竞争优势的核心资源，有可能在面对日益复杂多变的环境时而不再具有竞争优势，为了重新创造竞争优势，就得进行知识创新、技术创新、管理创新、制度创新等等，而这些创新的来源就是通过学习，企业获取知识和能力的基本途径就是开展学习。1996 年，雷·戴维和荷提·迈克尔·A 在《通过超级学习和战略内容获得动态的核心竞争力》一文中提出：核心竞争力决不能成为静态的东西，只有那些不断地投入、提升竞争力的企业才能创造新的战略成长的途径，要使组织核心竞争力有效，必须通过持续的组织学习不断地使之进化和变化。① 1998 年，威廉等学者认为，企业唯一的竞争优势或许就是比它的竞争对手学习得更快的能力。②

产业集群作为一个知识集合体，集群的知识存量决定了集群配置资源等创新活动的能力，从而最终在集群产出及市场力量中体现出竞争优势，即集群的知识存量是集群核心竞争力的关键要素之一。而知识存量的增加，除了前面提及的知识创造外，集群学习是另一个主要途径，并且集群学习还是知识创造的源泉之一。集群学习是指在全球化与本地化、技术革新与组织创新的新背景下，集群为了解决共同面临的问题和提高核心能力，基于一系列集群共享的规则、程序、社会文化氛围和制度环境，通过集群内企业之间和集群与外部环境之间积极的互动所产生的知识扩散、衍生、积累，从而丰富和充实集群知识基的社会化过程。③

集群学习是一个持续的过程，也是一个开放的过程。从集群学习的范围来看，包括两个区域：一个是集群内部学习；另一个则是集群与外部环境之间的学习。集群内由于人际网络、社区联系和价值链的存在，方便了成员企业之间的人员流动、合作与沟通；知识生产机构、中介服务机构、

① 盛立强、程国江：《核心竞争力的构成要素分析》，《经济师》2004 年第 4 期。

② Willian B., Brineman, J. Bernard Keys & Robert M. Fulmer, "Learning Aerossa living Company: The Shell Companies Experiences", *Organization Dynamics*, Autumn, 1998, pp. 61 – 69.

③ 牟绍波、王成璋：《论产业集群动态核心能力的培育与提升》，《科技管理研究》2006 年第 6 期。

地方政府等作用的发挥，为群内企业学习提供了比较完整的学习渠道。通过集群内的学习，使知识的利用速度和效率大大提高，促进了群内企业的合作与创新，提高了集群的市场适应能力和竞争能力，有利于集群核心竞争力的形成与升级。但是，集群中企业长期的集体学习和连续的知识积累可能会使一个集群被一条日渐没有竞争力的轨道锁定，因而向外部知识源学习对于“创新环境”的持续成功而言就非常必要，[①] 集群与外部环境之间的学习能给集群带来新思想、新观念、新知识、新创意、新技术、新工艺、新人才，为集群增添了很多新的元素，增加集群的知识积累，激发集群的技术创新，这样就能更新和提升产业集群的核心竞争力。产业集群学习机制如图 4.8 所示。

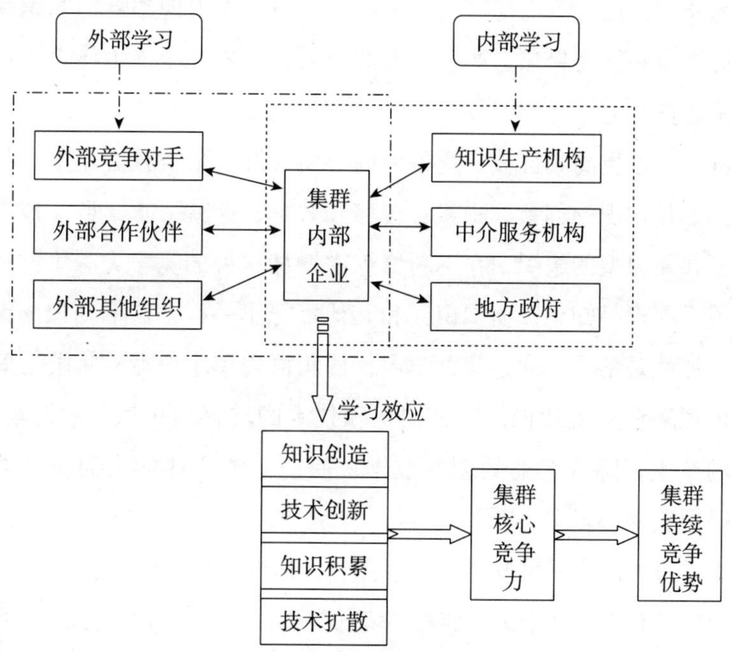

图 4.8　产业集群学习机制

① Wilkinson F., “Colleotive Learning and Knowledge Development in the Revolution of Regional Clusters of High Technology SMEs in Europe”, *Regional Studies*, Vol. 33, No. 3, 1999, pp. 295 - 303.

产业集群核心竞争力来源于集群的学习，学习效应是产业集群发展的内生动力。① 集群学习对于产业集群来说，其重要贡献主要有：

集群学习决定着集群知识的积累和能力的形成。集群学习是一个集群获取、创造和传播知识的过程，是对存在于集群内外的知识加以收集、存储、传播、运用并融合的一系列活动。集群的知识随着集群内的学习过程与集群外部的学习过程而不断增加、积累和传递。集群具有学习和创造新知识的能力，通过开展多方面的学习，创造、保持和增强个人、企业和集群的能力，从而使集群内的关键知识得以获取和传递。集群作为一个整体，其知识和能力并不是单个企业知识和能力的简单相加，而是群内企业知识和能力的有机结合，通过有目的的集群学习，不仅可以提高单个企业的知识和能力，而且可以促进单个企业的知识和能力向集群的知识和能力转化，使知识和能力聚焦，产生更大的合力，构成一个能力体系，形成集群整体核心竞争力。

集群学习是提高集群核心竞争力的必要手段。集群核心竞争力的培养和提升离不开知识的创新、积累、转移和共享，这就要求集群应该成为一个学习型和知识型的组织，在不断修炼中增加集群的竞争力。集群核心竞争力中关系因素是知识，而知识又和其他资源不一样，获取知识的渠道只有一个，那就是学习。通过集群学习，使集群内单个企业和集群之间能够高效率地理解和交流知识，促进知识和技术的转移与扩散，激发新思维、新方法的产生，降低企业的创新成本，使企业的个体能力向集群能力转化，最终形成核心竞争力。

集群学习可以形成集群持续竞争优势。知识就是力量，学习就是未来。没有学习就没有创新和未来。随着环境的变化，竞争压力的增强，集群原有的优势有可能不再具有竞争力，外部的环境迫使集群必须不断的发生变化，唯有学习能让集群跟上竞争的趋势。集群学习可以把集群内部、外部、群内企业及员工个人的知识有机地融合在一起，从而使知识得到进一步提升，形

① 王步芳：《“干中学”与产业集群核心能力的形成》，《世界地理研究》2005 年第 3 期。

成不断学习——提升集群学习能力——累积集群知识——增强集群核心竞争力——持续建立竞争优势的良性循环。通过集群学习，集群能够不断地获取知识、在组织内传递并不断创造出新的知识，而且还能不断地增强组织自身的能力，并带来行为或绩效的改善，进而形成集群持久的竞争优势。

二、产业集群核心竞争力的实现动力

产业整合作为产业集群核心竞争力的构成要素之一，包括横向整合、纵向整合和混合整合。产业横向整合是指产业链条中某一环节上多个企业的合并重组；产业纵向整合是指处在产业链中，上、中、下游环节的企业合并与重组，包括前纵向整合和后纵向整合。[①] 但从产业整合的实现模式来看，则是三类模式：产品整合、价值整合和知识整合，其中，产业链的产品整合在某种意义上就是产业链中的供应链整合，实现供应链一体化的过程。[②] 据此，产业整合模式主要是供应链整合、价值链整合和知识链整合。

（一）供应链整合

20 世纪 80 年代以来，在经济全球化以及市场经济条件下，企业面临着严峻的生存和发展问题，竞争日益激烈，企业为了在竞争中处于优势，在降低成本、提高生产率上费尽了心思。然而，企业在长期市场经济运行中，体会到单靠自身的力量很难在竞争中取胜，于是想到企业联合，供应链与供应链管理便应运而生，供应链管理思想近年来受到全球理论界的关注，被认为是 21 世纪的先进管理思想。

供应链是围绕核心企业，通过对信息流、物流、资金流的控制，从采购原材料开始，制成中间产品以及最终产品，最后由销售网络把最终产品送到消费者手中的供应商、制造商、分销商、零售商直到最终用户连成一个整体的功能网链结构模式。[③] 供应链跨越了企业的围墙，建立的是一种

---

① 吕拉昌：《关于产业整合的若干问题研究》，《广州大学学报（社会科学版）》2004 年第 8 期。

② 芮明杰等：《论产业链整合》，复旦大学出版社 2006 年版，第 242—250 页。

③ 张悟移、张环：《供应链管理方法在产业集群构建中的应用》，《昆明理工大学学报（理工版）》，2004 年第 4 期。

跨企业的协作，它覆盖了从供应商到客户的全部过程，包括采购、制造分销、库存管理、运输、仓储、客户服务等。[①] 英国的物流专家克里斯托夫认为：未来的市场竞争不再是企业与企业之间的竞争，而是供应链与供应链之间的竞争。[②] 供应链作为一种范围更广的企业结构模式，对所有加盟的节点企业来说，具有以下优势：降低了运输与库存成本；减少了信息费用和合约成本；排除了浪费和重复努力，并降低了风险；减少了经济周期性波动的可能；强化了企业或产业链的核心竞争能力。[③]

供应链整合是指通过在各成员企业之间建立长期的、战略性的合作伙伴关系，或者达成某种合作意向的契约（激励或约束）关系，通过信息整合、功能重组、组织整合、过程重组、文化整合及战略资源重组等过程，努力实现各节点企业之间的无缝连接，以提升供应链整体竞争力。[④] 美国唐纳德·J. 鲍尔索克斯（Donald J. B.）等人认为，供应链整合的主要原因在于：①在全球化市场竞争的情况下，只有联合该行业中其他上下游企业，建立一条业务关系紧密、经济利益相关的供应链实现优势互补，才能适应社会化大生产的竞争环境，共同增强市场竞争实力；②降低成本、增加收益是所有企业都在追求的目标，供应链整合使得电子交易取代纸上交易成为可能。相对于原有的交易方式，先进的 IT 技术使得供应链上下游的信息传输机制变得更加快捷、有效；③与供应链上下游进行整合已经不仅仅是出于增加收益的需要，很多情况下是受贸易伙伴的影响，对于核心企业而言，它可以要求其上下游企业使用和它相同的交易机制。[⑤]

---

① Jim Langabeer, "Supply Chain Integration-key to Merger", *Supply Chain Management Review*, No. 3, 2003, pp. 58 - 64.

② 钱东人、周美娜：《实施供应链管理，提高企业核心竞争力》，《哈尔滨商业大学学报（社会科学版）》2005 年第 1 期。

③ 李君华、彭玉兰：《基于全球供应链的产业集群竞争优势》，《经济理论与经济管理》2004 年第 1 期。

④ 陈建华、马士华：《供应链整合管理的实现机制与技术解决方案》，《工业工程与管理》2006 年第 1 期。

⑤ Donald J. B.（eds.），*Supply Chain Logistics Management*: *21st-Century Supply Chains*, New York: McGraw-Hill Press, 2001, pp. 1 - 12.

产业集群主要是围绕着某一产业链由相互关联的企业构成，各个企业都有各自的供应链。由于群内企业之间大量的是生产同一类产品，在外部竞争压力和内部需求的拉动下，因此集群内各供应链节点企业之间并无严格的分界线，集群内原料供应企业、制造企业、销售企业、物流服务企业、客户以及其他合作伙伴有机地联结起来，实现了跨链条的协调。在此基础上，形成了产业集群供应链网，如图 4.9 所示。

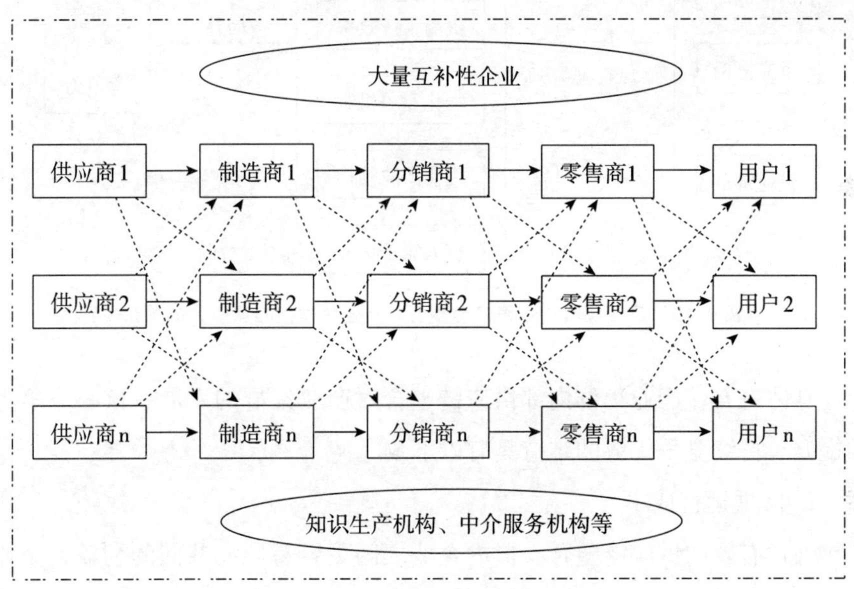

图 4.9 产业集群内部的供应链网

产业集群内部的供应链网主要具有以下特点：①整体性；②协同性；③组织扁平性；④竞争性；⑤动态灵活性；⑥复杂性。[①] 从图 4.10 可以看出，为了提高产业集群的核心竞争力，保持其持续竞争优势，供应链整合非常重要。产业集群内部供应链的整合，不仅是指单一供应链内的整合，还包括供应链网之间的整合，整合的方式主要是信息整合、功能整合、组织整合、过程整合、文化整合和战略资源重组。产业集群供应链整合对产业集群核心竞争力的作用机制如图 4.10 所示。

① 葛昌跃等：《企业集群中的供应链网研究》，《制造业自动化》2003 年第 10 期。

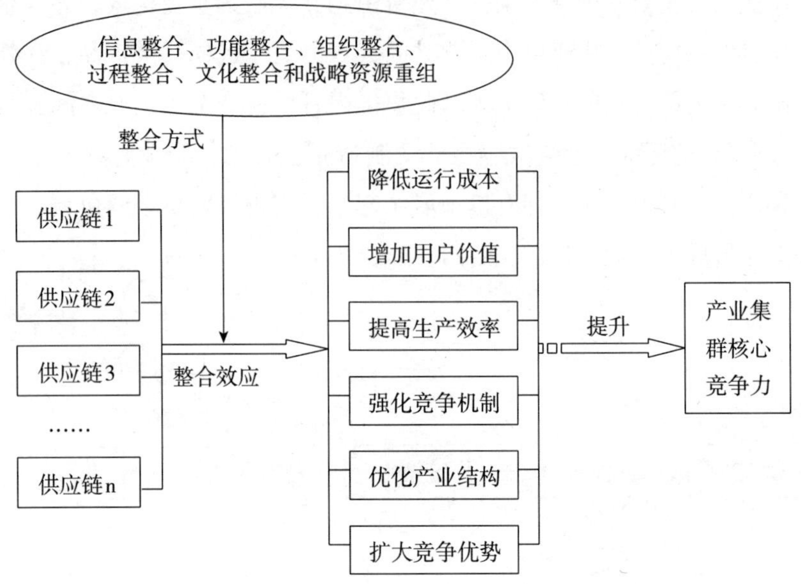

图4.10　产业集群内部供应链整合与产业集群核心竞争力的关系

具体来看，产业集群内部供应链整合对产业集群的发展、核心竞争力的提升、持续竞争优势的维持具有以下效应：

1. 降低运行成本

通过有效的供应链整合，群内企业之间更容易形成共同的利益，企业之间也比较容易建立起信任机制和信息共享机制，工作流、物质流、信息流、资金流等能在集群内最大限度地流通与共享，加强了企业间的联系，有利于追求和分享市场机会，能够大大降低群内企业的协调成本、交易成本、生产成本、库存成本、信息搜寻成本等运行成本，从而使整个集群的运行成本最小化。

2. 增加用户价值

通过有效的供应链整合，能够把集群内的供应商、生产商、分销商、零售商等有机地组合起来，易于形成统一的市场目标和经营模式，这种优势能够使企业更恰当地满足特定顾客群体的需求，从而赢得特定客户群永久的忠诚。一方面，随着供应链间成本的下降，集群完全有可能以低于竞争对手的价格向用户提供优质产品和服务，让用户花同样的钱获得更多的利益；另一方面，供应链节点企业之间的信任与合作，让这些企业成为了一个紧密的整体，可以通过改善产品质量、提高服务水平、增加服务承诺等多项措施来增大顾客所期待的那部分“价值”，从而提高了顾客的满意度。

3. 提高生产效率

通过有效的供应链整合，实现了集群内企业以供应链为基础的产、供、销上的一体化与集成化，从而打破了企业间的人为分割，先进的技术、先进的知识、先进的思想、先进的创意更容易在集群内扩散和发挥作用，知识创造、技术创新也更容易实现，集群的应变能力、服务能力、管理能力也将得到提升，从而在整体上提高了产业集群的生产效率。

4. 强化竞争机制

通过有效的供应链整合，能够保持产业集群内的竞争机制，使企业不断完善自己。一方面，同一供应链内部的企业之间存在着竞争，只有那些完成任务质量高、成本低、交货期短的企业有更多参与各种供应链的机会；另一方面，不同供应链之间的企业也存在竞争，为了获得参与其他供应链的机会，职能身份相同的企业之间的竞争趋于激烈，而那些有技术优势、价格优势、质量优势的企业很容易挤掉其他企业加入新的供应链。这两种竞争机制的存在，必然促进技术和管理的创新，促进专业化分工的深入。

5. 优化产业结构

通过有效的供应链整合，集群企业按照集群的市场竞争需求和自身在集群中的定位，通过学习和资源的重新配置，可以更容易地调整产品结构。[①] 产业集群通过不断完善内部引导性和强制性规制，鼓励甚至推动成

① 杨京星、张荣刚：《集群企业的供应链管理分析》，《西北大学学报（哲学社会科学版）》2006 年第 4 期。

员企业之间的合作，能够避免集群组织结构上“大而全、小而全”的局面，避免无序和同质竞争、造成资源的浪费和重复建设，紧抓市场定位，加强专业化分工。产品结构的调整和专业化分工协作，能够很好地实现产业集群产业结构的优化组合与升级。

6. 扩大竞争优势

通过有效的供应链整合，在产业集群内部形成了一种良性的竞争机制，但竞争并不排斥合作，其实合作才是主流，合作能使企业间形成的产业链更加紧密，处于同一供应链的不同节点而相互依赖、共享知识与技能，共同开发与生产，既降低了业务交易的不确定性因素带来的风险，又降低了生产成本，改进了质量，加速了新产品的开发过程。集群内的企业通过在“供应链”的优势环节上展开合作，充分发挥企业在“供应链”某个环节上拥有的核心专长和竞争优势，实现企业之间的资源共享和优势互补，从而使集群专业化分工进一步加深，促进集群整体利益最大化，加大了其他产业集群模仿的难度，创造具有可持续发展能力的集群强大竞争优势和提升集群整体对外竞争力。

（二）价值链整合

价值链的概念是由美国战略学家迈克尔·波特于1985年在《竞争优势》一书中提出来的。他认为，企业的每项经营活动都是创造价值的经济活动，那么所有企业的互不相同又相互关联的生产经营活动，便构成了创造价值的一个动态过程，即价值链。每一个企业的价值链都是由以独特方式联结在一起的九种基本的活动类别构成的，竞争者价值链之间的差异是竞争优势的来源。[①] 根据迈克尔·波特对价值链的描述，这九种基本的活动类别可以分为两大类：基本活动和辅助活动。其中，基本活动划分为内部后勤、外部后勤、生产作业、市场和销售、服务五种基本类别；辅助活动包括企业基础设施、人力资源管理、技术开发和采购四种类别，这是对基本活动提供支持的企业价值活动。而且，按照波特的观点，企业创造价

① 迈克尔·波特著，陈小悦译：《竞争优势》，华夏出版社1997年版，第33—43页。

值的过程可以分解为一系列互不相同但又相互关联的价值增值活动，形成一个企业价值系统，这个价值系统由供应商价值链、生产厂商价值链、销售渠道价值链和买方价值链等构成。

价值链理论一经提出，就颠覆了传统的“木桶理论”。木桶理论要求企业重点去“补短”，以保证企业“滴水不漏”，从而获得最大价值。而价值链理论则是干脆拆除企业竞争中的“短板”，打破木桶，加长原有的“长板”，使之成为竞争的利器。① 王缉慈认为，产业集群是以某一个或几个相关产业为核心，以价值链为基础的地方生产系统，② 而产业之所以能够集群，是因为一个价值创造系统能够从产业生命周期一开始就对其自身施加影响，③ 产业集群是根植于当地价值创造系统的过程。毫无疑问，产业集群内部已形成了一个价值系统，其结构如图 4. 11 所示。

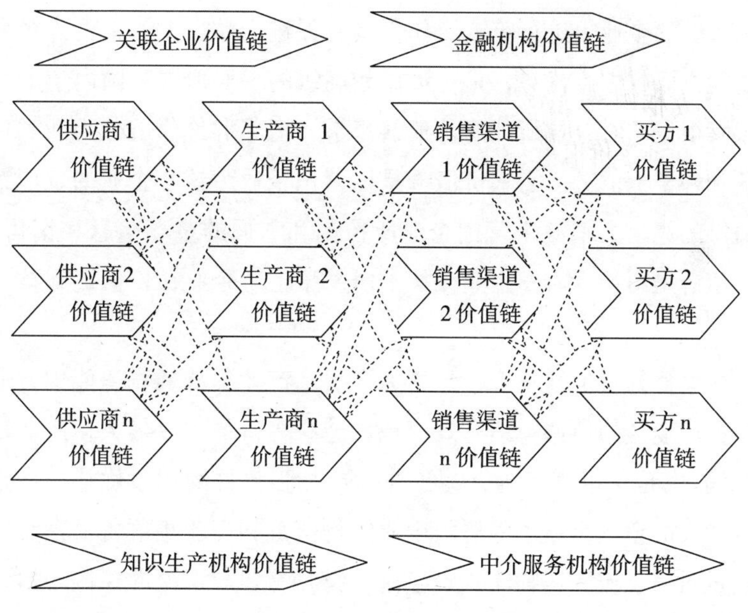

图 4. 11　产业集群价值系统

① 王冀兵：《实施价值链战略，提高企业竞争力》，《中国石化》2006 年第 9 期。

② 王缉慈：《创新的空间——企业集群与区域发展》，北京大学出版社 2001 年版，第 58—59 页。

③ 宁钟、张英：《产业集群形成的必要条件和充分条件》，《科技导报》2005 年第 7 期。

对于产业集群内部价值链的类型，国外学者汉弗莱（Humphreg）和施密茨（Schmitz）通过实证研究，从集群企业在价值链中的关系和合作层的角度，把集群价值链划分为四类：短距离价值链、层级价值链、准层级价值链和网络价值链。[①] 短距离价值链是指价值链上下游企业双方通过市场作为载体来沟通价值链不同环节的主体之间的各种交易，局限于当地市场，开放程度较低，尽管价值链环节较完整，能提升集群功能，但生产工艺和产品升级缓慢。层级价值链是指集群中的核心企业通过自身的绝对支配力对产品价值链所有环节的企业拥有产权，核心企业来协调集群企业之间的合作。准层级价值链指集群价值链中存在一个或多个企业核心，在一定程度上对集群其他企业具有一定的控制权，能促进集群产品和生产工艺升级，也可能妨碍集群功能的升级。网络价值链是一种基于更深层次信息交流关系的集群企业合作价值链，不仅供应链内部各企业相互合作，而且不同供应链的企业也进行跨链协作，具有促进产品、生产工艺升级和提升集群功能方面的综合优势，是一种比较高级的集群形式。国内学者黎继子和蔡根女根据核心企业所处的价值链环节，把集群价值链分为两类：需求价值链和种子价值链。需求价值链是以营销企业为核心企业的价值链，整条价值链的驱动力来源于营销企业所控制和掌握的市场信息和销售渠道。种子价值链是由技术研发企业或技术研发型生产企业在价值链起核心企业的作用。[②]

产业集群的价值链整合，是指为了提高产业集群的竞争能力，通过对整个集群产业链的协调，最有效率地创造顾客价值，以最大化产业链的一体化利润。[③] 也可以理解为，为了建立或加强集群的竞争优势，从整个产业集群发展的角度重新审视群内企业的价值链和产业集群价值系统的结合点，通过对信息流、实物流、资金流、服务流和知识流的控制与协调，对

---

① Humphrey J. & Schmitz H.,“How Does Insertion in Global Value Chains Affect Upgrading in Industrial Cluster”, *Regional Studies*, Vol. 36, No. 9, 2002, pp. 1017 – 1027.

② 黎继子、蔡根女：《价值链/供应链视角下的集群研究新进展》，《外国经济与管理》2004年第7期。

③ 芮明杰等：《论产业链整合》复旦大学出版社 2006 年版，第 243 页。

集群价值链系统在整体上或局部上进行重整或协调，将跨企业的业务运作连接在一起，实现集群价值系统中各企业间价值链的无缝对接，以便于产生协同效应，提高集群价值。通常，价值链整合一般有三种模式。第一种模式为横向价值链整合，企业可以通过购买、联合、兼并的形式，获得生产同类或类似产品，或是生产技术工艺相近的其他企业，来扩大本企业的规模，提升企业市场份额，使企业原有的价值链横向扩展。第二种是纵向价值链整合，企业在原有价值链的基础上，合并在生产工艺上或经销商有前后衔接关系的企业，实现价值链垂直方向的延伸，以达到降低成本，实现竞争优势的目的。第三种模式为混合价值链整合，企业与产品和市场没有直接联系或联系很少的企业合并，可以实现以低成本进入新的产品或服务领域，达到企业多元化经营的目的。① 这三种价值链整合模式，在产业集群价值链系统的整合中同样适用，并能给产业集群带来以下效应，以形成和提高产业集群核心竞争力，促进产业集群持续竞争优势的形成与维持：

第一，有利于群内企业专注核心业务。价值链理论的核心观点认为，在一个企业众多的“价值活动”中，并不是每个经营环节都创造价值或者具有比较优势，企业所创造的价值和比较优势，实际上是来自于企业价值链上某些特定环节的价值活动，这些真正创造价值的、具有比较优势的经营活动，才是最有价值的战略环节。企业在竞争中的优势，尤其是能够获得持续的竞争优势，来源于企业在价值链上某些特定的战略价值环节上的优势，把握了这些关键环节，也就控制了整个价值链。因此，为了保持产业集群的竞争优势，关键就是要保持这一产业价值链上的战略环节上的优势。通过价值链整合，群内企业之间分工将更加明确，各自定位核心业务，发展核心专长，建立竞争优势，从而提高整个集群的竞争力。

第二，有利于产业集群提高客户价值。波特认为，竞争优势归根结底产生于组织为客户所能创造的价值，价值链中的各项活动都是为买方创造

---

① 刘红霞、鞠洁：《宏观成本动因分析及在企业整合战略下的应用》，《北京石油管理干部学院学报》2005 年第 3 期。

价值的基础。对于产业集群来说，如果从为客户创造价值的角度来看，集群间的竞争实质上就是集群创造的符合市场需求的价值和价值链在集群之间相互比较的过程。在此过程中，谁创造价值大，谁就赢得竞争优势。通过集群内价值链整合，群内企业重新构筑或强化某条价值链，各自选取能发挥自己最大比较优势的环节，优化核心业务流程，充分发挥知识创新、技术创新、理念创新、制度创新等在集群价值链中的增值作用，共同完成价值增值的全过程，从而最大限度地理顺、拟合价值链的先后环节，通过成本领先和差异化经营以及集中化战略，提高顾客价值，提升产业集群核心竞争力，使集群获得可持续发展。

第三，有利于群内企业实现协同效应。所谓协同效应，是指组织内部整体协调后所产生的整体功能的增强，可以简单地表示为“1 + 1 > 2”。[①] 尽管地理集中使企业之间的信息漏出加快，从而使企业各个方面的竞争加剧，知识和技术的创新和新企业的衍生也随之加快。然而，由于集群内的企业存在着竞争和协作的良好机制，集群也形成了比较完整的价值链系统，通过价值链整合，使协作成为可能，集群内强调企业的合作更重于强调竞争。在这种环境中，集群价值链上的不同企业能够实现协同效应，群内企业整体竞争实力得到增强，集群整体价值得到提高。正是这种隐性的、不易被识别的价值增值，为集群带来了竞争优势。

第四，有利于集群融入全球价值链。随着全球化和自由化的不断发展，国家只有具有国际竞争力，其经济才能繁荣发展。从长期来看，如果发展中国家的产业集群想在全球持续竞争中生存下来，就必须加入更为广阔的集群，也就是加入全球价值链。全球价值链是指为实现商品或服务价值而连接生产、销售、回收处理等过程的全球性跨企业网络组织，涉及从原料采集和运输、半成品和成品的生产和分销，直至最终消费和回收处理的整个过程。[②] 随着经济社会的发展，利润沿着全球价值链发生了转移，

① 潘焕学等：《借助价值链管理提升企业核心竞争力》，《科技与经济》2006 年第 6 期。

② 陈树文等：《基于全球价值链的产业集群能力升级的阶段性分析》，《科技进步与对策》2006 年第 1 期。

一是利润从制造环节转向销售环节，又从销售环节转向消费环节；二是利润从价值链的中间环节分别转向上、下游环节；三是利润从产品的内在环节转向外围环节；四是利润从实体环节转向虚拟环节。[①] 在这种情况下，产业集群只有积极融入全球价值链，才有可能实现集群的持续升级。而通过集群价值链整合，能够让集群结合区域特色，挖掘内在潜力，发挥核心专长，嵌入全球价值链某个或某几个“战略性环节”，或者强化原有产业价值链，或者进入新的相关产业价值链，从而保持、捕捉和创造更多的价值，增强集群的持续竞争优势。

（三）知识链整合

当今社会，随着知识资源地位的上升，知识不仅成为社会财富不断增长的主要源泉，而且也成为企业生存、发展和获利的关键。无论是核心竞争力理论还是企业关系理论，都将知识作为构成核心竞争力的关键资源，强调企业内部或企业之间需要进行知识的创造、转移和共享。对于产业集群来说，如果想实现其自身的价值，保持持续的竞争优势，就必须通过不断学习，扩大现有的知识存量，优化知识结构，建立适合集群发展的专有知识体系。这种专有的知识体系，主要来源于集群内部各主体之间的知识资源，来源于该集群与其他集群相比所拥有的独特的知识资源。

从知识资源观的角度来看，核心竞争力的形成，主要是以知识整合的形式来实现。所谓知识整合，就是指把不同层次、不同专业的知识有机组合在一起形成结构化知识体系的过程。[②] 德波尔（De Boer）等人认为，企业核心竞争力是由整合后的知识而非知识本身构成的，尽管个人知识是企业知识体系的基本元素，但是只有当个人知识彼此关联形成企业结构化的知识体系时，才能构成核心竞争力。[③] 弗兰斯（Frans A. J.）等人认为，通过知识整合过程产生的新知识是多种不同的知识整合而来的，具有核心竞

① 崔焕金、洪华喜：《地方产业集群演进与升级考察》，《经济问题探索》2005 年第 12 期。

② 高巍等：《基于供应链联盟的知识整合研究》，《管理工程学报》2005 年第 3 期。

③ De Boer, Michie, Van den Bosch, Frans A. J. & Henk W. Noberda, “Managing Orgamzational Knowledge Integration in the Emerging Multimedia Complex”, *Journal of Management Studies*, Issue 3, No. 36, 1999, pp. 379 – 398.

争力独特的特点，因而决定它是新的核心竞争力，是竞争优势和价值创造的本质。[①] 可以这样认为，企业核心竞争力的产生是由知识整合来推动的，而知识整合更能为既有核心竞争能力体系创造机会，使得核心竞争能力不断深化和更新。

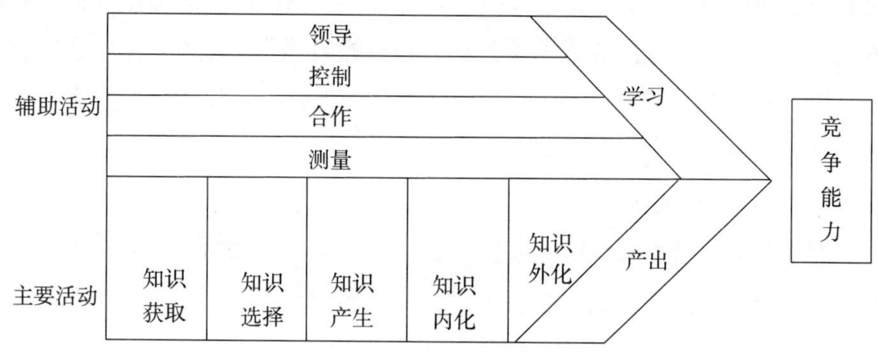

图 4.12 知识链模型

注：此图来源于 C. W. Holsapple & M. Singh, "The Knowledge Chain Model: Activities for Competitiveness", *Expert Systems with Applications*, No. 20, 2001, pp. 77 - 98。

对于产业集群来说，产业整合是以知识共享为基础的，产业集群价值链整合的背后是产业集群知识链的整合。

美国学者霍尔萨普尔（C. W. Holsapple）和辛格（M. Singh）从组织内的知识和组织的核心竞争力的关系出发，模仿价值链模型，在 1998 年提出了一个系统的知识链的概念，并构建了知识链模型。[②] 按照霍尔萨普尔和辛格的观点，知识链活动分为主要知识活动和辅助知识活动两部分。其中主要知识活动由五个基本环节组成：知识获取、知识选择、知识产生、知识内化、知识外化，各个环节都是为了提高组织竞争力，从而增加组织价值；辅助知识活动包括四类：测量、控制、合作、领导，是为了保证知识

① Frans A. J., Van den Bosch, Henk W. Noberda & Michiel de Boer, "Coevolution of Firm Absorptive Capability and Knowledge Environment: Organizational Forms and Combinative Capability", *Organization Science*, Vol. 10, No. 5, 1999, pp. 551 - 568.

② C. W. Holsapple & M. Singh, "The Knowledge Chain Model: Activities for Competitiveness", *Expert Systems with Applications*, No. 20, 2001, pp. 77 - 98.

链主要知识活动的顺利进行而采取的管理活动。知识链通过主要知识活动和辅助知识活动，其产出有两个方面：一是知识产出，二是知识学习。该模型如图 4. 12 所示。

由于产业集群是以企业为主，还包括其他构成主体，因而集群内部的知识链构成比较复杂，如果从横向与纵向两个维度来区分集群知识链的话，可以简单地区分为横向知识链与纵向知识链。这两种知识链的结构如图 4. 13 和图 4. 14 所示。

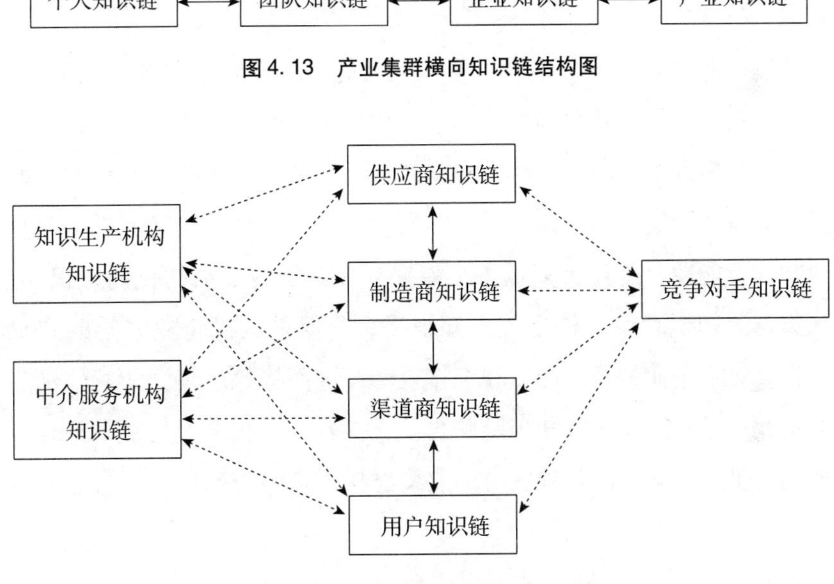

图 4. 13　产业集群横向知识链结构图

图 4. 14　产业集群纵向知识链结构图

从图 4. 13 和图 4. 14 可以看出，横向知识链与纵向知识链之间的界线并不明显，横向知识链中包含着纵向知识链，纵向知识链中也可看到横向知识链在起作用。与此同时，集群内的主体还能与集群外的组织之间进行知识合作与交流，建立起更为广泛的知识链。这样，就构建起了产业集群知识链系统，集群企业只是这个知识链系统中的一个节点或一个知识元素。因此，如果能把这些纵横交错的知识链有机地整合起来，那将提高产业集群的竞争能力，提升产业集群核心竞争力，推动产业集群持续竞争优势的形成与发展。

产业集群知识链整合，是指集群为了适应环境的变化，由群内主体从知识链上的节点企业及其员工身上识别知识、筛选知识、吸收知识，然后再对这些知识进行提炼、共享，将其上升为集群知识并使集群拥有能力去发展新知识，完善集群的技术性知识、制度性知识和管理性知识的过程，是集群对知识的掌握、运用、管理和创新的过程。在这个过程当中，群内企业的知识整合可以按照以下四种方式进行：重组式整合、保护式整合、吸收式整合和共生式整合，① 通过整合，实现集群企业知识的系统性、条理性和一致性。

通过产业集群知识链整合，能够大大提高集群主体的知识获取能力、知识转化能力、知识转移能力、知识运用能力、知识保护能力、知识创造能力，提高集群主体的学习能力和创新能力；能够实现集群知识资源的合理流动与有效配置，实现知识共享和再利用，促进知识资源互补，提高创新成功的可能性，避免重复竞争；能够形成集群内部结构化的知识体系，扩大集群的知识存量，构建统一知识平台，促进集群企业之间的知识合作，提高集群企业的经营能力和工作效率，进而构筑起集群的竞争优势平台。由此可见，产业集群知识链整合，支撑着产业集群价值链的整合，是产业集群供应链整合的基础，对产业集群核心竞争力的形成具有非常重要的意义。

三、产业集群核心竞争力的实施保障

投资环境包含的范围比较广泛，既可能是自然资源环境，也可能是社会资源环境；既有硬环境，也有软环境。尽管地理位置和自然资源禀赋对许多经济活动仍然有很深的影响，也是产业集群形成的初始诱导因素，但这些因素还不是集群核心竞争力的真正构成要素。按照波特的观点来看，这些因素只是基础要素；而让投资环境成为产业集群核心竞争力构成要素

① 励凌峰、黄培清:《并购中供应链之间的知识整合》,《情报科学》2005 年第 7 期。

的应是高级要素，应是难以模仿的、能带来持续竞争优势的、具有独特性的、难以被替代的。本书认为，主要是三类：集群文化、区域品牌和人力资源。

（一）集群文化

文化是中国古已有之的一个词汇，指“文治教化”，与武力征服相对应。《现代汉语词典》对“文化”的定义是：“文化是指人类在社会历史发展过程中所创造的物质财富和精神财富的总和，特指精神财富，如文学、艺术、教育、科学等。”在人类思想史上，“文化”概念的真正科学意义是由英国人类学家泰勒（E. B. Tylor）赋予的。他在1871年出版的《原始文化》一书中首次把“文化”作为一个核心的科学概念加以阐述，指出“文化或文明，从较广的民族之意义上看，乃是一个复杂的整体，包括知识、信仰、艺术、道德、风俗以及包括作为社会成员的一分子所获得的一切能力与习惯”。

随着企业管理理论的发展，文化被引入企业管理领域，形成了企业文化管理理论，并一时成为企业管理的主流理论。企业文化的定义与作用已被众多经济学家、管理学家解释与阐述。威廉·大内认为：“传统和气氛构成了一个公司的文化。同时文化意味着一家公司的价值观，这些价值观构成了公司员工活动、意见和行为规范。”① 迈克尔·茨威尔则认为，企业文化被定义为在组织的各个层次得到体现和传播，并被传递至下一代员工的组织运作方式，其中包括组织成员共同拥有的一整套信念、行为方式、价值观、目标、技术和实践。② 国内学者也对企业文化进行了多角度的解读。对于企业文化的构成，一般都认为由企业的精神文化、企业的制度文化、企业的行为文化和企业的物质文化四个部分组成。企业文化理论在国内外受到了众多企业界人士的热捧，并被认为是企业做大、做强的根源所

① 威廉·大内：《Z理论：美国企业界增养迎接日本的挑战》，中国社会科学出版社1984年版，第44—46页。

② 迈克尔·茨威尔著，王申英等译：《创建基于能力的企业文化》，华夏出版社2002年版，第49页。

在，成为新世纪企业改革、企业竞争、企业发展和社会进步的重要标志。产业集群作为一种区域经济发展的模式，在其长期的经济活动中，会逐渐形成一定的社会文化传统、生产和生活方式、经营哲学、价值观念、道德规范，如果将其提升与积淀，就有可能形成一种独特的集群文化。

所谓集群文化，是由产业集群内部构成主体在长期的竞争与合作过程中形成的，受到集群内部构成主体共同遵守和信奉的一种观念形态和价值观，是集群长期形成的稳定的文化观念和历史传统，以及特有的经营精神和风格，包括集群独特的指导思想、发展战略、经营哲学、价值观念、道德观念和习惯、管理方式、用人机制、行为准则、社会制度等，它规定了人们的基本思维模式和行为方式，表现为集群内部构成主体共同的价值观念、精神风貌和行为规范。集群文化中最为主要的是集群的核心价值观，这一价值观是在集群成长的过程中不断沉淀积累的结果，是根据所从事行业的特点和外部环境的变化而不断批判和继承的结果。

集群文化的形成，一方面源于集群主体间的信任与合作，另一方面源于集群企业自身的竞争需要。集群文化具有以下功能：①凝聚功能。集群文化的凝聚功能，是指当一种价值观被集群主体共同认可之后，它就会成为一种黏合剂，从各个方面把集群主体团结起来，使集群主体目标明确、协调一致，让集群主体产生归属感和荣誉感，从而产生一种巨大的向心力和凝聚力。②激励功能。集群文化的激励功能，是指集群文化具有使集群主体从内心产生一种高昂情绪和奋发进取精神的效应。集群文化所形成的集群内部的文化氛围和价值导向能够起到精神激励的作用，将集群主体的积极性、主动性和创造性调动与激发出来，把人们的潜在智慧诱发出来，使集群主体及其员工的能力得到充分发挥，提高群内各主体及其员工的自主管理能力和自主经营能力。③约束功能。集群文化的约束功能，是指集群文化对每个集群主体的经营理念、经营行为、经营思想等具有约束和规范的作用。集群文化能对集群主体行为产生无形的约束力，它是经过潜移默化形成的一种群体道德规范和行为准则，以实现外部约束和自我约束的统一。对那些不利于集群长远发展的不该做、不能做的行为，常常发挥一种“软约束”的作用，为集群提供“免疫”功能，从而保证集群健康、稳定地向前发展。④导向功能。集群文化的导向功能，是指集群文化能对集群主体和主体中的每个成员的价值取向起引导作用，使之符合集群所确定的目标。集群文化一旦形成，就会建立起组织系统的价值观和规范的标准，树立集群精神，并对每个集群主体的行为起引导作用，使集群主体在潜移默化中接受集群共同的价值观念，弘扬集群精神，把集群目标作为自己追求的目标，引导集群主体把各自的目标和理想聚焦在集群的目标和理想上，朝着一个共同的方向努力。

此外，集群文化还具有辐射功能。集群文化的辐射功能，是指集群文化一旦形成固定的模式，它不仅会在集群范围内发挥作用，对集群主体产生影响，而且也会通过各种渠道对社会产生影响。一方面，集群文化的辐射可以树立集群在公众中的形象；另一方面，集群文化对促进社会文化的发展也有很大的影响。集群文化的协调功能是指由于集群文化受到集群主体的共同遵守与信奉，使集群主体在许多问题上的认识能趋于一致，增强集群主体间的相互信任、交流和沟通，使集群的生产经营活动更加协调，建立和谐的竞争与合作关系，从而强化集群温馨和谐的生态氛围。

集群文化作为一种集群资产的重要组成部分，具有价值性、难以模仿性、独特性，与产业集群核心竞争力之间有着密切的联系，如图 4. 15 所示。集群文化作为另外一只“看不见的手”在影响着产业集群及其核心竞争力，集群文化是形成集群核心竞争力的深层次因素。

1. 集群文化是产业集群核心竞争力的重要组成部分

集群文化是集群所独有的，是集群长期发展过程中形成的价值观和经营哲学，它很难被竞争对手与其他集群所模仿，因此它具有核心竞争力的特性。集群文化所形成的经营理念和价值观，一经“内化”，必然产生一种强大的规范力，从而成为集群主体行动的准则，也必会产生一种持久的推动力，促使集群主体积极地实现既定目标。这种规范力和推动力是产业集群核心竞争力不可缺少的一种内在动因。

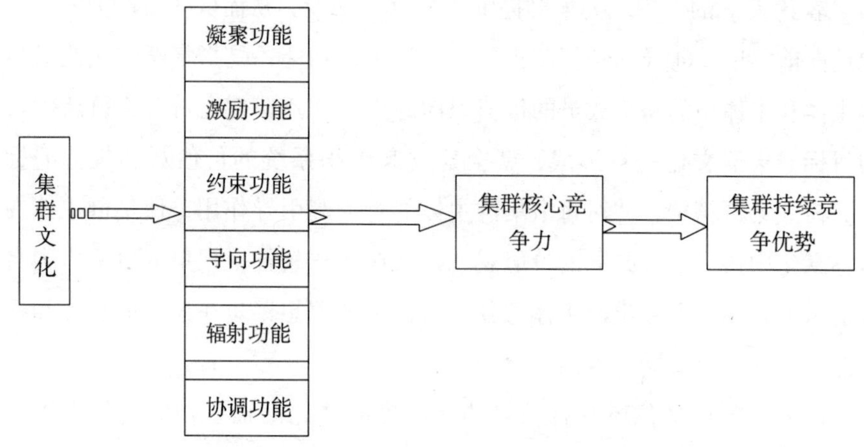

图 4.15 集群文化与产业集群核心竞争力之间的关系

2. 集群文化是产业集群核心竞争力的基础之一

从某种意义上来说，集群文化是集群的大脑和潜意识，是集群凝聚力和活力的源泉。没有一定的集群文化做支撑，集群将很难长大，集群主体都朝眼前利益看，一旦遇到困难便会一盘散沙；没有形成一种积极的集群文化，集群对内将缺乏凝聚力，对外将不能从根本上形成、提升集群形象，因此很难有长久的生命力和核心竞争力。优秀的集群文化可以内强素质、外塑形象，双管齐下，提高集群在顾客中的认可度、在社会上的知名度，从而提高集群的核心竞争力。由此可见，集群文化是核心竞争力的基础之一。

3. 集群文化强化了产业集群核心竞争力的独特性

独特性是产业集群核心竞争力的本质和特征，是区别于其他集群所拥有的竞争优势。竞争的差异化优势是使竞争表现出自己的独特之处、独有吸引力。而这个独特优势之所以成为市场的闪光点，而不可能轻易地被竞争对手模仿，其关键在于独特的集群文化在其中的支撑作用。不同集群的集群文化有不同的社会文化背景和历史经历，其价值观念、管理风格、行为规范、经营哲学等都各不相同，因此集群文化具有独特性。集群文化的这种独特性体现和强化了产业集群核心竞争力的独特性，是很难被其他集群模仿的。长期培育起来的优秀集群文化，为集群保持长久的竞争优势提供了战略性资源。

（二）区域品牌

市场经济的充分发展，使得商品日益丰富和多元化，逐步带来了物质生产的相对过剩；科学技术的飞速进步、普及与传播又使得各个类别商品的同质化趋势日益明显；以消费者为中心的买方市场的存在，消费者越来越追求个性化消费，追求新自我价值的认同后的心理满足感；注意力经济的到来，吸引消费者的眼球成了商品营销的当务之急。在这种情况下，品牌已成为同类产品之间相互区别的主要标志，品牌经济随着市场经济发展和进化应运而生。品牌对于产业或企业的兴衰至关重要。

那么，什么是品牌？著名营销学家菲利普·科特勒认为，品牌是一种名称、术语、标记、符号或图案，或是它们的相互结合，用以识别某个消费者或某群消费者的产品或服务，并使之与竞争对手的产品或服务相区别。完整的品牌包含属性、利益、价值、文化、个性和使用者等六方面含义。[①]《中国品牌》杂志社年小山认为，品牌是在整合先进生产力要素、经济要素条件下，以无形资产为主要经营对象，以文化为存在方式，以物质为载体，具备并实行某种标准与规范，以达到一定的目的为原则，并据此设定自身运动轨迹，因而带有显著个性化倾向的、具备优势存在基础的相关事物，它是由精神、物质和行为有机融合的统一体。[②] 品牌具有巨大的市场控制力，已成为企业在市场竞争中的利器，是企业获得更多剩余价值的源泉之一；能提高产品的知名度和美誉度，增加消费者的忠诚度，能提高销量，扩大市场份额，巩固和提升企业产品和服务的市场地位，并最终转化为可持续的经济效益；能低成本融资，吸引优秀人才，给企业带来更多的竞争优势。无怪乎美国可口可乐公司董事长伍德鲁夫曾说过：“只要

① 王永龙：《21 世纪品牌运营方略》，人民邮电出版社 2003 年版，第 5—7 页。

② 胡建波、王东平：《企业核心竞争力的关键构成要素及分析》，《华东经济管理》2006 年第 7 期。

可口可乐这个品牌在，如果有一天，公司在大火中化为灰烬，那么第二天早上，全世界新闻媒体的头条信息就是各大银行争着向可口可乐公司贷款。”

在今天这个被称为品牌经济的时代，大力发展本国或本区的强势品牌，提高产品的溢价能力已成为许多国家或地方政府发展区域经济的一项重要策略。品牌竞争力已经逐渐成为一个国家、区域、企业综合竞争力的最重要体现，决定着该国家、区域、企业在市场中地位，品牌成为不可或缺的战略资源。

产业集群内的企业因纵向产业链实现了横向深度分工，获得了规模经济；公共基础设施的联合建设，解决了单个企业投资的不经济问题，这些使得产业集群有可能吸引更多的企业进入，扩大市场规模，也便于企业形成和扩大营销网络，降低单位营销成本，并逐步形成地方特色。地方特色一旦形成，就会产生独有的声誉，能够吸引大量的供应商和用户，并且形成专门人才市场。随着产业集群的成功，集群所依托的产业和产品不断走向世界，加之群内企业通过集聚来集中加强广告宣传力度，利用群体效应扩大社会影响和知名度，自然就形成了一种世界性的区域品牌。区域品牌可以简单地理解为产业区域是品牌的象征，如法国香水、意大利时装、瑞士手表、西湖龙井茶叶、嵊州领带、义乌小商品等。具体来看，区域品牌是指以产业集群所在区域名称和产业名称组合起来的一种名称或标志，能够用来识别某一产业集群的产品或劳务，并使之同其他集群的产品或劳务区别开来，使产业集群在运营中形成，凝聚着集群在技术、管理、营销、产品、服务、质量等方面的智慧和创造，代表了集群内企业一种潜在的竞争优势和获利能力，有利于提高整个集群的知名度、美誉度、认可度、信任度和消费者忠诚度。

区域品牌一经形成，将具有以下三个特征：①区域品牌的独立性。区域品牌的价值依附于产业集群生产的产品，并在集群产品的价格决定上发挥重要作用，但它并不因产品的交换而完成转移，区域品牌不会因某个企业的消失而消失，能在市场上较长时间地发挥作用。因此，区域品牌具有独立性。②区域品牌的可变性。区域品牌的价值并非一成不变，会随着消费者对其认同度和接受力的差别而使其向扩大的方向或缩小的方向变化。由此可以看出，区域品牌具有可变性。③区域品牌的公共物品性。区域品牌是由企业共同的生产区位产生的，一旦形成之后，就可以为区内的所有企业所享受。公共物品的非排他性和非竞争性在区域品牌身上表现得较为强烈。非竞争性是说集群内的某一个企业消费了区域品牌这一公共物品不会减少其他企业对这种公共物品的消费，或者说集群内新产生的企业同时享有区域品牌的边际社会成本为零。非排他性是指集群内的任何企业都没有能力排除区域内的其他任一企业从区域品牌中受益。①

区域品牌作为一种珍贵的无形资产，是群内众多企业品牌精华的浓缩和提炼，是集群长期发展后沉淀下来的精神财富，具有广泛的、持久的品牌效应，有五个方面的作用：①有利于降低单个企业的广告宣传费用，从而降低群内企业的生产经营成本。②有利于群内企业对外交往，开拓国内外市场，确定合适的销售价格，提高市场占有率和市场声誉，增强消费者对区域品牌和群内企业产品的忠诚度。③有利于提升整个产业集群的形象，为招商引资和未来发展创造有利条件，增加集群的资本容量、技术容量、人才容量和知识容量，为升级和扩大产业集群奠定基础。④有利于带动关联产业的进入与发展，推动相关产业和中介、研发、培训等机构的相应跟进，增强集群的集聚效应，形成完整的价值链和知识链。⑤区域品牌共享大大增强了集群内企业的比较竞争优势。

区域品牌是集群所独具的资产，是竞争对手不易甚至无法模仿的，与产业集群核心竞争力有着非常紧密的关系，是形成核心竞争力的平台。②①区域品牌是集群核心竞争力的有效载体。区域品牌包含了集群在资源、

① 邓恢华、杨建梅：《从集群品牌视角探讨广州汽车产业集群竞争力的提升》，《南方经济》2005年第9期。

② 艾丰：《品牌是形成核心竞争力的平台》，《人民论坛》2005年第4期。

能力、技术、管理、营销、人力资源等方面的综合优势，是形成并实现集群可持续增长的动力源泉，是集群核心竞争力的外在表现。②区域品牌能给产业集群带来持续竞争优势。建立了强势区域品牌的集群可实现规模经营，以获取成本优势，它能给消费者带来情感体验的差异化，这是竞争对手难以模仿的，从而带来持续竞争优势。③区域品牌是消费者认知集群核心竞争力的主要标志。消费者对品牌的形象非常敏感，品牌消费是一种必然的趋势或现实，强劲的区域品牌可以提高消费者的心理认知程度，使集群核心竞争力在市场竞争中更好地发挥作用。

（三）人力资源

人作为一种独特的资源，在经济社会发展过程中越来越起着举足轻重的作用，而对于人力资源重要性的认识，则始于 20 世纪 60 年代初。著名经济学家辛格（1961）在一次国际会议上提出："我们对于增长与发展问题的整个思想变化了，基本的问题不再认为是创造财富，而是创造财富的能力……这就是智力。"也就是认为人力资本比物质资本更重要。[①] 诺贝尔经济学奖得主舒尔茨最早创建了人力资源的理论体系，认为"增进穷人福利的决定性生产要素不是空间、能源和耕地，而是人口质量"。[②] 在他看来，人力资本主要指凝集在劳动者本身的知识、技能及其所表现出来的劳动能力，是现代经济增长的主要因素。[③]

随着人类社会进入 21 世纪，人类的经济技术形态也正在由工业经济向知识经济过渡。知识经济是以人类智力资源的占有、配置，以科学技术为主的知识的生产、分配和使用为主要因素的一种新型的经济形态。在知识经济时代，知识成为经济增长的内在因素，人在知识经济的发展中始终处于核心地位。市场竞争的核心归根结底是人的竞争，企业的一切行为活动

---

① 阿恩特：《经济发展思想史》，商务印书馆 1999 年版，第 68 页。

② 谭崇台：《发展经济学的新发展》，武汉大学出版社 1999 年版，第 42—43 页。

③ 西奥多・W. 舒尔茨：《人力资本投资——教育和研究的作用》，商务印书馆 1990 年版，第 55 页。

都离不开人，对人才的竞争已经成为企业之间一条看不见的战线。[①] 对于不同的组织来说，核心竞争力的构成要素各有不同，但是其主体内容都离不开核心知识、核心技术、学习能力等，而这些都是由人来创造、发展和完善而形成的。国内学者余伟萍等（2003）采用文献研究和企业家调查的方法，对企业核心竞争力的要素进行了分析。通过收集、分析 1990 年以来关于企业核心竞争力的中外文献，综合结果表明，理论界认为“人力资源”在核心竞争力构成中排名第六；对成都、深圳和宁波三个地区的企业进行问卷调查的结果则表明，企业家认为人力资源是企业核心竞争力的首要因素。[②] 由此可见，人才不但是知识经济时代的核心资源，而且在企业核心竞争力构成要素中占有一席之地，是核心竞争力构成要素中其他要素的载体或推动力量。因此，核心竞争力的根基在于人力资源。

知识作为一种特殊的资源，无论是知识的创新、理念的突破，还是科学的发现、技术的发明，无一不是以人才为载体的，核心要素是人才，人才已成为经济社会发展的决定性因素。产业集群作为一种区域性的经济组织，其形成与发展离不开当地的人力资源储备，离不开当地人力资源的素质与能力构成。对于产业集群而言，人力资源同样是生产力中最活跃、起决定作用的因素。因此，产业集群要发展核心竞争力，必须依靠不断建立并发掘当地的人力资源优势。

产业集群人力资源，是指包含在集群所在区域的相关员工身体内的一种工作能力，它是表现在员工身上的、以员工的数量和质量表示的资源，主要包括群内企业的员工、群内知识生产机构的教学科研人员、中介服务机构的员工等的劳动素质、生产技能、科技水平、道德水平、信誉和社会关系，而以群内企业高素质的员工综合技能为主，是集群具有能动性、高增殖性的特殊资源，在整个集群正常运营中起决定性作用。集群人力资源与企业人力资源一样，除了具有能动性、两重性、时效性、再生性和社会

① 白光、马国忠：《企业发展力》，中国经济出版社 2003 年版，第 29 页。

② 余伟萍等：《中国企业核心竞争力要素实证研究》，《社会科学战线》2003 年第 5 期。

性外，更重要的在于其还具有以下特征：①人力资源具有价值有效性，人力资源能够降低组织的成本和增加组织的收益，而自身在使用中不会消耗而是会增加能力存量，创造更大的价值。②人力资源具有稀缺性，与组织营利能力息息相关的关键性人力资源会出现严重供给不足的现象，如那些拥有专门技术、掌握核心业务、控制关键资源而对组织产生深远影响的员工就具有稀缺性。③人力资源具有难以模仿性，人力资源因与组织独特的发展历史、文化氛围以及特异能力的积累而具备不可模仿性。④人力资源具有非替代性，人力资源的重要性在所有生产要素中都是独一无二的、不可替代的。[①]

核心竞争力理论认为，能提供核心竞争力的资源需符合四个标准：①对组织增加积极的价值；②在现有或潜在竞争对手中是独一无二的或稀缺的；③必须是不能完全模仿的；④不能被竞争对手的其他资源所替代。

集群人力资源的特征决定了集群人力资源与产业集群核心竞争力的本质联系：人力资源是产业集群竞争取胜的关键因素之一，是构成产业集群核心竞争力的重要基础，是产业集群核心竞争力的源泉之一。第一，集群中的各类先进技术是要由集群的人来掌握的，先进的知识要由集群的人来学习，先进的文化要由集群的人来传播，先进的制度要由集群的人来遵循，集群人力资源在其中起着关键性的作用。第二，集群要形成健康向上、信任合作的集群文化，也需要高素质的人才，并使这样的人才能融合到集群的生产经营环境中去，并通过这些人才的推动，不断地总结提炼集群的价值观、经营哲学、管理思想、行为规范等，建立起集群文化。第三，集群要实现技术创新、知识创造、制度创新、产品创新等活动，要实现集群内部生产要素与外部条件的有机结合，需要集群人力资源来完成，并凭借不断地创新活动和组合，给集群带来持续的经济效益和竞争优势。第四，集群要实现专业化的分工协作生产，需要各类人才各司其职、各尽

① 杨海儒：《利用人力资源构建企业核心竞争力》，《改革与战略》2004 年第 12 期。

所能、各展其才，实现生产链的协同、技术的补充与衔接，推动产业集群生产规模的扩大和产品质量的提高。

产业集群核心竞争力的构成要素体系如图 4.16 所示。

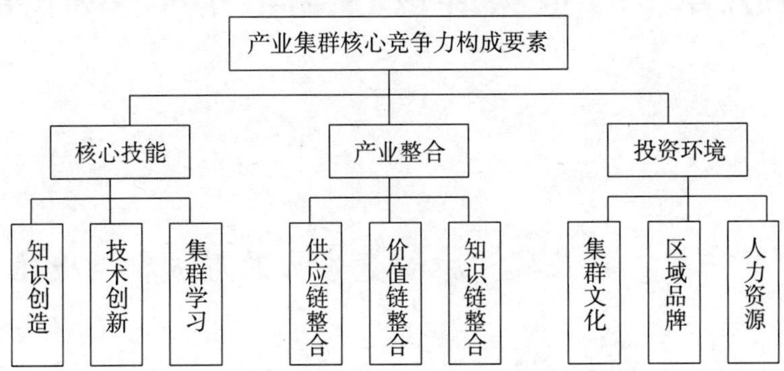

图 4.16　产业集群核心竞争力构成要素体系

第五章 产业集群核心竞争力的形成机制

第一节 产业集群核心竞争力的形成机制概述

机制（mechanism）一词，源于古希腊文 mechané，原指机器的构造和原理，是工程学概念，一般被理解为物理学和机械工程学中的机械装置或机械构造，后被运用到生理学、心理学、哲学和经济学等多门学科之中。“机制”一词在《辞海》上的解释是：“机制原指机器的构造和动作原理。生物学和医学通过类比借用此词，在研究一种生物的功能（例如光合作用或肌肉收缩）时常说分析它的机制。这就是说要了解它的内在工作方式包括有关生物结构组成部分的相互作用，以及其间发生的各种变化过程的物理、化学性质和相互关系，阐明一种生物功能的机制，意味着对它的认识从现象的描述到本质的说明。”① 据此，可以认为，“机制”是系统为了实现某种功能的内在工作方式，包括其组成部分的相互作用，以及这些组成部分之间因发生变化而形成的相互性质和相互联系。产业集群核心竞争力形成机制，可理解为：能够形成产业集群核心竞争力的要素间的内在工作方式、相互作用，以及这些要素之间因发生变化而形成的相互影响与相互联系。

产业集群核心竞争力的形成原因有多种，比如技术的推动、市场的推动、政策的驱动、竞争的推动等，但都可以归结为两种形成机制：一是内

① 《辞海》，上海辞书出版社 1999 年版，第 3547 页。

源驱动机制，即产业集群自发的内部力量结构体系及其运行规则；一是外源推动机制，即主要来源于集群外部环境的力量结构体系及其运行规则。这两种机理相辅相成，相互融合，形成强大的内部驱动力和外部推动力，共同构成产业集群核心竞争力的形成机制。在这两种力量作用下的产业集群核心竞争力形成模型如图 5.1 所示。

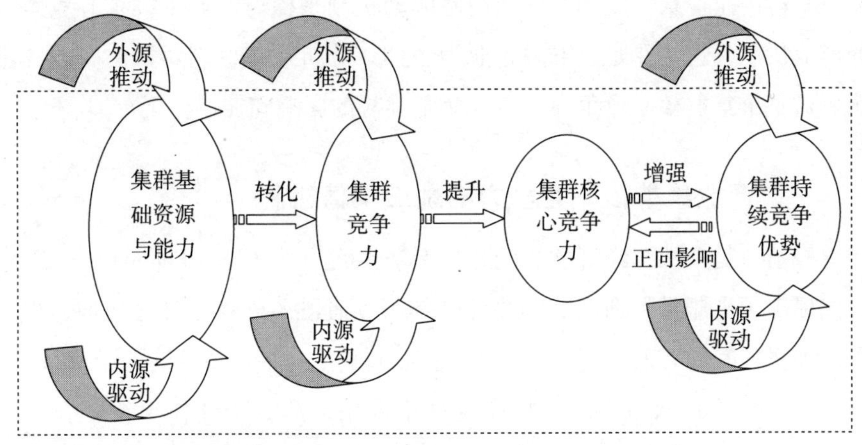

图 5.1　产业集群核心竞争力形成机制模型图

从图 5.1 可以看出，产业集群核心竞争力的运行需经过内源驱动机制和外源推动机制的三次作用，第一次作用是将集群的基础资源与能力等转化为集群竞争力，第二次作用是将集群竞争力中最具特质、最有价值、最能带来集群持续竞争优势的竞争力提升为核心竞争力，第三次作用是为了保持产业集群持续竞争优势而对集群核心竞争力施加正向影响，使集群核心竞争力得以升级换代。

产业集群核心竞争力的内源驱动机制主要有地域根植机制、共生竞合机制、组织强化机制、分工协作机制。这些机制既是产业集群的内在特征，又是产业集群持续竞争优势的重要因素，是产业集群核心竞争力形成的内在机理。产业集群核心竞争力的外源推动机制主要有市场竞争推动机制、创新环境支持机制、政府政策激励机制。这些外源机制的存在，对于产业集群核心竞争力的形成起到强烈的推动作用。

第二节 产业集群核心竞争力的内源驱动机制

产业集群一经形成，就不可避免地存在地域根植性、共生竞合性、组织强化性和分工协作性，这些特征的存在，更多地是以集群的主要构成主体——群内企业来界定的。而从内源驱动机制来探讨产业集群核心竞争力的形成机制，也主要是以群内企业为主体，分析这些机制对群内企业的影响、对整个集群核心竞争力、持续竞争优势的影响和促进作用。

一、产业集群核心竞争力的地域根植机制

根植性是个社会经济学的概念。卡尔·波兰尼（Karl Polanyi）1957 年首先提出了“根植”理论，他主张个体行动者既不外在于社会环境，也不固执地坚守其既有的、普遍的社会规则与信条，而是“根植”于具体的、当前的社会关系网络中，正是在这种格局中，社会个体作出符合自己目的、能实现自己愿望的选择。[①] 1985 年，新经济社会学的代表格兰诺维特发表《经济行动与社会结构：嵌入性问题》一文，发展了波兰尼有关“根植性”的论述，把经济行为对特定区域环境关系（如制度安排、社会历史文化、价值观念、风俗、隐含经验类知识、关系网络等）的依赖性称为“根植性”。[②]

在这些根植理论的基础上，经济地理学者们开始把根植运用到集群发展理论框架中，并研究根植对集群发展的影响。阿明（Amin）和思里夫特（Thrift）认为当地的制度和文化可以对集群产生重要的影响，可以增加信任和经济效率。[③] 布内恩·阿兹（Brian Uzzi）则指出，根植可以促进集群

① Polanyi K.，“The Economy as Instituted Process”，in Polanyi K.，Aiensberg C. M. & Pearson H. W.（eds.），*Trade and Market in the Early Empires*，Glencoe：The Free Press，1957.

② Granovetter M. S.，“Economic Action and Social Structure：The Problem of Embeddedness”，*American Journal of Sociology*，No. 3，1985，pp. 481 – 510.

③ Amin A. & Thrift N.，“Neo-Marshallian Nodes in Global Networks”，*International Journal of Urban and Regional Research*，No. 16，1992，pp. 71 – 87.

内部组织间的信任，有利于细密信息的传递，有助于集体行动的产生。①王缉慈（2001）认为，根植可以使集群组织间建立信任和承诺，又可以使集群保持高度的灵活性。②

产业集群作为一个经济系统，不可避免地要融入当地的社会、文化及政治制度之中。产业集群中的企业、机构在地理上接近，更重要的是他们之间具有很强的本地联系，这种联系不仅是经济上的，还包括社会、文化、政治等各方面。集群经济行为深深根植于共同的圈内语言、背景知识和交易规则，具有强烈的本地化色彩，易于产生集聚效应和深度建立制度机制，使众多企业黏合在一起进行竞争合作。因此，产业集群对特定区域环境关系（如制度安排、社会历史文化、价值观念、风俗、隐含经验类知识、关系网络等）的依赖性，可称之为产业集群的“地域根植性”。③ 可以说，根植性是产业集群长期积累的历史属性，是资源、文化、知识、制度、地理区位等要素的本地化，是支持集群生产体系地理集中的关键因素。产业集群的本地根植性一旦形成，就难以被复制。

国外学者达雅天竺（Dayasindhu）把根植性分为五类，即认知根植性、组织根植性、社会根植性、制度根植性和地理根植性。④ 认知根植性是指有效的、有价值的和结构性的意识形态根植于本地人们的经验之中，这些经验包括具有深厚历史渊源性的地方文化、信仰价值系统和道德世界观，还包括隐性知识；组织根植性是指本地集群的组织性质、形式和结构；社会根植性是指集群拥有丰富的社会资本；制度根植性是指集群制度根植于本地化中不同层次相互联结在一起的社会结构、金融、政治和经济特征的组合；地理根植性是指集群本地的资源禀赋、地理区位，所在区域的经济环境、政治环境、法律环境、社会环境、气候条件等。⑤

---

① Brian Uzzi, “Social Structure and Competition in Interfirm Networks: The Paradox of Embeddedness”, *Administrative Science Quarterly*, No. 42, 1997, pp. 35 – 67.

② 王缉慈：《创新的空间：企业集群与区域发展》，北京大学出版社 2001 年版。

③ 庄晋财：《企业集群地域根植性的理论演进及其政策含义》，《财经问题研究》2003 年第 10 期。

④ Dayasindhu N., “Embeddedness, Knowledge Transfer, Industry Clusters and Global Competitiveness: A Case Study of the Indian Software Industry”, *Technovation*, No. 22, 2002, pp. 551 – 562.

⑤ 刘恒江、陈继祥：《基于动力机制的我国产业集群发展研究》，《经济地理》2005 年第 5 期。

产业集群地域根植性，对于产业集群核心竞争力的形成与强化起着非常重要的作用，其机理如图 5.2 所示。

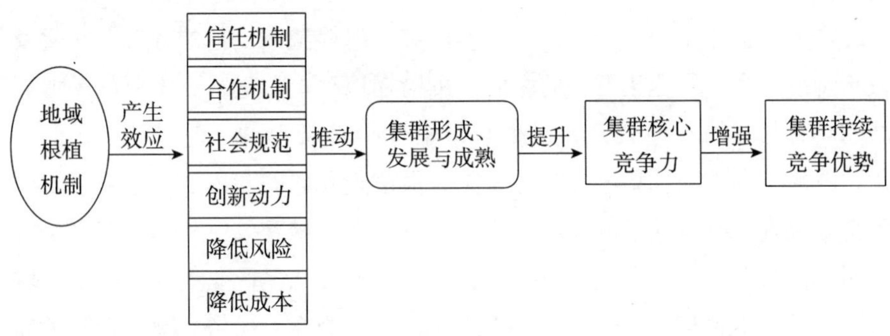

图 5.2 地域根植机制促进产业集群核心竞争力形成的机理

首先，产业集群的地域根植性促进了产业集群的形成。我国江浙一带的原发性产业集群的形成，离不开当地独特的创业氛围和浓厚的经商传统，也与当地人们的经营意识分不开，而这些特定的产业氛围等集群形成的主要原因无一不显示了集群根植性。例如，集群认知根植性有利于在集群内营造集体性的合作与创新关系，促进知识的流动与共享，提高群内劳动者的技能，降低革命性创新活动的成本和风险，从而带来创新优势。而在集群初建期，地理根植对集群发展也起着重要的作用。如果某产业集群位于交通运输便利、当地人力资源丰富、市场需求量大等的区位，则有利于中小企业集群形成和发展。在地理根植作用下，初建期的集群各行为主体可以进行面对面交流、共享技术和需求信息、学习成功经验，促进了共同进步和减少了机会主义行为的发生，逐渐建立起人与人之间的信任关系，从而积累社会资本，降低交易费用和运输成本。

其次，产业集群的地域根植性促进了产业集群从低级向高级阶段发展。由于地理根植性的存在，群内经济行为主体活动发生在一定的空间范围内，使群内企业能共享配套设施、机构设施、研发平台、公共服务等，有助于形成包括企业、大学、科研机构、政府中介服务机构、金融机构等在内的区域的创新网络，他们都趋向于集中于某一区域发展。由于社会根植性的存在，依靠亲缘、血缘、地缘、业缘紧密联系在一起的集群内的成员具有相同或相近的社会文化背景，在经常的联系、互动过程中所采取的经济行为深深镶嵌于同一文化氛围、环境和交易规则，很大程度上实现了资金、技术、信息的共享，节约了交易费用，而且这种紧密的社会关系有利于敏感信息和隐含知识的传播，建立了相互间的信任关系，大家互相照顾、互相帮助，组成生产联合体，共同从事生产销售，使得风险最小化，减少了生产运行的成本，提高了效率和利润，从而有利于获得初级规模经济效应和外部效应。同时，群内成员之间存在的高度信任关系提高了资源的使用效率，工具和材料的借贷，技术诀窍的分享成为了普通的事，也有助于新企业的建立。这样，就促进了产业集群由低级阶段向高级阶段的发展。

第三，产业集群的地域根植性增强了集群内的信任与合作。由于根植性的存在，群内成员不仅仅在地理上接近、经济上有着千丝万缕的联系，更重要的是他们具有相同或相近的社会文化背景和制度环境。在同一个文化背景下，活动者易于接受潜规则约束，竞争、合作、默契、信任无处不在，机会主义得到有效压制，多方面、多层次的合作成为集群主流。这种合作，既存在于企业之间，也存在于个人之间；既有正式的合作，也有非正式的合作；既可是技术上的合作，也可是资金上的合作。企业之间的情感和亲密度，以及企业的合作频率、范围和深入程度决定了集群的网络协作关系。相互信任和合作形成的社会资本产生了“集群胶”，使众多企业黏结在一起，既增强集群凝聚力，又使企业深深扎根于当地。另一方面，由于集群制度根植性的存在，群内企业易于接受各种正式制度和非正式制度，以这些制度来约束自己的经济行为，在制度的约束下，人们相互信任和交流，从而加快了新思想、新观念、信息和创新的扩散速度，在某种程度上减少了集群内企业的败德行为，节省企业间的交易成本，减少集群经济中的不确定性。

第四，产业集群的地域根植性是产业集群创新的动力机制。创新是产业集群竞争优势的可持续发展之路，产业集群的生命力就是创新。产业集群的根植性为集群取得创新优势提供了来源。根植性使得产业集群的经济主体间形成一种相互依存的产业关联和产业文化，并且创建一套大家遵守的行业规范，在这种行业规范的指导下，集群内企业之间、企业与相关机构之间的相互联系、相互作用和相互依赖以及各种方式的交流、沟通和接触，都有利于新思想的形成、新技术的使用和传播；同时，集群内企业彼此接近，会受到竞争的隐形压力，而不甘落后的自尊需要和当地高级顾客的需求，也将迫使企业不断进行技术创新和组织管理创新以增强竞争优势；另外，随着集群区域的发展、壮大，除了生产企业集聚外，还汇聚了大量的服务企业以及提供研究和技术性支持的机构，如管理咨询机构、技术开发机构、行业协会等，这些机构对加强技术的研发、交流和扩散，对群内企业技术进步起到重要的支撑作用。

总而言之，产业集群由于具有地域根植性，能够在群内建立起信任机制，有助于企业建立长期合作关系，从而增强社会规范程度，降低合同交易成本和执行成本，有利于群内企业间创新互动，提高企业的生产效率，推动集群的技术创新，降低群内企业创新活动的风险，从而促进产业集群持续竞争优势的获得。

因此，产业集群的核心竞争力构筑在产业集群社会网络根植性的基础之上，一个产业集群具有持续竞争优势实质上就是产业集群拥有深厚根植性的外在表现。①

二、产业集群核心竞争力的共生竞合机制

“共生”的概念最早由德国生物学家德贝里（Anton de Bary）于1879年提出，它是指由于生存的需要，两种或多种生物之间必然按照某种模式相互作用和互相依存地生活在一起，形成共同生存、协同进化的共生关系。② 社会经济现象在很多方面也与生物界相似，正如自然界中不同生物

① 鲁开垠：《产业集群社会网络的根植性与核心能力研究》，《广东社会科学》2006年第2期。

② 蓝盛芳：《试论达尔文进化论与协同进化论》，《生态科学》1995年第2期。

按照类别、地理条件等形成不同的生物群落，并在一定的食物链下共同生存和协同进化一样，企业之间也会由于外部因素或市场演化力量的作用而集结在一起形成集群，在一定的价值链下共同生存和协同进化。产业集群实质是一个企业共生组织，是以专业化分工与社会化协作为基础，大、中、小企业并存，不同类型企业共生互补的生态化企业群体，类似于生物生态系统。产业集群作为企业间的一种特殊联合方式，特定地理区域内大量互相联系的企业，为了获得更大的生存发展机会，依靠比较稳定的分工协作，通过能力互补，使得各方都获得更广阔的生存发展空间，而在某一产业或产品生产中形成具有强大竞争实力的群体。①

在生物群落中，群内个体间是既竞争又合作，促进了群落个体的相互依赖和协调，赢得了生存空间，最终促进生物群落的稳定发展。集群作为一个弹性生态系统，群内企业普遍存在着竞争，这种竞争使企业能保持较强的生命力和创造力。但是，群内企业间的竞争并不是“狭路相逢勇者胜”的竞争，更多的是合作关系，竞争对手在某种程度上是合作伙伴，例如联合开展新产品、开拓新市场、适应生产供应链。由此，产业集群内形成了一种既有竞争，又有合作的竞合机制，这种竞合机制的根本特征是互动互助的集体行动。竞合行为是集群个体行为的一个显著特点，企业对于集群整体竞争优势的依赖以及寻求自身发展的压力使得群内企业处于不断的竞合之中，实现个体企业在竞争中能够从中取利，集群整体竞争优势也在群内企业的良性竞争中得以提升。②

集群共生竞合机制的存在，对于产业集群核心竞争力形成的促进作用如图 5.3 所示。

由图 5.3 可以看出，共生竞合机制的作用主要表现在以下几个方面：

（一）有利于群内企业建立战略联盟关系

在当前现代商业环境不断动态化与复杂化的情况下，靠单兵作战的方

---

① 江若尘：《企业竞争的新模式——企业协调竞争：企业集群》，《财贸研究》2000 年第 3 期。

② 崔焕金：《产业集群竞争优势的行为生态学透视》，《生产力研究》2005 年第 12 期。

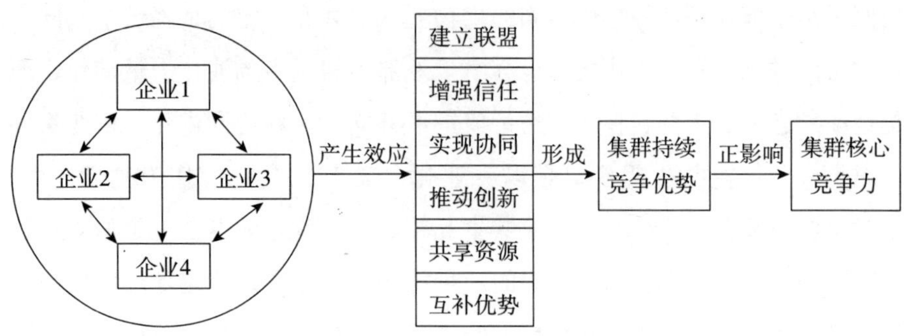

图5.3 共生竞合机制促进产业集群核心竞争力形成的机理

注：图中用圆圈表示群内企业的共生关系，用双向箭头表示群内企业间的竞合关系。

式已很难在激烈的市场竞争中取得优势，企业必须与顾客、供应商及其他相关群体之间建立日益密切的相互作用和相互影响，才有可能提高自身的市场竞争力。由于共生竞合机制的存在，群内中小企业可以在培训、金融、技术开发、产品设计、市场营销、出口、分配等方面，实现高效的网络化的互动和合作，克服单个成员企业的规模劣势。群内企业之间的合作竞争通过广泛的经济技术协作，形成合纵联横的网络关系，可以缓和经济利益的冲突，减少交易过程的障碍，对企业的规模经济产生影响，能产生足够的放大效益。正是得益于这种放大效益，群内企业会弱化相互间的竞争关系，而是以合作为基础，建立起战略联盟关系，同行携手向更宽广的领域拓展，以获得更大的竞争优势。

（二）有利于激发群内企业的科技创新

集群内独特的竞合关系会形成一种独特的激励机制，从而成为群内企业科技创新的动力。产业集群内的企业之间也存在着激烈的竞争，地理上的集中相对加剧了同业之间的竞争，集群内紧密接近的企业由于共同的区位缩短了竞争的过程，减少了代理成本，激励了供应商的发展，加速了竞争者的不断出现，使得产业集群内企业间竞争加剧，迫使企业不断降低成本，改进产品及服务，追赶技术变革。如果企业不能提高研发能力，不能持续地进行科技创新，那么这类企业就有可能在市场竞争中处于弱势，甚至于过早地衰亡。因此，群内企业要想在竞争中获胜，特别是群内企业的产品多趋于一致，为了创造特色产品，就必须在科技上、工艺设计上不断进行改进和创新，形成独具特色的科技实力，从而保证在市场竞争中的领先地位。同时，持续的竞争又产生了不断地激励，使得企业之间的技术创新竞争在更高的层次上展开。另一方面，又由于集群还需面对群外的竞争，又让群内企业能从大局出发，在许多方面实现资源共享、优势互补、相互合作，共同进行技术开发和推广，从而在既竞争又合作的环境中推进科技创新。

（三）有利于群内企业实现资源共享和优势互补

由于相关企业在地理上的聚集和在产品上的关联性，形成了集群内的公共基础设施、信息、人力资源、市场、供销渠道等社会资源共享。企业之间还可以互相学习经营管理经验，促进了专业知识的传播和新技术的推广和应用。企业都有自己的竞争优势，这些竞争优势体现在“价值链”的各环节上，在当前激烈的市场竞争面前，企业通过在“价值链”的优势环节上展开合作，充分发挥企业在“价值链”某个环节上拥有的竞争优势，实现企业之间的优势互补，能够创造新的价值，获取更多的利润，以达到整体利益最大化。①

（四）有利于产业集群内部产生协同效应

协同效应是在20世纪60年代提出的，是指两个事物有机地结合在一起，发挥出超过两个事物简单总和的联合效果，即实现“1+1>2”的效果。协同效应主要体现在以下四个方面：生产协同效应，即企业在生产设备、原材料、生产技术、零部件等的利用上实行资源共享；技术协同效应，即企业可以共同利用同类产品生产的核心技术，或联合开发新产品，以减少新产品研发费用、分散风险、提高新产品成功的概率；管理协同效应，即在一个经营单位里运用另一个单位的管理经验与专门技能，降低管

① 张秀生等：《产业集群、合作竞争与区域竞争力》，《武汉大学学报（哲学社会科学版）》2005年第3期。

理费用；销售协同效应，即企业之间可以使用共同的营销人员、分销渠道、仓储运输服务等，节约营销成本。[①] 一般来说，产业集群内集聚了原料供应商和产品经销的批发商，大部分生产资料的获得产品的销售能够在集群范围内得到解决，这种空间上的集聚方式有利于企业间实现纵向合作，降低成本，实现协同销售和协同采购；出于对市场竞争的需求，不仅群内的生产企业和互补企业、生产企业和供应商之间，而且在生产企业与群内的竞争企业之间，都有可能联合起来，引入技术设备，联合开展技术研发，以分包或外包的形式联合开发新产品，从而实现生产协同和技术协同。为了应对集群外存在的市场竞争压力，创造高效的管理模式，企业间会互相学习经营管理经验，促进成功的管理经验在集群内的传播。同时，也有可能在地方政府和行业协会的协调下，加强集群的整体管理，如整顿市场秩序、打击假冒伪劣等，实现集群的管理协同。

（五）有利于形成集群持续竞争优势

由于共生性，群内企业还可与本地知识生产机构（高校或科研院所等）形成互惠共生体，高校或科研院所为企业提供科研成果、创新信息、中试设备以及人才培养，企业则主要进行产品开发、工艺开发和市场开拓。这样，集群中的企业与科研单位互惠互利、优势互补、互相促进，形成集群良性的发展。群内企业之间既展开激烈的市场竞争，又进行多种形式的合作，竞争的结果不是一种零和博弈而是一种正和博弈，根本特征是互动互助、集体行动。由于共生于一个区域，群内企业可以利用共同的交通、实验基地等基础设施，可以分享共同的信息资源，可以拥有共同的专业人才市场，可以共同吸引风险基金获取创业资金，可以相互利用对方的特长获取能力互补，可以获取优先扩散的技术与知识，可以利用区域整体品牌优势取得营销的协同效应，从而营造市场优势，在使集群内企业从竞争中获利的同时，集群整体竞争优势也在企业间的良性竞争中得以提升。事实证明，群内企业之间的竞争，产业群群区内的企业比起那些散落的各

① 罗文章：《产业集群竞争优势形成机理的经济学分析》，《求索》2004 年第 8 期。

个地方的企业，更具有竞争优势，更容易通过竞争进入这一行业的前沿地带。

三、产业集群核心竞争力的组织强化机制

自组织强化理论来源于人类对复杂性适应系统的认识，从宇宙的演化到生命的进化，直到我们人类社会，都可以看成是复杂性适应系统。复杂性适应系统的重要特征就是它的自组织性和自强化性，即它具有自我形成、自我发展、自我调整和自我进化的特征。[①] 1988 年，美国斯坦福大学经济学教授 W. 布雷恩·阿瑟在他发表的《经济学中的自增强机制》一文中提出了自增强理论。[②] 2002 年，恩佐·儒莱尼（Enzo Rullani）对产业集群的特点进行了分析，认为产业集群是一个自然的自组织系统，原因在于，产业集群不是一个人用自组织作为解决问题的工具加以设计的技术和计算装置，它本身就是一个自组织的产物，集群处理复杂性的游戏规则也是自发形成的，并且这些游戏规则在遵循着群体模式下通过共同学习的动态过程得以更新，而非由更高级的力量预先设定和安排。[③]

一方面，同自然界中的生物系统一样，产业集群也可以看成社会经济生态系统，从集群的形成过程可以看出，集群几乎都是在市场经济的作用下自发形成的，因此，产业集群可以看成是一个复杂的自适应系统，具有明显的自组织性。另一方面，产业集群能借助网络关系，获得单个企业无法获得的各种优势竞争资源，对外能够不断适应激烈的市场竞争，实现规模报酬递增，具有局部的正反馈，它是一个具有自增强或自催化的动态系统，具有明显的自强化性。[④]

---

① 徐占忱、何明升：《论产业集群竞争力的性质》，《工业技术经济》2005 年第 1 期。

② W. 布雷恩·阿瑟：《经济学中的自增强机制》，《经济社会体制比较》1995 年第 5 期。

③ Enzo Rullani，"The Industrial Cluster as a Complex Adaptive System"，in Alberto Quadrio Curzio & Macro Fortis（eds.），*Complixity and Industrial Clusters Dynamics and Models in Theory and Practice*，New York：Physica-Verlag Heidelberg，2002，pp. 35－61.

④ 王华等：《社会网络嵌入性视角的产业集群竞争优势探析》，《科技进步与对策》2006 年第 1 期。

由于产业集群具有自组织性，能够自我形成、自我发展、自我进化；由于产业集群具有自强化性，能够自我调整、自我完善、自我扩张。从这些意义上说，产业集群之所以具有核心竞争力，原因之一就是这种内生动力的存在——自组织能力和自强化能力。产业集群内部的自我组织强化机制，促进产业集群核心竞争力的形成机制如图 5.4 所示。

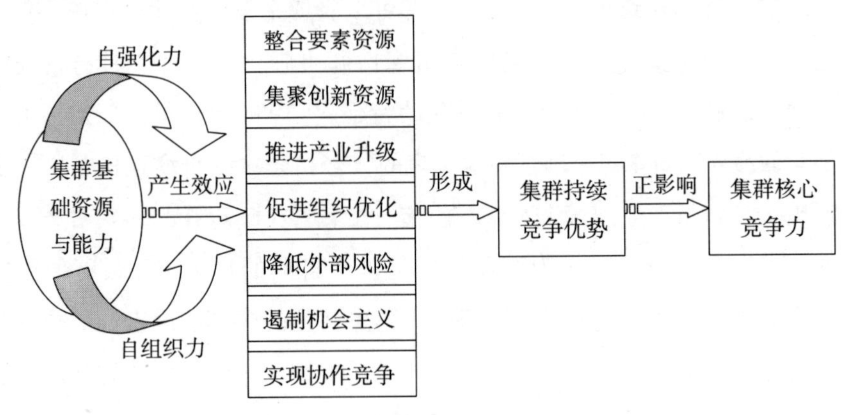

图 5.4　组织强化机制促进产业集群核心竞争力形成的机理

具体来看，在产业集群内在的组织强化机制下，将会产生以下效应：

(一) 组织强化机制有利于集群整合生产要素资源

对于市场经济活动来说，企业需要的资源要素总是固定的，也是稀缺的，这也加剧了企业对资源要素的争夺。产业集群一旦形成，就会出现一个自我强化的循环，集群成员拥有的资源和集群的结构方式影响了集群的竞争优势，在集群的结构中形成了资源整合的协同效应。相对于单个企业资源的有限性而言，产业集群捕捉调整资源的机会和能力更强，能够按照一种近似最佳的方式将区域内各种资源要素有效地组织起来。在自强化和自组织机制的作用下，产业集群能够以市场机制为主导，优化投资环境，合理利用和科学有效地配置自然资源、资本、人力、信息、技术资源等生产要素，增强相互之间的关联，产生整体聚合能动效应。同时，产业集群在增强自身实力的同时，其吸引力也日益增长，并且具有品牌与广告效应，会吸引群外的技术、资本和劳动等经济资源向产业集群集中，实现生产要素有机组合与高效配置。

（二）组织强化机制有利于集群集聚创新资源

产业集群达到一定规模后，就会产生一种自我扩张的机制，将集群效益扩大化，产生强大的示范效应、学习效应和竞争效应，群内正式与非正式的交流也将与日俱增，不仅有效地克服了知识贫困的约束，还使“空气中也飘着创新的气息”，极大地拓展了技术创新与相关支持的可能空间。这种状态，极易引发主体从创业竞赛向创新大战的转换。[①] 随着集群整体技术能力的增强、适合技术创新环境的完善、群内企业对新技术、新工艺、新设备的需求增长，将产生一种“马太效应”，群外的知识生产机构、技术创新中心、技术中介组织、技术服务机构、科技工作者、技术工人等也将会向集群转移，集群内的创新活动不断，创新实力增长，集群内的知识库得到丰富。随着产业集群技术能力程度的提高，生产能力也随之增强，创新资源将进一步集聚，因此，增强了集群适应能力和创新能力，提升了集群的核心竞争力。

（三）组织强化机制有利于集群整体提高抵御外部风险能力

在“国际市场国内化、国内市场国际化”这样一种竞争态势下，市场需求变化莫测，竞争对手层出不穷，竞争程度愈加激烈，经营环境更加动荡，企业生存的环境更加险恶，面临的外部风险也更加不可预见。如果企业想单凭一己之力来应对这种竞争状况，无论是从技术的角度、人员的角度，还是从资金的角度和经营的角度，都难以应付，也难以有足够的力量来承受这些风险，特别是对于广大中小企业来说。而产业集群这种介于层级与市场之间的中间组织形式，为广大企业抵御外部风险提供了可能性。在产业集群内部，许多单个的、与大企业相比毫无竞争优势的小企业通过发达的区域网络联系起来，其竞争优势就不再是单个企业的竞争优势，而是一种比所有单个企业竞争优势简单叠加起来更加具有优势的全新的集群竞争优势。产业集群一经形成，群内企业能根据市场、环境的变化，及时

① 郭金喜：《产业集群与跨越式发展》，《青海社会科学》2005 年第 2 期。

调整产品结构，引进技术与人才，灵活地调整自身的经营策略、合作与竞争行为，组成多层次、多功能的松散型结构，并在不断的学习过程中对其层次结构与功能结构进行重组及完善。① 随着集群功能的不断强化和完善，群内企业的经济实力、科技实力、营销实力也将得到增长，这样，抵御外部风险的能力也得到了提高，集群也将获得持续竞争优势。

（四）组织强化机制有利于集群遏制企业机会主义行为

产业集群作为一种介于市场与层级之间的新型经济生态系统，由于群内企业在地理位置上的非常接近、企业主之间也很多带有亲缘关系、不同企业员工之间也可能是朋友关系，企业之间比较容易建立信任关系，因而信息传播非常便利，信息不对称的现象不是很严重。如果群内某企业以次充好、坑蒙拐骗、提高物价、恶意竞争，虽可得到一时的利益，但是这些机会主义行为会很快就在整个集群内传播与扩散。由于这类行为损害了集群的整体利益，任何与集群有利益关系的主体都会对此作出相应的反应，“群起而攻之”，并有可能形成联盟来抵制该企业，让该企业在群内无法生存下去。因此，集群这种对于集群利益的自发性的保护机制，为产业集群制定整个行业的各种生产标准和市场规范提供了便利条件，为整个产业的规范发展提供了可靠保证。

（五）组织强化机制有利于集群扩大整体规模

波特早已指出：一旦一个集群开始形成，一种自我强化的过程会促进它的成长。产业集群以其特有的竞争优势较好地实现了生产要素的集中、创新要素的集聚、人力资源的集结，并且随着产业链的不断延伸，将吸引更多的相关产业甚至不同产业，扩大地区产业规模。而且，随着集群核心竞争力的增强，这种资源吸引效应还会逐步加速，并反过来扩大集群规模，增强集群区域的实力，这又创造出更多的市场机遇，便于企业快捷获取所需资源，促进新企业的加入与成长壮大。正如国内一学者所说，在一个健全的产业集群中，企业达到一定数目时，会触发自我强化的过程，集

① 乔俊峰:《基于耗散结构理论的产业集群形成机理研究》,《经济与社会发展》2006 年第 3 期。

群内企业间保持一种充满活力和灵活性的正式与非正式关系，构成了一种柔性生产综合体。在一个环境快速变化的动态竞争环境里，这种安排比缺乏弹性的垂直一体化和远距离的企业战略联盟更有效率。①

四、产业集群核心竞争力的分工协作机制

亚当·斯密、阿林·杨格、杨小凯等人是分工理论的代表人物。专业化的分工是以亚当·斯密为代表的古典经济思想的精髓，早在几个世纪之前，亚当·斯密在《国富论》中就指出，分工是国民财富增进的源泉。斯密将劳动分工和生产率提高之间的相互作用，理解为国民财富增加的关键原因，将劳动分工、生产率提高、市场扩展和经济组织问题结合起来，解释了累积的经济进步。② 阿林·杨格在其《报酬递增与经济进步》中进一步指出，报酬递增的原因不是规模经济，而是产业的不断分工和专业化的结果。他认为，人类的生产活动具有普遍的迂回性，使得产业的生产链上节点不断分化和延伸。专业化分工的深化表明在分工链上增加了节点，会使有经济性的规模得到级数倍增。③

产业集群作为众多企业和机构的一种空间集聚现象，不是指毫无联系的企业单纯的距离靠近，而是有特殊的分工内涵，是一种分工明确、具有自组织功能的专业化生产体系。集群内大量企业相互集中在一起，企业间形成密切而灵活的专业分工协作，通过这种灵活专业化，集群内的大中小企业与服务单位和政府机构聚集在一起，共同构成一个机构完善、功能齐全的生产、销售、服务、信息网络，从而实现整体优势。因此，产业集群的形成，也可以说是集群内部企业分工协作的结果。

集群内部的分工协作机制，不仅是产业集群产生的根源之一，是产业集群的特点之一，还是产业集群的竞争优势所在，对产业集群核心竞争力

---

① 后小仙：《区域产业集群的动力机制分析》，《经济理论与经济管理》2006 年第 5 期。

② 亚当·斯密著，郭大力、王亚南译：《国民财富的性质和原因的研究》，商务印书馆 1975 年版。

③ 张明林、陈华：《产业集群形成机制的超边际分析理论模型初探》，《企业经济》2005 年第 1 期。

的形成具有较强的作用，其作用机理如图 5. 5 所示。

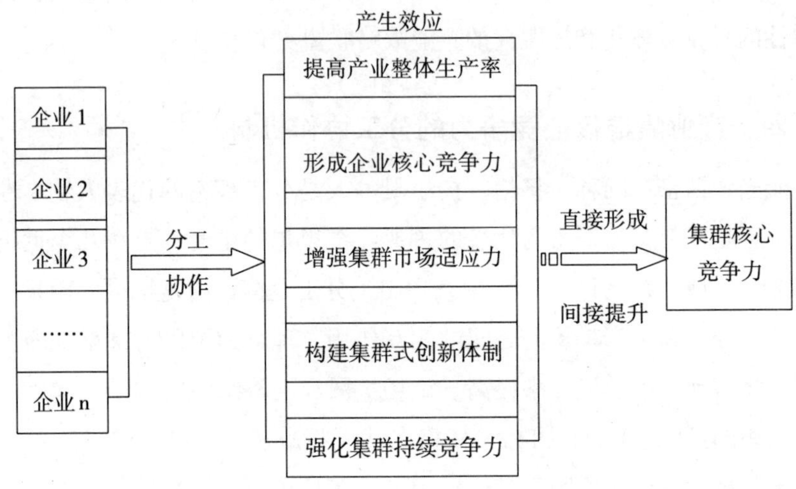

图 5. 5 分工协作机制促进产业集群核心竞争力形成的机理

根据图 5. 5，分工协作机制的作用机理具体分析如下：

（一）分工协作机制可以提高产业整体生产率

在产业集群内，大中小企业与服务单位和政府机构群聚在一起，共同构成一个机构完善、功能齐全的地方产业配套体系。在这个产业配套体系中，不仅可以减少不确定性，降低信息搜寻和交易成本，不同的企业还能根据各自的不同专长，做自己最擅长的工作，形成一个密切联系而又相互独立的价值链条。企业还能通过这种地方配套网络体系，及时、便捷地获得所需的原料和零部件，并及时将自己的产品供给客户。随着区域需求的集聚，专业化市场的形成，市场需求量的增加，形成正反馈机制，生产的规模会不断扩大，专业化分工将进一步得到加强。与企业内部分工相比，产业集群分工是在产权完全独立的企业外部进行的，将市场竞争机制、激励机制与分工很好地结合起来，使得这种分工具有主动性且职责明确，因而分工效率高。可以说，在产业集群内，无论是主产品的生产，还是附属行业的配套服务，都有严格而精细的分工，从而降低了因为转换生产加工环节而必须付出的成本，不断提高了产业集群整体的生产效率。

（二）分工协作机制可以形成企业核心竞争力

产业集群内的分工，是一种高度专业化的分工。集群内企业之间细密的分工协作关系，表现为产品生产按照价值链分工协作，一种产品增值的不同环节由不同企业单独完成，即从原料、生产、装配、销售过程及其每个过程的中间环节大都是由不同企业来完成。各企业都只专注于某一种产品、某一道工序或某一类业务开展生产经营，努力做精、做专、做深、做细产品或业务。由于群内企业之间存在着竞争，为了在价值链中获得更多的业务和利益，提高专业化水平，会驱使企业集中力量，加大研发投入，引入技术人员和先进设备，让自己的技术更专更精，做大、做强、做精某一种产品或某一道工序，努力提高产品的科技含量和附加值，从而培育企业的知名品牌，发展企业的核心专长，形成企业的核心竞争力。

（三）分工协作机制可以增强集群市场适应力

如今是买方市场，现代社会消费需求变化越来越快，越来越个性化、多样化和复杂化。经济实体生产的产品或服务如果不能满足消费者的需求，就算其技术再先进、产品再高档、设计再时尚，也不能打动消费者，进而不能带来足够的经济效益。产业集群由于实现了产业链的整合，在集群范围内就可以使产业链上游的企业以最短的空间距离为下游企业配套或供货，群内企业利用专业化分工协作的优势，及时调整生产组合，实行“在需要的时间，按照需要的数量，提供顾客需要的产品”的所谓“准时化生产”，可以迅速生产出符合市场需要的差异化产品，实现速度经济，有利于提高对客户需求的响应速度，满足多样化和个性化的顾客需求，从而增强产业集群市场适应能力。

（四）分工协作机制可以构建集群式创新体制

创新是产业集群的生命线，分工协作机制并不是反对集群创新，相反，分工协作机制鼓励集群创新和促进集群创新。因为群内企业已构成一个产业链条，存在大量工序型企业和中间产品交易市场，每一个企业都是这产业链上的一个结点，如果其中一个结点的技术不过硬、产品不合格、管理不先进，那么生产出来的产品就可能是次品，在市场上就没有竞争力可言。因此，分工协作机制在鼓励企业单独创新的同时，也鼓励价值链上下游企业之间进行密切交流，促进产业链条的各个环节创新，实行集群式创新，以提高整个集群的创新能力。集群式创新体制就是群内企业之间以及企业、高校、科研机构之间实现相互学习，互通有无，实现优势互补和资源共享，促进新观点、新做法、新技术的快速传播和扩散，降低创新成本和风险，从而促进整个集群专注于一个产业，提高产业持续创新能力。

（五）分工协作机制可以强化集群持续竞争力

在产业集群内，大量的中小企业集中在一起，企业间形成密切而灵活的专业化分工协作。这种分工，开始时，很大部分是企业在自己无力完成某一订单任务时，将原先自行生产的部分零部件外包给其他企业，利用社会资源更快地扩大生产规模或降低成本。随着分工效应的突显（如降低多样化成本，大大提高生产率），群内企业开始感受到分工协作带来的利益，于是，灵活专业化分工在集群内开始蔓延开来，并形成了利益共同体。这种灵活专业化，其本质就是生产工艺的细分、生产流程的分解和产业链、价值链、技术链的延续。通过这种企业内部分工的外部化，可以使更多的功能操作实现内部规模经济和外部协作效率，从而构成产业集群强劲持续竞争力。

第三节　产业集群核心竞争力的外源推动机制

产业集群作为一个社会经济系统，其形成与发展自然离不开外界的影响，而其中对其影响最大的莫过于三个方面：市场竞争、科技环境和政府政策。这三个方面虽然不是产业集群核心竞争力的直接来源，但因其作用力的存在，同样会对产业集群核心竞争力的形成产生影响，形成推动力。

一、产业集群核心竞争力的市场竞争推动机制

经济全球化时代的到来，使得各国（地区）经济的日益融合以及生产要素在全球范围内全面、自由流动，各国经济发展相互影响和相互制约，

成为全球经济中不可分割的组成部分。随着经济全球化的深入，市场竞争的主体由企业发展到企业供应链，再发展到现在的区域产业集群。产业集群尽管内部存在比较完整的产业链，但其最终产品还是要到外部市场上进行销售，需要与其他集群、其他企业进行竞争。竞争已成为产业集群经济行为中的一种常态。国内许多产业集群都参与到这种竞争行为中来，但结果有喜有悲。有的集群能够在激烈的市场竞争中生存和发展，并逐渐扩大规模；有的集群在激烈的市场竞争中落荒而逃，规模逐渐萎缩。

导致这一现象发生的原因是什么呢？除了集群的战略目标、产品品质、销售渠道、人员素质、广告宣传外，产业集群核心竞争力的差异应是其中的主要因素。其实，市场竞争对产业集群提高核心竞争力具有直接的触动作用，也是产业集群需要提升自身核心竞争力的根源之一。市场竞争推动机制对产业集群核心竞争力发生的机理如图 5.6 所示。

全球范围内产业竞争的加剧是推动产业发展呈现集群化趋势的必要因素。产业结构升级与调整已从一个地区、一个国家扩展到世界范围内，产业竞争也已经世界化，生产要素也实现了世界性的自由流动，国际产业链在全球范围内延伸，国际产业体系在全球范围内已基本形成。在这样的竞争大背景下，要提高产业集群的国际竞争力，必须积极优化资源配置，主动参与国际产业体系的分工和协作，在激烈的市场竞争中磨砺自己，确定自己的核心专长，提高集群的核心竞争力。

从图 5.6 也可以看出，产业集群如果没有形成核心竞争力，在激烈的市场竞争中将处于不利地位，就算一时得势，也不能长久。而通过参与市场竞争，一是有利于产业集群认识到自身的不足和短处，加大资金投入和基础设施建设，营造创新的氛围，加快生产技术的升级和产品的更新换代；二是可以激励集群创新，促使其提高产品的技术构成、质量等级和附加价值，打造区域品牌，以品牌制胜；三是集群有机会收集国内外市场信息，从而可以获取客户的需求偏好、国内外相关产品及技术的发展方向、国内外竞争对手的情况等战略性信息；四是可以保持集群的开放度，促进集群与环境的资源和产品交换，避免因封闭而陷入过多的集群风险和发展

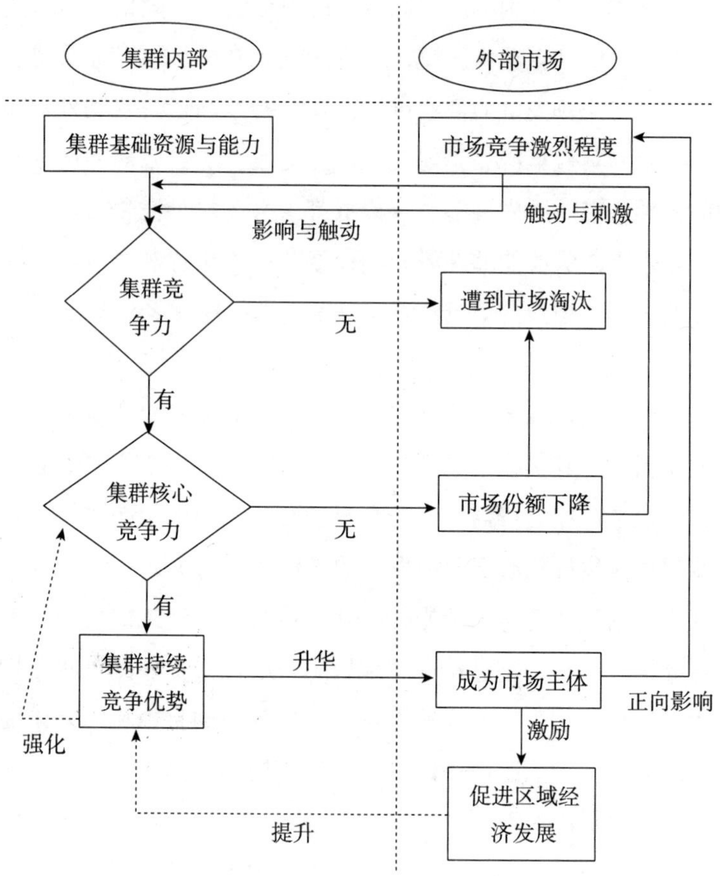

图 5.6　市场竞争对产业集群核心竞争力形成的推动机制

陷阱之中。因此，市场竞争能够促使产业集群提高其核心竞争力，在全球价值链中博得优势地位，掌握竞争的主动权，推动区域经济的发展，并使集群获取持续竞争优势。①

二、产业集群核心竞争力的创新环境支持机制

所谓区域创新环境，是指在有限的区域内，主要的行为主体（结点）

---

① 刘恒江、陈继祥：《要素、动力机制与竞争优势：产业集群的发展逻辑》，《中国软科学》2005 年第 2 期。

通过相互之间的协同作用和集体学习过程，而建立的非正式的复杂社会关系。这种关系提高了本地的创新能力。[①] 1985 年，欧洲创新研究小组在对欧美国家的 16 个区域进行调研论证后认为，区域发展以及大量企业在空间上集聚，与其所在区域的社会人文环境密切相关，区域的发展更多地依赖于区域创新环境的改善，而不仅仅是产业内部的柔性专业化分工。[②] 区域创新环境的构成主体主要是当地的高等院校和科研院所，特别是一流的研究型大学和科研机构，这些知识生产机构不仅拥有大量高素质人才、高精尖仪器设备、先进的科研成果和前沿的科学技术，而且是技术创新的源头，是创新知识的凝聚体，是创新人才的汇聚地，是区域经济与国家经济增长的动力源。

随着知识经济时代的到来，以人力资本、高科技等为代表的知识资源，已成为经济发展的核心。作为知识和技术的重要载体和创新主体的人以及从事知识研究和创新的高等院校及科研院所已成为区域发展中重要的知识资产，是区域经济发展的主要“智库”。在世界科技与经济发展日新月异的今天，所有的经济活动不可能在一个封闭的区域经济中集聚，产业集群必须要服务于全球市场，并与远距离顾客、供应商和竞争对手合作，提高市场竞争力，必须将创新能力向外延伸，更大程度地获取外部的知识和信息，必须依赖于区域创新环境，提高创新能力。而以富有创新意识和活力的高等院校和科研院所为主体的区域创新环境，是创新知识的凝聚体，是创新人才的汇聚地，是区域经济与国家经济增长的动力源，无疑是产业集群的技术创新的源头。

1995 年，世界计算机行业的领头羊美国戴尔公司打算立足中国，并寻找战略合作伙伴，珠海曾经是戴尔的首选，但最终却花落别家，戴尔给出的理由是：一个没有大学的地方，一个教育落后的城市，一个人才渠道不畅和缺乏人才保障的区域，一个难以解决员工子女享受优质教育的环境，

① 盖文启：《创新网络：区域经济发展新思维》，北京大学出版社 2002 年版，第 65 页。

② 盖文启等：《国外产业集群理论探析》，《国际经贸探索》2006 年第 4 期。

是没有投资价值的。正是由于珠海当时缺乏高等教育机构和以此为依托的创新环境，而错失发展、壮大电子产业集群的大好良机。而反观世界上最著名、最具竞争力的硅谷地区，就是以著名的斯坦福大学、加州大学伯克利分校和圣克克拉大学等为依托，加上其他的研究机构、商业协会等形成良好的区域创新环境，为硅谷的发展与壮大提供源源不断的知识和技术。我国北京中关村的发展与繁荣，与地处清华大学、北京大学、中科院等形成的创新环境分不开。武汉·光谷高科技产业集群的发展与壮大，也与华中科技大学、武汉大学、武汉邮科所等知识技术创新源息息相关。创新环境对产业集群核心竞争力形成的支持机制可以用图 5.7 来说明。

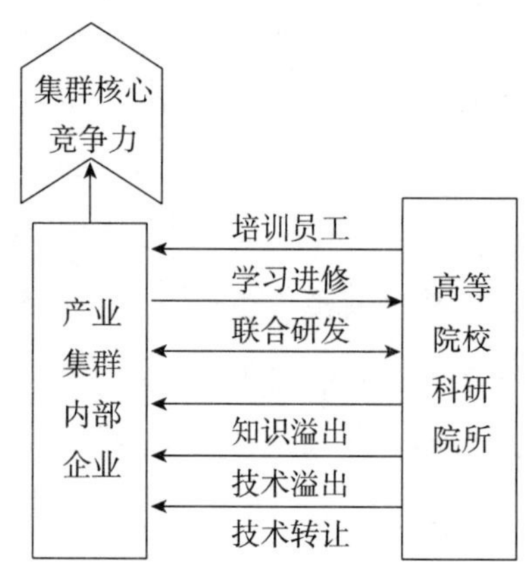

图 5.7 创新环境对产业集群核心竞争力形成的推动机制

一个产业集群的核心竞争力与持续竞争优势不仅与其静态的相对成本优势有关，更重要的是取决于其动态创新的能力，而集群的动态创新能力是与特定的区域创新环境及其该环境中的主体——知识生产机构分不开的。产业集群周围的知识生产机构作为知识与经济的结合点，作为知识创新、技术创新和创业的结合点，是创造知识、创造技术、创造产品、创造企业的主要力量，能依托自身在人才培养、技术力量、创新氛围、信息传播与国际交流等方面的综合优势，在营造创新环境、培植创新人才、创造创新知识、激发创新思想、传播创新文化等方面发挥着重要的作用，可以使最新的科研成果更快地转化为企业的生产能力。可以说，以知识生产机构（高等院校和科研院所）为主体的科技创新环境对集群核心竞争力的形成和强化发挥着举足轻重的作用，是集群核心竞争力提升的重要营养源。

三、产业集群核心竞争力的政策激励机制

产业集群的发展是由环境因素、需求条件、生产要素、相关与支持性产业共同作用的结果。虽然产业集群一般都是自发形成的而且产业集群被普遍认为是一种“自组织系统”，但这并不是意味着政府在产业集群的发生、发展中毫无作为，听任其产生、发展和灭亡。作为产业集群的行动主体之一，政府的政策为产业集群生长发芽奠定了动力保证，政府在产业集群核心竞争力的形成与强化中有着不可或缺的重要性。从某种程度上说，区域内具有资源优势以及产业的成长环境，但是这些不具有主动性的资源本身并不能自动创造价值，它只有通过某一特定的行为才能被激活并转化为经济效益，政府的政策就是集群的激发动力机制。因此，政府行为已成为影响集群外部竞争优势的重要因素。①

从我国产业集群的发展轨迹来看，尽管有些产业集群是自发形成的，但在其发展过程中却离不开当地政府的支持，特别是现在的高科技产业集群，很多本身就是政府政策引导的产物。比如，改革开放以来，由于种种历史的和现实的原因，东部地区相对于其他地区在推进市场化改革上，享有更大的政策空间，地方政府与民众对改革的态度也更积极。由此带来了区域制度环境，以及市场机制发育程度上的极大差别。东南沿海地区相比中西部地区，市场机制更健全，市场经济发展水平更高，社会的制度环境更合理，产业集群发展得也越多，市场竞争力也更强。② 图 5.8 较好地说明了政府政策对产业集群核心竞争力形成的推动作用。

具体来看，地方政府通过制定相关政策，对产业集群核心竞争力形成的推动作用在于：

---

① 刘恒江、陈继祥：《基于动力机制的我国产业集群发展研究》，《经济地理》2005 年第 5 期。

② 窦虎：《基于产业集群发展的政府政策研究》，《东岳论丛》2005 年第 5 期。

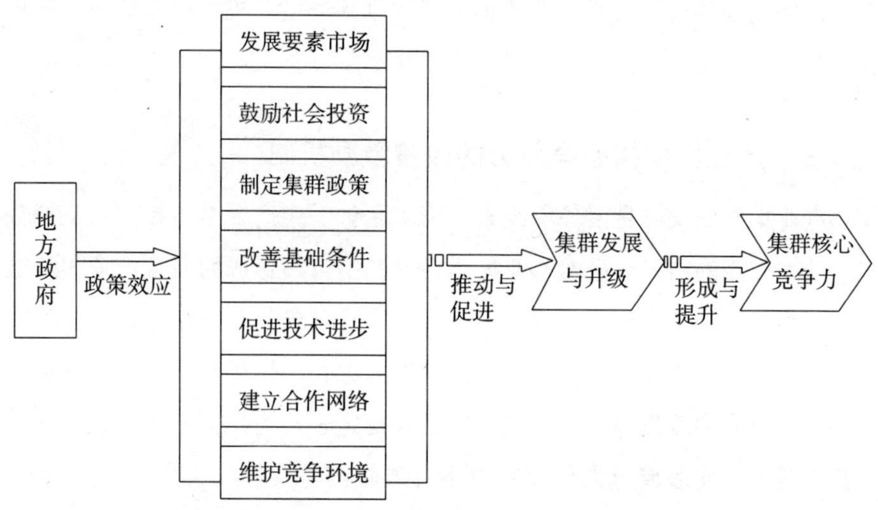

图 5.8 政府政策对产业集群核心竞争力形成的推动机制

一是地方政府部门通过制定一系列优惠的法律、税收、金融等政策措施，形成一种政策方面的制度环境，包括完善的法律支持、财税减免、信贷融资和风险投资等体系，调整以往对产业集群不适的政策行为，引导产业集群进入全球产业链体系和全球营销体系，并可由政府设定各种专项发展项目以解决集群发展中存在的不足或某种危机，也可以从某些方面寻找突破口来推动集群的更新和升级。

二是地方政府能够进行环境创新，改善集群基础条件，整合社会资源，加大对生产要素的投入，促进形成开放性经济区域，为产业集群发展提供需要的公共品，比如建立产业带、产业园区和基地，建立必要的交通运输网络、通讯、水电供给、专业化批发市场、物流体系和良好的生态环境等，为产业集群发展提供良好的空间环境。

三是地方政府通过创造一系列优惠的法律、税收、金融等政策方面的制度环境，能够激励产业集群区域创新功能的发挥。通过建立良好的区域交通运输系统、信息通讯网络、企业家聚会场所等技术基础设施，为集群区域内技术创新提供必要的物质条件，加强了区域创新网络的硬环境建设。增大教育的投入力度、重视高技术人才的培育、强化人力资源的有效整合、增加高精尖技术的研究与开发费用，促进了区域创新网络的软环境建设。

四是地方政府可以直接参与到科技创新环境的建设中来，以优惠政策吸引关键研发设备，鼓励本地机构建立开发市场机会的平台和特殊的信息及技术交流中心，积极培植技术创新体系及其支撑体系，建立集群技能中心和地区技能联盟；提供管理和技术培训，并引进专业人才；鼓励和发展企业网络，发展中介和代理网络，推动企业与外部的联系和技术合作。

五是地方政府鼓励风险投资，发展对内直接投资，创造条件吸引国外的直接投资，解决集群发展的资金“瓶颈”并保证充足的资金支持，吸引新企业的加入，促进新企业的增长。同时，还能利用国外跨国公司的知识转移接受国外一流的技术和经验，提升集群的管理水平和技术创新水平，强化集群内部市场竞争，从而提高集群的生产效率。

六是地方政府还能维护和谐、稳定的集群竞争环境，集群内部的不正当行为、社会化服务体系的完善、企业的机会主义行为的调节等均离不开政府的参与。

第六章　产业集群核心竞争力的评价机制

第一节　产业集群核心竞争力的评价原则

指标体系是评价体系的基础，只有采用统一的标准和方法获取的指标，才能对核心竞争力作出正确的评估。产业集群是一个动态发展的经济系统，产业集群核心竞争力也不是一成不变的，因而产业集群核心竞争力评价是一项科学性、客观性、前瞻性要求都很高的工作。所以，建立一个科学的、系统化的、逻辑清晰合理、结构完整严谨的指标体系非常重要。为保证评价结果的客观、正确、科学、合理，产业集群核心竞争力的评价指标体系的设计应遵循以下原则：①

一、科学性与目的性相结合

评价指标体系是理论和实际结合的产物，它必须是对客观实际的抽象描述。指标体系的科学性是确保评价结果准确合理的基础，一项评价活动是否科学很大程度上依赖其指标、标准、程序等方面是否科学。设计产业集群核心竞争力评价指标体系的目的在于准确地反映集群竞争优势的实际情况，找出集群核心竞争力强弱及其原因所在，挖掘竞争潜力，提出改善集群核心竞争力的手段和方法，最终增强集群的持续竞争优势。因此，设

① 袁国敏：《城市核心竞争力评价的指标体系》，《统计与决策》2004 年第 3 期；刘敬山等：《发电企业核心竞争力评价体系研究》，《华北电力大学学报（社会科学版）》2006 年第 1 期；胡恩华、单红梅等：《企业核心竞争力的识别及综合模糊评价》，《系统工程》2004 年第 1 期。

计产业集群核心竞争力评价指标体系时要考虑到产业集群核心竞争力元素及指标结构整体的合理性，必须符合产业集群发展的特点、区域经济学原理以及现阶段经济发展的阶段和水平，从不同侧面设计若干反映集群核心竞争力状况的指标，并且指标要有较好的可靠性、独立性、代表性、统一性。另外，评价的内容要有科学的规定性，各个指标的概念要科学、确切，要有精确的内涵和外延。

二、系统性与层次性相结合

产业集群核心竞争力是一个复杂的系统，在建立指标体系时，必须用系统的观点，从系统的角度出发，在系统的相互关联、相互制约中描述系统的特征，把握系统的整体特性和功能，从集群核心竞争力的构成要素出发，对集群核心竞争力作出整体的分析和评价。由于各个构成要素可以进行分解，因此各个指标又可以分解为多个次级指标，次级指标对上一级指标产生作用，具有层次性，而次级指标的选取也应注重系统性。这样一方面使分析评价更加简明，另一方面还可以反映出集群各层次的竞争力状况以及差距。因此系统性和层次性是指标体系建立所应遵循的重要原则。

三、可比性与可行性相结合

由于产业集群的类型多样，产生与发展的背景也各不相同，因此，设计评价指标体系时必须考虑可比性，使设立的指标能反映不同类别、不同行业的产业集群的共性和特性，评价指标体系中应尽量选择可比性较强的相对指标及人均指标，并且指标体系中每一个指标的含义、统计口径和范围、计算方法和取得的途径等应尽量一致。在设计评价指标时，还应考虑评价体系及其指标是否可行，还要注意指标定义是否清晰，数据是否可靠，尽量避免指标定义的歧义和误解，各项指标、计算、评估方法应该标准化、规范化。另外指标数量是否得当，指标之间是否重复，也是应该考虑和思考的，以便提高评价体系和指标的可行性。

四、持续性与动态性相结合

产业集群核心竞争力是产业集群持续经营、获得持续竞争优势的关键或者潜在关键因素组成的能力，产业集群核心竞争力生命周期也是渐次更替的，产业集群核心竞争力的内涵也会不断地发生变化。因此指标的选取一方面应反映出集群核心竞争力的持续性，也就是说在一些指标的选取上，能够反映出集群现在和未来发展的能力，通过这些指标可以看出集群以后发展的状况如何以及优势在哪里；另一方面应反映出集群核心竞争力的动态性，即集群核心竞争力指标和指标体系并不是一个静止和绝对的概念，而是一个相对的、不断动态发展变化的系统，评价指标的选取需要根据人们的认识、产业集群的环境和各时期集群发展的特点作出调整和设置，并能根据不同评价目的动态地生成不同的评价子体系，以满足不同需求。

五、重点性与简明性相结合

由于产业集群的类型、功能十分复杂，涉及面较广，不能不分主次将集群核心竞争力各方面都包括进来。如果评价指标包括的方面众多，就将集群核心竞争力的评价等同于集群竞争力的评价。评价指标过于庞杂，也难以抓住集群核心竞争力的主要矛盾。因此，评价集群核心竞争力必须抓住集群核心竞争力的本质，指标体系的设立不应盲目求全、求精，有重点地选择一些核心指标进行评价，与重点性相适应，还要力求指标简单有效、易于操作，尽量使含义相同或相关性较大的指标不被选入，力争用尽可能少但信息量尽可能大的指标去反映多方面的问题。把重点性和简明性有机地结合起来，这样既能抓住主要矛盾，又能抓住矛盾的主要方面，实现矛盾论的统一。

六、定性与定量相结合

产业集群核心竞争力是集群知识特性、技术特性、组织特性与文化特性的复合体，难以轻易被当前或潜在的竞争对手所了解、仿冒、仿制或获取，产业集群核心竞争力的水平也是一个抽象的概念。这些因素决定了产业集群核心竞争力的某些方面很难用语言文字符号来描述或表征，也难以甚至不可能直接量化。因此除了能够选取的定量指标外，有些能力还必须用定性指标加以描述。对定性的指标要明确含义，并按照某种标准对其赋值，或将定性指标进行量化处理以近似值或代表值加以反映，使其能够恰如其分地反映指标的性质。定性指标和定量指标都必须有明确的概念和确切的计算方法。

第二节　产业集群核心竞争力的评价程序

产业集群核心竞争力评价的流程主要包括：评价指标体系的建立、评价方法的选择、指标权重的确立、利用评价模型进行评价、评价结果的检验与反馈等，其流程如图 6.1 所示。

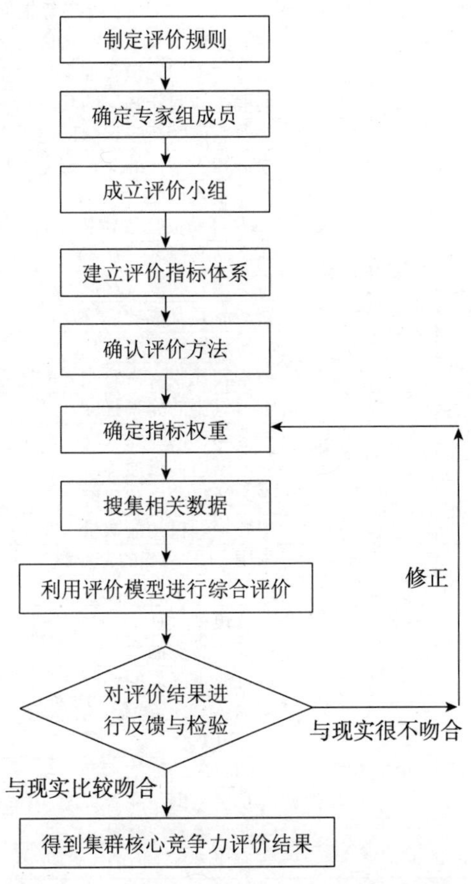

图 6.1　产业集群核心竞争力评价的基本流程

第三节　产业集群核心竞争力的评价指标

根据上述评价基本原则，结合产业集群核心竞争力的三大构成要素，构建产业集群核心竞争力评价指标体系框架见表 6. 1。该指标体系由目标层、3 个主准则层和 9 个分准则层指标构成，每个分准则层指标又由若干方案层指标构成。

表 6. 1　产业集群核心竞争力评价指标体系框架

<table>
<tr><th>目标层</th><th>准则层
（一级指标）</th><th>分准则层
（二级指标）</th><th>方案层
（三级指标）</th></tr>
<tr><td rowspan="27">产业集群核心竞争力</td><td rowspan="17">核心技能
（U_1）</td><td rowspan="5">知识创造
（U_{11}）</td><td>集群区域内知识生产机构的数量（U_{111}）</td></tr>
<tr><td>集群内采用知识管理系统的企业数量（U_{112}）</td></tr>
<tr><td>集群主体间新知识的共享程度（U_{113}）</td></tr>
<tr><td>集群主体间新知识的传播程度（U_{114}）</td></tr>
<tr><td>集群知识结构的互补与完善程度（U_{115}）</td></tr>
<tr><td rowspan="7">技术创新
（U_{12}）</td><td>产品更新速度（U_{121}）</td></tr>
<tr><td>*R&D* 经费支出占销售收入总额的比重（U_{122}）</td></tr>
<tr><td>新产品产值率（U_{123}）</td></tr>
<tr><td>年申请专利数（U_{124}）</td></tr>
<tr><td>新产品开发成功率（U_{125}）</td></tr>
<tr><td>科研成果转化率（U_{126}）</td></tr>
<tr><td>技术转让收入占总收入的比重（U_{127}）</td></tr>
<tr><td rowspan="5">集群学习
（U_{13}）</td><td>学习机制的完善程度（U_{131}）</td></tr>
<tr><td>学习动机的强烈程度（U_{132}）</td></tr>
<tr><td>学习渠道的畅通程度（U_{133}）</td></tr>
<tr><td>学习效果的应用程度（U_{134}）</td></tr>
<tr><td>中介培训机构的数量（U_{135}）</td></tr>
<tr><td rowspan="10">产业整合
（U_2）</td><td rowspan="5">供应链整合
（U_{21}）</td><td>采用 *ERP* 系统的企业数量（U_{211}）</td></tr>
<tr><td>订单满足率（U_{212}）</td></tr>
<tr><td>发货速度（U_{213}）</td></tr>
<tr><td>关键产品次品率（U_{214}）</td></tr>
<tr><td>运行成本降低的幅度（U_{215}）</td></tr>
<tr><td rowspan="5">价值链整合
（U_{22}）</td><td>实物流、资金流、信息流、工作流“四流合一”程度（U_{221}）</td></tr>
<tr><td>协同效应的增加程度（U_{222}）</td></tr>
<tr><td>客户关系网络完善程度（U_{223}）</td></tr>
<tr><td>老客户流失率（U_{224}）</td></tr>
<tr><td>新客户发展率（U_{225}）</td></tr>
</table>

续表

目标层	准则层（一级指标）	分准则层（二级指标）	方案层（三级指标）
产业集群核心竞争力	产业整合（U_2）	知识链整合（U_{23}）	系统化能力的提高程度（U_{231}）
			社会化能力的提高程度（U_{232}）
			合作化能力的提高程度（U_{233}）
			知识传播和交流渠道的多元化程度（U_{234}）
			采用知识挖掘技术的企业数量（U_{235}）
	投资环境（U_3）	集群文化（U_{31}）	集群主体的聚合力程度（U_{311}）
			群内员工的荣誉感（U_{312}）
			集群竞合关系的和谐程度（U_{313}）
			集群主体的目标统一程度（U_{314}）
			文化建设投入资金的比重（U_{315}）
		区域品牌（U_{32}）	集群产品中的中国名牌数（U_{321}）
			集群知名度（U_{322}）
			集群产品每年被投诉次数（U_{323}）
			产品市场销售增长率（U_{324}）
			品牌合作的推广程度（U_{325}）
		人力资源（U_{33}）	集群区域内企业家的数量（U_{331}）
			集群区域内专业技术人员的存量比重（U_{332}）
			集群区域内高级管理人员的存量比重（U_{333}）
			集群区域内熟练工人的存量比重（U_{334}）
			知识生产机构高级职称人员的数量（U_{335}）
			现有人才存量中本科及以上学历人员的比重（U_{336}）

一、产业集群核心竞争力核心技能指标的解释

方案层指标共有48个，其中27个为定量指标，21个为定性指标，定量指标的计算可根据集群过去三年的平均数据值进行统计分析，定性指标的计量则可根据标度法（0—10）以问卷调查的形式得到分值。各单项三级指标的含义及计算方法如下：

（1）集群区域内知识生产机构的数量（U_{111}）：指集群区域内与产业集群有合作关系的高等院校、科研院所的数量，代表了集群的知识源泉的丰富程度和支持程度。

指标计算公式：集群区域内知识生产机构的数量 = 高等院校数 + 科研院所数。

（2）集群内采用知识管理系统的企业数量（U_{112}）：指群内企业应用知识管理系统的企业数，代表了群内企业对知识创造的重视程度和应用

程度。

指标计算公式：直接以目前应用知识管理系统的企业数进行计量。

(3) 集群主体间新知识的共享程度（U_{113}）：指集群通过知识创造所产生的新知识在集群间所惠及的对象情况，代表了知识创造的效用程度。

本指标采用问卷调查的方式进行评价。调查对象是群内随机调查30家企业的知识主管或企业负责人。调查问题为“企业是否能充分共享到新知识?”设计评价项为：很充分、充分、较充分、不充分、很不充分，对应的分值是：9、7、5、3、0。

指标计算公式：新知识共享程度 = $(A_1 + A_2 + A_3 + \cdots + A_i + \cdots + A_{30}) \div 30$，其中 A_i 表示第 i 位评价者对此指标所填的评价项。

(4) 集群主体间新知识的传播程度（U_{114}）：指集群通过知识创造所产生的新知识在集群间所传播的速度，表示知识创造的效率程度。

本指标采用问卷调查的方式进行评价。调查对象为群内随机调查40家企业或知识生产机构的知识主管或负责人。调查问题为“新知识传播的速度快不快?”设计评价项为：很快、快、较快、较慢、慢、很慢，对应的分值是：10、8、6、4、2、0。

指标计算公式：新知识传播程度 = $(A_1 + A_2 + A_3 + \cdots + A_i + \cdots + A_{40}) \div 40$，其中 A_i 表示第 i 位评价者对此指标所填的评价项。

(5) 集群知识结构的互补与完善程度（U_{115}）：指集群通过知识创造后所实现的知识结构上的合理情况。

本指标采用问卷调查的方式进行评价。调查对象为群内随机调查30家企业或知识生产机构的知识主管或负责人。调查问题为“集群的知识结构是否合理?”设计评价项为：很合理、合理、较合理、不合理、很不合理，对应的分值是：9、7、5、2、0。

指标计算公式：知识结构的互补与完善程度 = $(A_1 + A_2 + A_3 + \cdots + A_i + \cdots + A_{30}) \div 30$，其中 A_i 表示第 i 位评价者对此指标所填的评价项。

(6) 产品更新速度（U_{121}）：从集群产品的更新速度反映集群技术创新的效率与实力。

指标计算公式：产品更新速度 = 集群产品更新周期 ÷ 同类产品更新周期。

（7）R&D 经费支出占销售收入总额的比重（U_{122}）：是指群内企业在技术创新方面的资金投入情况，从整体上反映了集群对技术创新的重视程度。

指标计算公式：R&D 经费支出占销售收入总额的比重 = 年集群科技创新投入的经费 ÷ 年集群产品销售收入总额。

（8）新产品产值率（U_{123}）：从产品更新换代与产品创新结果的角度反映集群技术创新实力的强弱。

指标计算公式：新产品产值率 = 年集群创新产品销售额 ÷ 年集群产品销售额。

（9）年申请专利数（U_{124}）：从专利的角度反映集群技术创新的结果，进而体现出集群技术创新实力的厚度。

指标计算公式：直接以群内主体所申请的专利数累计加和得到。

（10）新产品开发成功率（U_{125}）：从技术创新应用于实际生产的角度反映集群技术创新的成功程度。

指标计算公式：新产品开发成功率 = 年集群面世新产品总数 ÷ 年集群开发新产品的总数。

（11）科研成果转化率（U_{126}）：指群内知识生产机构和企业科研部门的科技研究成果被群内企业采用并转化为产品或服务的情况，代表了技术创新的应用程度。

指标计算公式：科研成果转化率 = 年集群被应用的科研成果数 ÷ 年集群科研成果总数。

（12）技术转让收入占总收入的比重（U_{127}）：指群内主体技术创新所生产出来技术通过技术贸易所获得的收入情况，反映了集群技术创新绩效。

指标计算公式：技术转让收入占总收入的比重 = 年集群技术转让收入额 ÷ 年集群收入总额。

（13）学习机制的完善程度（U_{131}）：是指对群内主体间的学习在一定程度上的约束力，代表了群内主体间学习制度、学习规程、学习程序的合理与全面的程度。

本指标采用问卷调查的方式进行评价。调查群内随机调查60名若干家企业的中层管理人员，调查问题是"对于学习，在集群间有没有约定俗成的规则?"设计评价项为：有、没有，对应的分值是：10、0。

指标计算公式：学习机制的完善程度 = $(A_1 + A_2 + A_3 + \cdots + A_i + \cdots + A_{60}) \div 60$，其中 A_i 表示第 i 位评价者对此指标所填的评价项。

（14）学习动机的强烈程度（U_{132}）：反映出群内主体对于学习的追求与动力。

本指标采用问卷调查的方式进行评价。群内随机调查60名若干家企业的中层管理人员。调查问题是"通过学习来提高企业的知识存量和知识能力的想法强不强烈?"设计评价项为：很强烈、强烈、较强烈、不太强烈、不强烈、很不强烈，对应的分值是：10、8、6、4、2、0。

指标计算公式：学习动机的强烈程度 = $(A_1 + A_2 + A_3 + \cdots + A_i + \cdots + A_{60}) \div 60$，其中 A_i 表示第 i 位评价者对此指标所填的评价项。

（15）学习渠道的畅通程度（U_{133}）：指群内主体间学习渠道的多与寡、便利与否，代表了集群学习的通道效率问题。

本指标采用问卷调查的方式进行评价，群内随机调查60名若干家企业的中层管理人员。调查问题有两个：①集群内学习渠道多不多？设计评价项为：很多、多、较多、较少、少、很少，对应的分值是：10、8、6、4、2、0。②集群间的学习渠道是不是很方便？设计评价项为：很方便、方便、较方便、不太方便、不方便、很不方便，对应的分值是：10、8、6、4、2、0。

指标计算公式：学习渠道的通畅程度 = $[(A_1 + A_2 + A_3 + \cdots + A_i + \cdots + A_{60}) \times w_1 + (B_1 + B_2 + B_3 + \cdots + B_i + \cdots + B_{60}) \times w_2] \div 60$，其中：$A_i$ 表示第 i 位评价者对第一个问题所填的评价项；B_i 表示第 i 位评价者对第二个问题所填的评价项；w_1 表示第一个问题所占的权重，w_2 表示第二个问

题所占的权重，且 $w_1 + w_2 = 1$。

（16）学习效果的应用程度（U_{134}）：指通过学习群内主体将学习所获得的知识应用于生产经营管理等实践的情况，反映出学习的效能。

本指标采用问卷调查的方式进行评价。群内随机调查60名若干家企业的中层管理人员。调查问题是“通过学习是否有助于提高群内企业的生产经营管理等能力或技能?”设计评价项为：很有帮助、有帮助、有点帮助、毫无帮助，对应的分值是：9、6、3、0。

指标计算公式：学习效果的应用程度 = （$A_1 + A_2 + A_3 + \cdots + A_i + \cdots + A_{60}$） ÷60，其中 A_i 表示第 i 位评价者对此指标所填的评价项。

（17）中介培训机构的数量（U_{135}）：反映了在集群区域内促成正式学习的推动力量。

指标计算公式：直接以集群区域范围内的中介培训教育机构的数量累计加和。

二、产业集群核心竞争力产业整合指标的解释

（18）采用ERP系统的企业数量（U_{211}）：反映了产业链上节点企业间的信息互通程度。

指标计算公式：直接以集群内采用*ERP*系统的企业数累计加和。

（19）订单满足率（U_{212}）：指群内企业按时按量按质完成订单生产的程度，代表了供应链整合后节点企业间的合作关系。

指标计算公式：订单满足率 = 年集群按时按量按质完成订单数 ÷ 年集群订单总数。

（20）发货速度（U_{213}）：指群内企业间和群内企业与外部经济实体间的产品交割速度，反映了供应链整合后上下游企业间的物流效率。

本指标采用问卷调查的方式进行评价，群内随机调查60名若干家企业的物流或仓储部门的负责人。调查问题有两个：①群内企业间产品或半成品的流转速度如何？设计评价项为：很快、快、较快、较慢、慢、很慢，对应的分值是：10、8、6、4、2、0。②群内企业与群外经济实体间的产品

发货速度如何？设计评价项为：很快、快、较快、较慢、慢、很慢，对应的分值是：10、8、6、4、2、0。

指标计算公式：发货速度 = ［（$A_1 + A_2 + A_3 + \cdots + A_i + \cdots + A_{60}$）× w_1 +（$B_1 + B_2 + B_3 + \cdots + B_i + \cdots + B_{60}$）× w_2］÷60，其中：A_i 表示第 i 位评价者对第一个问题所填的评价项；B_i 表示第 i 位评价者对第二个问题所填的评价项；w_1 表示第一个问题所占的权重，w_2 表示第二个问题所占的权重，且 $w_1 + w_2 = 1$。

（21）关键产品次品率（U_{214}）：指集群主导产品中次品所占的比率，代表了集群经过供应链整合后的生产水平。

指标计算公式：关键产品次品率 = 年集群关键产品次品数 ÷ 年集群关键产品总数。

（22）运行成本降低的幅度（U_{215}）：指集群通过供应链整合后交易成本、库存成本和采购成本等下降的程度，代表了集群供应链整合的绩效。

指标计算公式：运行成本降低的幅度 =（当年集群运行成本 - 上一年集群运行成本）÷上一年集群运行成本。如果计算结果为负，表示运行成本下降；如果计算结果为正，表示运行成本上升。

（23）实物流、资金流、信息流、工作流“四流合一”程度（U_{221}）：群内企业间“四流”互通有无的情况，代表了价值链整合的完善程度。

本指标采用问卷调查的方式进行评价，群内随机调查60名若干家企业的信息主管或信息系统负责人。调查问题是“群内企业之间的实物流、资金流、信息流和工作流共享与互通的程度如何?”设计评价项为：很高、高、较高、较低、低、很低，对应的分值是：10、8、6、4、2、0。

指标计算公式：实物流、资金流、信息流、工作流“四流合一”程度 =（$A_1 + A_2 + A_3 + \cdots + A_i + \cdots + A_{60}$）÷60，其中 A_i 表示第 i 位评价者对此指标所填的评价项。

（24）协同效应的增加程度（U_{222}）：是指通过价值链整合实现“1 + 1 >2”的效果，表现了群内企业之间合作无间的情况。

本指标采用问卷调查的方式进行评价，群内随机调查40名若干家企业的负责人。调查问题是“群内企业之间的合作所产生的‘1+1>2’的效果显著与否?”设计评价项为：很显著、显著、较显著、不显著、很不显著，对应的分值是：10、7、4、1、0。

指标计算公式：协同效应的增加程度 = $(A_1+A_2+A_3+\cdots+A_i+\cdots+A_{40})\div 40$，其中 A_i 表示第 i 位评价者对此指标所填的评价项。

（25）客户关系网络完善程度（U_{223}）：是指集群客户关系联结到一起从而扩大集群的客户群的程度，体现了价值链整合以客户价值为核心的理念。

本指标采用问卷调查的方式进行评价，群内随机调查40名若干家企业的负责人。调查问题是“群内企业的客户关系网联结到一起的程度?”设计评价项为：很完善、完善、较完善、不完善、很不完善，对应的分值是：10、7、4、1、0。

指标计算公式：客户关系网络完善程度 = $(A_1+A_2+A_3+\cdots+A_i+\cdots+A_{40})\div 40$，其中 A_i 表示第 i 位评价者对此指标所填的评价项。

（26）老客户流失率（U_{224}）：是指集群既有客户外流的情况，表现出集群价值链整合对客户关系的重视情况。

指标计算公式：老客户流失率 = 当年集群客户流失数 ÷ 当年集群既有客户数。老客户流失率越低，表示价值链整合的效果越显著；老客户流失率越高，表示价值链整合的效果越不明显。

（27）新客户发展率（U_{225}）：是指集群增加新客户的情况。

指标计算公式：新客户发展率 = 当年集群新发展客户数 ÷ 上一年集群既有客户数。

（28）系统化能力的提高程度（U_{231}）：系统化能力是指生产作业依循标准化的程度，以及按照工作程序和作业规则使用信息设备的操作能力，系统化能力的提升将有利于提升知识的整合效率。①

① 谢洪明、吴隆增：《技术知识特性、知识整合能力和效果的关系——一个新的理论框架》，《科学管理研究》2006年第2期。

本指标采用问卷调查的方式进行评价，群内随机调查60名若干家企业的生产部门或信息部门负责人。调查问题是群内企业的生产作业、工作程度等系统性情况如何？设计评价项为：很好、好、较好、不太好、不好、很不好，对应的分值是：10、8、6、4、2、0。

指标计算公式：系统化能力的提高程度 = $(A_1+A_2+A_3+\cdots+A_i+\cdots+A_{60})\div 60$，其中 A_i 表示第 i 位评价者对此指标所填的评价项。

(29) 社会化能力的提高程度 (U_{232})：表现了集群主体将隐性知识转化为新知识的能力，社会化能力越高，专有知识的共享程度越高，表示整合的效果越好。

本指标采用问卷调查的方式进行评价，群内随机调查60名若干家企业的负责人或信息部门负责人。调查问题是“群内企业专有知识在集群内共享的情况如何?”设计评价项为：很好、好、较好、不太好、不好、很不好，对应的分值是：10、8、6、4、2、0。

指标计算公式：社会化能力的提高程度 = $(A_1+A_2+A_3+\cdots+A_i+\cdots+A_{60})\div 60$，其中 A_i 表示第 i 位评价者对此指标所填的评价项。

(30) 合作化能力的提高程度 (U_{233})：表现了群内主体彼此之间合作与互动，将显性知识或隐性知识转化为新知识的能力，合作化程度越高，主体间信息知识流动的即时性和准确性越高。

本指标采用问卷调查的方式进行评价，群内随机调查60名若干家企业的负责人或信息部门负责人。调查问题是“群内企业间信息知识流动的即时性和准确性情况如何?”设计评价项为：很高、高、较高、较低、低、很低，对应的分值是：10、8、6、4、2、0。

指标计算公式：合作化能力的提高程度 = $(A_1+A_2+A_3+\cdots+A_i+\cdots+A_{60})\div 60$，其中 A_i 表示第 i 位评价者对此指标所填的评价项。

(31) 知识传播和交流渠道的多元化程度 (U_{234})：是指群内主体间知识传播与交流渠道的通畅情况，代表了知识链整合的通道融合与否。

本指标采用问卷调查的方式进行评价，群内随机调查60名若干家企业的生产部门或信息部门负责人。调查问题是“群内企业间知识传播与交流的方式多不多?”设计评价项为：很多、多、较多、较少、少、很少，对应的分值是：10、8、6、4、2、0。

指标计算公式：知识传播和交流渠道的多元化程度 = $(A_1 + A_2 + A_3 + \cdots + A_i + \cdots + A_{60}) \div 60$，其中 A_i 表示第 i 位评价者对此指标所填的评价项。

（32）采用知识挖掘技术的企业数量（U_{235}）：代表了集群知识链整合的技术实力和技术应用情况。

指标计算公式：直接以采用知识挖掘技术的企业数累计加和。

三、产业集群核心竞争力投资环境指标的解释

（33）集群主体的聚合力程度（U_{311}）：反映集群文化在集群生产经营过程中因其引导、凝聚、约束、协调功能而产生的效果。

本指标采用问卷调查的方式进行评价，群内随机调查60名若干家企业的负责人或中层干部。调查问题是“群内企业在集群文化功能的作用下凝聚在一起而具备向心力的情况如何?”设计评价项为：很好、好、较好、不太好、不好、很不好，对应的分值是：10、8、6、4、2、0。

指标计算公式：集群主体的聚合力程度 = $(A_1 + A_2 + A_3 + \cdots + A_i + \cdots + A_{60}) \div 60$，其中 A_i 表示第 i 位评价者对此指标所填的评价项。

（34）群内员工的荣誉感（U_{312}）：体现了群内员工对集群文化的高度认同程度和对自身价值的肯定程度。

本指标采用问卷调查的方式进行评价，群内随机调查100名若干家企业的员工。调查问题是“作为集群中的一员，荣誉感强不强烈?”设计评价项为：很强烈、强烈、较强烈、不太强烈、不强烈、很不强烈，对应的分值是：10、8、6、4、2、0。

指标计算公式：群内员工的荣誉感 = $(A_1 + A_2 + A_3 + \cdots + A_i + \cdots + A_{100}) \div 100$，其中 A_i 表示第 i 位评价者对此指标所填的评价项。

（35）集群竞合关系的和谐程度（U_{313}）：指群内企业间的竞争与合作关系的稳定性，反映了集群文化的影响力。

本指标采用问卷调查的方式进行评价，群内随机调查60名若干家企业的负责人。调查问题有两个：①群内企业间的良性竞争发生的机率高不高？设计评价项为：很高、高、较高、较低、低、很低，对应的分值是：10、8、6、4、2、0。②群内企业间合作关系持续稳定的情况？设计评价项为：很好、好、较好、较差、差、很差，对应的分值是：10、8、6、4、2、0。

指标计算公式：集群竞合关系的和谐程度 = $[(A_1+A_2+A_3+\cdots+A_i+\cdots+A_{60})\times w_1+(B_1+B_2+B_3+\cdots+B_i+\cdots+B_{60})\times w_2]\div 60$，其中：$A_i$ 表示第 i 位评价者对第一个问题所填的评价项；B_i 表示第 i 位评价者对第二个问题所填的评价项；w_1 表示第一个问题所占的权重，w_2 表示第二个问题所占的权重，且 $w_1+w_2=1$。

（36）集群主体的目标统一程度（U_{314}）：反映出集群主体在集群文化的作用下所树立起统一的目标并为这个目标努力的情况。

本指标采用问卷调查的方式进行评价，群内随机调查60名若干家企业的负责人。调查问题是“群内企业对于集群目标认同的程度？”设计评价项为：很强烈、强烈、较强烈、不太强烈、不强烈、很不强烈，对应的分值是：10、8、6、4、2、0。

指标计算公式：集群主体的目标统一程度 = $(A_1+A_2+A_3+\cdots+A_i+\cdots+A_{60})\div 60$，其中 A_i 表示第 i 位评价者对此指标所填的评价项。

（37）文化建设投入资金的比重（U_{315}）：指集群在文化建设中的投入情况，表现出集群对集群文化的重视程度。

指标计算公式：文化建设投入资金的比重 = 年用于集群文化建设的投入总额 ÷ 集群年销售收入总额。

（38）集群产品中的中国名牌数（U_{321}）：反映了集群产品在市场中的声誉和影响力。

指标计算公式：直接以集群产品中的中国名牌、中国驰名商标的数量去重后累计加和。

（39）集群知名度（U_{322}）：体现出集群及集群产品在消费者心目中的

影响力和传播力。

本指标采用问卷调查的方式进行评价，在市场上随机调查200名消费者。调查问题是“是否对本集群及其产品有所了解?”设计评价项为：很了解、了解、一般了解、不很了解、不知道，对应的分值是：10、7、4、1、0。

指标计算公式：集群知名度 = $(A_1 + A_2 + A_3 + \cdots + A_i + \cdots + A_{200}) \div 200$，其中 A_i 表示第 i 位评价者对此指标所填的评价项。

（40）集群产品每年被投诉次数（U_{323}）：反映了集群产品质量的好坏。

指标计算公式：直接以集群产品每个被投诉的次数累计加和，投诉次数越多，表示集群产品的质量与声誉越差。

（41）产品市场销售增长率（U_{324}）：反映了集群产品在市场上的竞争能力，体现了品牌对产品销售的推动作用。

指标计算公式：产品市场销售增长率 =（当年集群产品销售收入 - 上一年集群产品销售收入）÷当年集群产品销售收入。

（42）品牌合作的推广程度（U_{325}）：反映了区域品牌的带动效应和联动效应。

本指标采用问卷调查的方式进行评价，群内随机调查60名若干家企业的负责人。调查问题是“群内企业以品牌为主线进行联合生产的情况是否普遍?”设计评价项为：很普遍、普遍、较普遍、不普遍、很不普遍，对应的分值是：10、7、4、1、0。

指标计算公式：品牌合作的推广程度 = $(A_1 + A_2 + A_3 + \cdots + A_i + \cdots + A_{60}) \div 60$，其中 A_i 表示第 i 位评价者对此指标所填的评价项。

（43）集群区域内企业家的数量（U_{331}）：企业家是指能够引领创新、带领企业前进、具有开拓创新精神的人，企业主并不都是企业家，反映了人力资源结构中最高层人员的情况。

指标计算公式：直接把按上述标准（引领创新、带领企业前进、具有开拓创新精神）界定的企业家的数量累计加和。

（44）集群区域内专业技术人员的存量比重（U_{332}）：反映了集群人力资源中技术人才的情况。

指标计算公式：集群区域内专业技术人员的存量比重＝集群区域范围内某一时期专业技术人员的数量÷集群区域范围内某一时期所有人才的数量。

（45）集群区域内高级管理人员的存量比重（U_{333}）：反映了集群人力资源中管理人才的情况。

指标计算公式：集群区域内高级管理人员的存量比重＝集群区域范围内某一时期高级管理人员的数量÷集群区域范围内某一时期所有人才的数量。

（46）集群区域内熟练工人的存量比重（U_{334}）：反映了集群人力资源中蓝领人才的情况。

指标计算公式：集群区域内熟练工人的存量比重＝集群区域范围内某一时期熟练工人的数量÷集群区域范围内某一时期所有人才的数量。

（47）知识生产机构高级职称人员的数量（U_{335}）：指在集群区域范围内与群内企业有合作关系的高等院校和科研院所中副教授、副研究员及以上职称人员的数量，反映了集群人力资源中基本人才的情况。

指标计算公式：直接以高级职称人员的数量累计加和。

（48）现有人才存量中本科及以上学历人员的比重（U_{336}）：反映了集群人力资源的学历水平和学识水平。

指标计算公式：现有人才存量中本科及以上学历人员的比重＝集群区域范围内某一时期现有人才存量中本科及以上学历人员的数量÷集群区域范围内某一时期所有人才的数量。

第四节　产业集群核心竞争力的综合评价方法

对产业集群核心竞争力进行综合评价的目的主要有两个：一是客观认识某一集群核心竞争力的强弱，以便为投资商、营销商、政府管理部门、消费者等的决策提供参考；二是以评促建、以评促改，通过评价其强度大小，可以找出制约核心竞争力发展的“瓶颈”及提高的突破口，便于集群根据各个评价指标的属性，对生产经营管理过程中相应活动作适当的调整，以进一步优化和增强产业集群核心竞争力。

一、评价方法的选择

按照分析对象的复杂程度，综合评价可分为简单总体评价、复杂总体评价和多目标综合评价三种。[①] 产业集群核心竞争力的评价因素较多、结构层次较为复杂，因此，属于多目标综合评价。

由于产业集群核心竞争力具有差异性和个性化的特点，许多指标是不能用数值确定的，即没有明确的边界，只有评价程度的高低，一般的情况下不能很清晰地定义出产业集群核心竞争力究竟有多强，而是用很强、较强、一般、较弱、弱五个等级来确定，但是也很难界定每个等级的标准。从这里可以看出，产业集群核心竞争力的评价具有模糊性，故可以采用基于专家咨询的多层次模糊综合评价方法对产业集群核心竞争力进行评价。模糊综合评价方法是美国控制论专家 L. A. 艾登（Eden）于 1965 年创立的，是隶属于函数来描述差异的“中间”过渡。模糊综合评价由于可以较好地处理综合评价中的模糊性（如事物间的不清晰性、评价专家认识上的模糊性），因此，更加适合于评价因素多、结构层次多的对象系统。[②]

二、数据的模糊处理

既然采用模糊综合评价方法对产业集群核心竞争力进行评价，那么就需要对评价指标得出来的评价数据进行模糊处理，以便于模糊综合评价方法的应用。前文已对指标体系框架中的各方案层指标的计算方法进行了探讨，为了适应模糊综合评价的需要，还应将根据这些计算方法算出来的数据进行模糊处理，对于定量指标，计算出来的结果可以直接交给专家组，专家组根据与同类集群的比较，分别按照“很强、较强、一般、较弱、

---

① 郑克俊、迟清梅：《企业核心竞争力的识别与评价研究》，《科技管理研究》2006 年第 5 期。

② 王淑珍等：《湘资产评信统计与预测（下册）》，中国财政经济出版社 2001 年版，第 183—193 页。

弱”五个等级进行评判打分；对于定性指标，将经过问卷调查计算出来的评价结果交给专家组，由专家组按照“很强、较强、一般、较弱、弱”五个等级进行评判打分。

三、指标权重的确定

权重是表征某一些指标在整个指标体系中所具有的重要程度，即某指标越重要，则该指标的权重系数越大；反之，权重系数就越小。[①] 在产业集群核心竞争力的评价指标体系框架中，每一个指标的地位与重要性并不是相同的，即指标的权重各不相同；并且，在其他条件一定的情况下，直接左右着评价结果，因此，指标权重的确定是科学识别和评价产业集群核心竞争力的关键。

通常确定权重值的方法有层次分析法（AHP 法）、专家评分法（Delphi 法）、隶属函数法等。层次分析法为常用的多属性决策方法，用于指标测评时往往与模糊数学综合使用。这种方法将定性问题定量化，统一处理决策中的定性、定量因素，具有实用性、系统性、简洁性等优点。[②] 因此，本书采用层次分析法来确定各指标的权重，即通过专家意见构造判断矩阵，采用特征根法求解综合判断矩阵，并进行一致性检验，得到各指标的相对权重，然后进行逐层的排序，最后得到总排序，即得测评体系中的各级指标权重。

根据层次分析法，结合产业集群核心竞争力的评价指标体系框架，首先请专家构建一级指标 U_1、U_2、U_3 的两两比较判断矩阵，然后根据特征根法计算 U_1、U_2、U_3 对 U 的权重，并进行一致性检验。假设求得的一级评价指标 U_i（$i=1, 2, 3$）的权重系数分配为 w_i（$i=1, 2, 3$），各指标权重向量 $W=(w_1, w_2, w_3)$ 且满足 $w_i \geqslant 0$，$\sum_{i=1}^{3} w_i = 1$。

---

① 王玉翠：《企业核心竞争力评价指标体系建立与模糊评价》，《东北农业大学学报（社会科学版）》2005 年第 1 期。

② 赵向飞、董雪静：《企业核心竞争力的动态模糊评价模型》，《统计与决策》2005 年第 3 期。

按同样的方法，求得二级指标 U_{ij}（$i=1, 2, 3; j=1, 2, 3$）的权重系数分配为 w_{ij}（$i=1, 2, 3; j=1, 2, 3$），各指标的权重向量 $W_i=(w_{i1}, w_{i2}, w_{i3})$ 且满足 $w_{ij}\geqslant 0$，$\sum_{j=1}^{3} w_{ij}=1$。三级指标 U_{ijk}（$i=1, 2, 3; j=1, 2, 3; k=1, 2, 3\cdots n$，$n$ 根据二级指标取值为5、6或7）的权重系数分配为 w_{ijk}（$i=1, 2, 3; j=1, 2, 3; k=1, 2, 3\cdots n$，$n$ 根据二级指标取值为5、6或7），各指标的权重向量 $W_{ij}=(w_{ij1}, w_{ij2}, w_{ij3}\cdots w_{jin})$ 且满足 $w_{ijk}\geqslant 0$，$\sum_{k=1}^{n} w_{ijk}=1$。

四、模糊综合评价模型

按照模糊综合评价方法，实现产业集群核心竞争力综合评价的步骤是：

（一）建立评价指标集

根据产业集群核心竞争力的评价指标框架，可以建立以下评价指标集：

$$\begin{cases} U=\{U_1, U_2, U_3\} \\ U_i=\{U_{i1}, U_{i2}, U_{i3}\} \\ U_{ij}=\{U_{ij1}, U_{ij2}, U_{ij3}\cdots U_{ijk}\} \end{cases}$$（$i=1, 2, 3; j=1, 2, 3; k=1, 2, 3\cdots n$，$n$ 根据二级指标取值为5、6或7）

其中：U 表示目标层指标（即产业集群核心竞争力），U_i 表示一级指标（准则层），U_{ij} 表示二级指标（分准则层），U_{ijk} 表示三级指标（方案层）。

（二）建立评价等级集

评价等级集是评价者对评价对象可能作出的各种评价结果的集合。应用模糊综合评价方法的目的就是在综合考虑所有构成指标的基础上来评价产业集群核心竞争力的强弱。因此，可以建立评价等级集为 $V=\{v_1, v_2, v_3, v_4, v_5\}$，其中 v_1 表示集群核心竞争力很强，v_2 表示集群核心竞争力较强，v_3 表示集群核心竞争力一般，v_4 表示集群核心竞争力较弱，v_5 表示集群核心竞争力弱。

（三）构建二级指标模糊判断矩阵

可以让 N 位专家对三级指标数值按评价等级集进行评价，能够计算出二级指标对三级指标的隶属程度。得到的二级指标模糊判断矩阵如下：

$$\mathbf{R}_{11}=\begin{bmatrix} r_{1111} & r_{1112} & r_{1113} & r_{1114} & r_{1115} \\ r_{1121} & r_{1122} & r_{1123} & r_{1124} & r_{1125} \\ r_{1131} & r_{1132} & r_{1133} & r_{1134} & r_{1135} \\ r_{1141} & r_{1142} & r_{1143} & r_{1144} & r_{1145} \\ r_{1151} & r_{1152} & r_{1153} & r_{1154} & r_{1155} \end{bmatrix} \quad \mathbf{R}_{12}=\begin{bmatrix} r_{1211} & r_{1212} & r_{1213} & r_{1214} & r_{1215} \\ r_{1221} & r_{1222} & r_{1223} & r_{1224} & r_{1225} \\ r_{1231} & r_{1232} & r_{1233} & r_{1234} & r_{1235} \\ r_{1241} & r_{1242} & r_{1243} & r_{1244} & r_{1245} \\ r_{1251} & r_{1252} & r_{1253} & r_{1254} & r_{1255} \\ r_{1261} & r_{1262} & r_{1263} & r_{1264} & r_{1265} \\ r_{1271} & r_{1272} & r_{1273} & r_{1274} & r_{1275} \end{bmatrix}$$

$$\mathbf{R}_{13}=\begin{bmatrix} r_{1311} & r_{1312} & r_{1313} & r_{1314} & r_{1315} \\ r_{1321} & r_{1322} & r_{1323} & r_{1324} & r_{1325} \\ r_{1331} & r_{1332} & r_{1333} & r_{1334} & r_{1335} \\ r_{1341} & r_{1342} & r_{1343} & r_{1344} & r_{1345} \\ r_{1351} & r_{1352} & r_{1353} & r_{1354} & r_{1355} \end{bmatrix} \quad \mathbf{R}_{21}=\begin{bmatrix} r_{2111} & r_{2112} & r_{2113} & r_{2114} & r_{2115} \\ r_{2121} & r_{2122} & r_{2123} & r_{2124} & r_{2125} \\ r_{2131} & r_{2132} & r_{2133} & r_{2134} & r_{2135} \\ r_{2141} & r_{2142} & r_{2143} & r_{2144} & r_{2145} \\ r_{2151} & r_{2152} & r_{2153} & r_{2154} & r_{2155} \end{bmatrix}$$

$$\mathbf{R}_{22}=\begin{bmatrix} r_{2211} & r_{2212} & r_{2213} & r_{2214} & r_{2215} \\ r_{2221} & r_{2222} & r_{2223} & r_{2224} & r_{2225} \\ r_{2231} & r_{2232} & r_{2233} & r_{2234} & r_{2235} \\ r_{2241} & r_{2242} & r_{2243} & r_{2244} & r_{2245} \\ r_{2251} & r_{2252} & r_{2253} & r_{2254} & r_{2255} \end{bmatrix} \quad \mathbf{R}_{23}=\begin{bmatrix} r_{2311} & r_{2312} & r_{2313} & r_{2314} & r_{2315} \\ r_{2321} & r_{2322} & r_{2323} & r_{2324} & r_{2325} \\ r_{2331} & r_{2332} & r_{2333} & r_{2334} & r_{2335} \\ r_{2341} & r_{2342} & r_{2343} & r_{2344} & r_{2345} \\ r_{2351} & r_{2352} & r_{2353} & r_{2354} & r_{2355} \end{bmatrix}$$

$$\mathbf{R}_{31}=\begin{bmatrix} r_{3111} & r_{3112} & r_{3113} & r_{3114} & r_{3115} \\ r_{3121} & r_{3122} & r_{3123} & r_{3124} & r_{3125} \\ r_{3131} & r_{3132} & r_{3133} & r_{3134} & r_{3135} \\ r_{3141} & r_{3142} & r_{3143} & r_{3144} & r_{3145} \\ r_{3151} & r_{3152} & r_{3153} & r_{3154} & r_{3155} \end{bmatrix} \quad \mathbf{R}_{32}=\begin{bmatrix} r_{3211} & r_{3212} & r_{3213} & r_{3214} & r_{3215} \\ r_{3221} & r_{3222} & r_{3223} & r_{3224} & r_{3225} \\ r_{3231} & r_{3232} & r_{3233} & r_{3234} & r_{3235} \\ r_{3241} & r_{3242} & r_{3243} & r_{3244} & r_{3245} \\ r_{3251} & r_{3252} & r_{3253} & r_{3254} & r_{3255} \end{bmatrix}$$

$$\mathbf{R}_{33}=\begin{bmatrix} r_{3311} & r_{3312} & r_{3313} & r_{3314} & r_{3315} \\ r_{3321} & r_{3322} & r_{3323} & r_{3324} & r_{3325} \\ r_{3331} & r_{3332} & r_{3333} & r_{3334} & r_{3335} \\ r_{3341} & r_{3342} & r_{3343} & r_{3344} & r_{3345} \\ r_{3351} & r_{3352} & r_{3353} & r_{3354} & r_{3255} \\ r_{3361} & r_{3362} & r_{3363} & r_{3364} & r_{3265} \end{bmatrix}$$

其中：$r_{ijkm}=N_{ijkm}/N$，N_{ijkm}（$i=1，2，3$；$j=1，2，3$；$k=1，2，3\cdots n$，n 根据二级指标取值为5、6或7；$m=1，2，3，4，5$）表示 U_{ij} 二级指标被 N 个专家评为 v_m 等级的人数。

（四）计算二级指标的模糊向量

二级指标的模糊向量可以用来表示二级指标所表征出来的单项核心竞争力的强弱，将其权重向量与模糊判断矩阵相乘，就能得到二级指标的模糊向量。

用 S_{ij} 表示 U_{ij} 的模糊向量，得：

$$S_{ij}=W_{ij}\cdot R_{ij}=（w_{ij1}，w_{ij2}，\cdots w_{ijn}）\cdot\begin{bmatrix} r_{ij11} & r_{ij12} & r_{ij13} & r_{ij14} & r_{ij15} \\ r_{ij21} & r_{ij22} & r_{ij23} & r_{ij24} & r_{ij25} \\ r_{ij31} & r_{ij32} & r_{ij33} & r_{ij34} & r_{ij35} \\ & & \cdots\cdots & & \\ r_{ijn1} & r_{ijn2} & r_{ijn3} & r_{ijn4} & r_{ijn5} \end{bmatrix}$$

$$=（s_{ij1}，s_{ij2}，s_{ij3}，s_{ij4}，s_{ij5}）$$

其中：s_{ijm} 表示 U_{ij} 项二级指标对应评价等级集中的 v_m（$i=1，2，3$；$j=1，2，3$；$k=1，2，3\cdots n$，n 根据二级指标取值为5、6或7；$m=1，2，3，4，5$），表征二级指标的强弱。

（五）构建一级指标模糊判断矩阵

根据上一步所得到的二级指标模糊向量，可以构建一级指标模糊判断矩阵如下：

$$\mathbf{R}_i=\begin{bmatrix} s_{ij11} & s_{ij12} & s_{ij13} & s_{ij14} & s_{ij15} \\ s_{ij21} & s_{ij22} & s_{ij23} & s_{ij24} & s_{ij25} \\ s_{ij31} & s_{ij32} & s_{ij33} & s_{ij34} & s_{ij35} \end{bmatrix}$$，式中，$i=1，2，3$；$j=1，2，3$。

（六）计算一级指标的模糊向量

一级指标的模糊向量可以用来表示一级指标所表征出来的单项核心竞争力的强弱，将其权重向量与模糊判断矩阵相乘，就能得到一级指标的模糊向量。

用 S_i 表示 U_i 的模糊向量，得：

$$S_i = W_i \cdot R_i = (w_{i1}, w_{i2}, w_{i3}) \cdot \begin{bmatrix} s_{ij11} & s_{ij12} & s_{ij13} & s_{ij14} & s_{ij15} \\ s_{ij21} & s_{ij22} & s_{ij23} & s_{ij24} & s_{ij25} \\ s_{ij31} & s_{ij32} & s_{ij33} & s_{ij34} & s_{ij35} \end{bmatrix} = (s_{i1}, s_{i2}, s_{i3}, s_{i4}, s_{i5})$$

其中：s_{im}表示 U_i 项一级指标对应评价等级集中的 v_m（$i=1, 2, 3; j=1, 2, 3; m=1, 2, 3, 4, 5$），表征一级指标的强弱。

（七）构建目标层模糊判断矩阵

根据上一步所得到的一级指标模糊向量，可以构建目标层模糊判断矩阵如下：

$$\mathbf{R} = \begin{bmatrix} s_{i11} & s_{i12} & s_{i13} & s_{i14} & s_{i15} \\ s_{i21} & s_{i22} & s_{i23} & s_{i24} & s_{i25} \\ s_{i31} & s_{i32} & s_{i33} & s_{i34} & s_{i35} \end{bmatrix}$$，式中，$i=1, 2, 3$。

（八）计算模糊综合评价结果

把目标层的权重向量与其模糊判断矩阵相乘，得到产业集群核心竞争力模糊综合评价的结果。

用 S 表示模糊综合评价结果，有：

$$S = W \cdot R = (w_1, w_2, w_3) \cdot \begin{bmatrix} s_{i11} & s_{i12} & s_{i13} & s_{i14} & s_{i15} \\ s_{i21} & s_{i22} & s_{i23} & s_{i24} & s_{i25} \\ s_{i31} & s_{i32} & s_{i33} & s_{i34} & s_{i35} \end{bmatrix} = (s_1, s_2, s_3, s_4, s_5)$$

其中：s_m 表示产业集群核心竞争力对应评价等级集中的 v_m（$m=1, 2, 3, 4, 5$），表征产业集群核心竞争力的强弱。按最大隶属原则，若 s_1 最大，则说明该集群核心竞争力强；若 s_5 最大，则其核心竞争力弱。

第七章　产业集群核心竞争力的培育策略

第一节　我国产业集群核心竞争力的整体状况

一、我国产业集群发展状况

自改革开放以来，我国地方产业集群经历了从最初的小规模集聚到现在的快速发展，产业集群以其所具有的独特竞争优势，在区域经济发展中发挥的作用越来越大，已经成为区域参与全球竞争的重要力量。

（一）形成方式

从我国地方产业集群的形成根源来看，大体上可分为三种类型：一是外商直接投资驱动型，是指当地通过依靠优越的地理位置、优惠的投资政策、丰富的土地资源和充足的廉价劳动力来引进投资而形成的外向加工型产业集群，一般多为劳动密集型产业集群，主要代表区域为广东省和江苏省的产业集群。二是本地内生市场创造型，是指依赖专业化市场、工商业传统和当地企业家精神，在民间资本积累的推动下而形成的传统特色品产业集群，主要代表区域为浙江省的产业集群。三是高科技资源引导型，是指在地方政府推动下，以大城市高新技术开发区为中心、依托大城市高等院校、研究院所的人才资源优势而形成的高科技产业集群，多为资本密集型产业集群，典型代表为北京的中关村 IT 产业集群、广州的软件产业集群、深圳的高技术产业集群。

（二）企业主体

构成我国产业集群的企业主体是属于非公有制经济范畴的中小企业。正是由于大量中小企业的存在与共同作用，才推动了我国产业集群的形成和发展。特别是对于外商直接投资驱动型和本地内生市场创造型的产业集群来说，其资金来源多为外资或民间资金，这就决定了这些企业的非公有制经济的性质。例如，早在2001年，东莞市拥有各类纺织、服装企业6523家，其中“三来一补”企业1210家，三资企业1622家，民营企业4660家；辽宁省海城市纺织、服装企业总数达7463家，全是民营企业；江苏金坛市纺织集群云集企业367家，其中，集体企业5家，外商投资企业46家，民营与个体私营企业316家。[①]

（三）地域分布

我国产业集群首先在广东、浙江等沿海地区萌芽，尔后在北京、天津、重庆、江苏、福建、辽宁、河北、四川、河南、山东、云南等省市呈星火燎原之势，但主要集中于广东和浙江两省，尤其浙江全省范围内处处皆集群，而广东省的产业集群则主要分布在珠江三角洲地区。浙江省以专业化分工为特点的“块状经济”十分活跃。据浙江省有关部门调查，2003年全省工业总产值在10亿元以上的制造业产业集群有149个，工业总产值合计1万亿元，约占全省总量的52%。广东省是我国产业集群相对集中的地区。据统计，广东省经济规模达到20亿元的专业镇有160多个。在这些专业镇中，以工业产品为主的专业镇大约占了90%。2003年，这些专业镇所创造的工业总产值占广东省的份额接近1/3。目前，福建省已初步形成了60个不同规模的“准集群”，总产值3800亿元左右，约占全省工业总产值的52%。江苏省产业“集群化”推进也较为迅速，现已形成各类“准集群”约110个，2002年实现销售收入5320亿元，相当于全省规模以上工业产品销售收入的近40%。[②] 总的来看，在我国从北到南、从东到西的国家经济版图上，由产业集群导致的城镇集群和经济集群，已成为引人注目的经济隆起带，在区域经济发展史上描上了浓妆艳抹的一笔。

（四）行业分布

纵观产业集群比较发达的省份，产业集群涉及的行业主要是轻纺、电

---

① 潘会平：《我国产业集群战略发展的实证分析》，《长江大学学报（社会科学版）》2005年第3期。

② 魏后凯：《要大力推进产业集群的自主创新》，《中国改革报》2006年1月5日第005版。

子信息、汽车、精细化工、五金制品、塑料、玩具、建材等行业，其中以纺织产业集群、电子信息产业集群和汽车产业集群最为突出。纺织产业集群在浙江、广东、江苏、山东等纺织大省表现突出，电子信息产业集群主要集中在珠江三角洲和长江三角洲地区，汽车产业集群主要集聚在环渤海区域、沿长江地带和珠三角地区。

2009 年 12 月中国社会科学联合研究中心公布了"2009 第三届中国百佳产业集群"的获选名单。这也是继中国社会科学院工业经济研究所于 2007 年、2008 年两次评选后的第三次评选。在公布的 100 个产业集群中沿海地区浙江、广东、江苏、福建、山东五省独占鳌头，集群数量占 70% 以上，表明产业集群已成为该区域经济发展的亮丽风景线。

"2009 第三届中国百佳产业集群"获选名单与前两届相比有了明显的变化，沿海地区入选名单明显减少，而环渤海地区和中西部地区则获得了较快的增长（见表 7.1、表 7.2、表 7.3）。

表 7.1　2007 第一届中国百佳产业集群名单

省份（数量）	集群名称
浙江省（36）	温州皮鞋产业集群　温州打火机产业集群　温州人造革产业集群　瑞安汽车摩托车配件产业集群　瑞安休闲鞋产业集群　苍南印刷产业集群　温州锁具产业集群　乐清中低压电器产业集群　永嘉拉链产业集群　平阳塑编包装产业集群　嘉善木业及家具产业集群　海宁皮革加工产业集群　桐乡毛衫产业集群　平湖光机电产业集群　海盐紧固件产业集群　湖州童装产业集群　安吉竹加工产业集群　萧山钢结构产业集群　桐庐制笔产业集群　富阳白板纸产业集群　宁波西服衬衣产业集群　余姚模具产业集群　慈溪家用小电器产业集群　宁海文具产业集群　义乌小商品产业集群　东阳木雕产业集群　永康五金产业集群　诸暨制袜产业集群　玉环中低压阀门产业集群　台州市金属固废处理产业集群　温岭注塑鞋产业集群　黄岩塑料模具产业集群　台州缝纫机产业集群　绍兴轻纺产业集群　嵊州领带产业集群　舟山渔业加工产业集群
广东省（21）	深圳通信电子产业集群　广州日用消费品产业集群　增城牛仔服装产业集群　广州汽车制造产业集群　番禺珠宝首饰加工产业集群　花都皮具产业集群　澄海玩具礼品产业集群　东莞电子信息产品产业集群　东莞文化用品产业集群　中山灯具及灯饰产业集群　中山机电产品产业集群　顺德家具产业集群　顺德家电产业集群　南海金属加工产业集群　南海纺织产业集群　佛山建筑卫生陶瓷产业集群　惠州电子产品产业集群　开平水暖器材产业集群　云浮石材加工产业集群　江门摩托车产业集群　阳江刀剪产业集群

续表

省份（数量）	集群名称
江苏省（17）	宜兴电线电缆产业集群　宜兴工艺美术陶瓷产业集群　江阴精细纺织产业集群　无锡电子产业集群　张家港冶金及金属加工产业集群　昆山笔记本电脑产业集群　昆山精密机械产业集群　常熟服装产业集群　太仓润滑油产业集群　吴江丝绸纺织产业集群　兴化不锈钢制品产业集群　泰兴减速机产业集群　靖江船舶修造产业集群　东海水晶产业集群　南京化学工业产业集群　南通家纺产业集群　徐州工程机械产业集群
福建省（6）	福州显示显像产品产业集群　厦门商用电子产品产业集群　晋江休闲运动鞋产业集群　石狮休闲运动服装产业集群　漳州休闲食品产业集群　南平林业加工产业集群
山东省（5）	青岛电子及家电产品产业集群　烟台葡萄酒产业集群　寿光农副产品加工产业集群　淄博工艺玻璃产业集群　德州玻璃钢产品产业集群
上海市（2）	宝山钢铁产业集群　浦东金融产业集群
辽宁省（2）	沈阳机床及机械产业集群　大连装备制造产业集群
黑龙江（2）	大庆石油化工产业集群　哈尔滨生物制药产业集群
吉林省（1）	通化医药产业集群
北京市（1）	海淀 IT 产业集群
内蒙古（1）	呼和浩特乳业产业集群
河北省（1）	辛集皮革产业集群
重庆市（1）	重庆汽车摩托车产业集群
四川省（1）	成都白酒酿造产业集群
河南省（1）	漯河食品产业集群
江西省（1）	景德镇瓷器产业集群
云南省（1）	玉溪烟草加工产业集群

表 7.2　2008 第二届中国百佳产业集群名单

省份（数量）	集群名称
浙江省（29）	萧山钢结构产业集群　桐庐制笔产业集群　温州皮鞋产业集群　温州打火机产业集群　温州锁具产业集群　瑞安汽摩配产业集群　苍南印刷产业集群　乐清中低压电器产业集群　桐乡羊毛衫产业集群　桐乡皮草产业集群　海宁皮革产业集群　海宁经编产业集群　平湖出口服装加工产业集群　海盐紧固件产业集群　宁波服装产业集群　北仑塑料机械产业集群　余姚模具产业集群　慈溪家用小电器产业集群　宁海文具产业集群　义乌小商品产业集群　永康五金产业集群　东阳木雕产业集群　绍兴轻纺产业集群　诸暨制袜产业集群　嵊州领带产业集群　湖州童装产业集群　黄岩塑料模具产业集群　温岭注塑鞋产业集群　玉环五金水暖产业集群

续表

省份（数量）	集群名称
江苏省（23）	宜兴电线电缆产业集群　宜兴陶瓷产业集群　江阴精细纺织产业集群　锡山电动车产业集群　无锡新区电子产业集群　昆山千灯电路板产业集群　昆山模具制造产业集群　常熟服装产业集群　太仓精细化工及润滑油产业集群　吴江盛泽丝绸纺织产业集群　吴江横扇缝纫机产业集群　武进纺织产业集群　丹阳眼镜产业集群　扬中工程电器产业集群　泰州医药产业集群　兴化不锈钢制品产业集群　靖江船舶产业集群　泰兴减速机产业集群　海门家纺产业集群　启东电动工具产业集群　徐州工程机械产业集群　东海硅产业集群　张家港黑色金属冶金及加工产业集群
广东省（20）	中山机电产业集群　中山古镇灯饰产业集群　中山沙溪休闲服装产业集群　中山小榄五金制品产业集群　东莞电子信息产品产业集群　东莞大朗毛织产业集群　东莞虎门服装产业集群　增城新塘牛仔服装产业集群　花都皮具产业集群　顺德家具产业集群　顺德家电产业集群　南海金属加工产业集群　南海西樵纺织印染产业集群　南海盐步内衣产业集群　佛山建筑陶瓷产业集群　江门摩托车产业集群　阳江阳东刀剪产业集群　云浮云城石材产业集群　澄海文具礼品产业集群　惠州惠东制鞋产业集群
山东省（8）	青岛电子及家电产业集群　烟台葡萄酒产业集群　威海水产品加工产业集群　邹平棉纺织产业集群　文登家纺产业集群　胶南机械制造产业集群　昌邑铸造产业集群　临清轴承产业集群
福建省（7）	厦门电子信息产业集群　泉州箱包产业集群　晋江休闲运动鞋产业集群　石狮休闲服装产业集群　南安五金水暖器材产业集群　德化日用工艺陶瓷产业集群　福安电机电器产业集群
上海市（3）	上海浦东微电子产业集群　上海金山化学工业产业集群　上海嘉定汽车产业集群
河北省（2）	唐山钢铁产业集群　辛集皮革产业集群
河南省（1）	偃师钢制家具产业集群
湖北省（1）	武汉东湖高新光电产业集群
四川省（1）	宜宾白酒酿造产业集群
北京市（1）	北京海淀 IT 产业集群
内蒙古（1）	呼和浩特乳业产业集群
辽宁省（1）	沈阳机床及机械产业集群
黑龙江（1）	哈尔滨医药产业集群
江西省（1）	景德镇瓷器产业集群

表 7.3 2009 第三届中国百佳产业集群名单

省份（数量）	集群名称
浙江省（24）	义乌小商品产业集群 嵊州领带产业集群 绍兴轻纺产业集群 绍兴印染产业集群 海宁皮革产业集群 海宁经编产业集群 崇福皮草产业集群 萧山化纤产业集群 瓯海锁具产业集群 诸暨袜业产业集群 永康五金产业集群 永康电动工具产业集群 余姚模具产业集群 平湖光机电产业集群 龙湾阀门产业集群 乐清中低压电器产业集群 慈溪小家电产业集群 诸暨珍珠产业集群 宁海文具产业集群 温岭注塑鞋产业集群 安吉竹制品产业集群 路桥固废利用产业集群 鹿城打火机产业集群 平阳塑编包装产业集群
江苏省（15）	盛泽丝绸纺织产业集群 常熟服装产业集群 昆山 IT 产业集群 丹阳眼镜产业集群 江都皮鞋产业集群 邳州木材加工产业集群 无锡新区微电子产业集群 无锡新区光伏太阳能产业集群 锡山电动车产业集群 宜兴电线电缆产业集群 宜兴环保设备产业集群 宜兴紫砂茶具产业集群 靖江船舶制造产业集群 东海硅材料产业集群 姜堰能源装备产业集群
广东省（13）	花都汽车产业集群 深圳通信产品产业集群 东莞电子产品产业集群 中山机电产业集群 中山包装产业集群 古镇灯饰产业集群 沙溪休闲服装产业集群 汕头内衣产业集群 新塘牛仔服产业集群 澄海玩具产业集群 新兴厨具产业集群 云城石材产业集群 惠东女鞋产业集群
山东省（11）	日照水产品产业集群 文登家纺产业集群 海阳毛衫产业集群 临清轴承产业集群 胶南纺织机械产业集群 富阳白板纸产业集群 蓬莱葡萄酒产业集群 章丘交通装备产业集群 德州太阳能热水器产业集群 临沂植保机械产业集群 聊城钢管产业集群
福建省（7）	惠安休闲食品产业集群 晋江休闲运动鞋产业集群 仙游古典家具产业集群 凤里童装产业集群 晋江拉链产业集群 南安五金水暖产业集群 莆田玉器加工产业集群
河北省（6）	河间保温材料产业集群 香河家具产业集群 清河羊绒产业集群 泊头铸造产业集群 永年紧固件产业集群 桃城工程橡胶产业集群
山西省（4）	太原不锈钢产业集群 清徐暖气片产业集群 定襄锻造产业集群 太谷焦化产业集群
河南省（3）	巩义铝制品产业集群 巩义耐火材料产业集群 长垣起重机产业集群
辽宁省（3）	法库建筑陶瓷产业集群 大石桥镁制品产业集群 丹东仪器仪表产业集群
上海市（2）	金山化工产业集群 昆山电路板产业集群
湖南省（2）	浏阳烟花爆竹产业集群 醴陵工美陶瓷产业集群
吉林省（2）	通化医药产业集群 通化钢铁产业集群
湖北省（2）	宜昌磷化工产业集群 仙桃无纺布产业集群
重庆市（1）	璧山摩托车产业集群
安徽省（1）	合肥家电产业集群白酒产业集群

续表

省份（数量）	集群名称
贵州省（1）	仁怀白酒产业集群
陕西省（1）	宝鸡钛业产业集群
黑龙江（1）	兰西亚麻纺造产业集群
新疆（1）	石河子棉纺织产业集群

二、产业集群核心竞争力的现状

我国产业集群经过二十多年的发展，取得了一定的成绩，在国内外有一定的影响，但从总体来看，我国产业集群核心竞争力还不算强，甚至于部分地区的产业集群核心竞争力还非常弱。根据世界经济论坛（WEF）2002年《全球竞争力报告》中有关集群发展问题对世界80个国家和地区4700位高级工商界人士的调查，我国产业集群发展状况的得分是3.5分，高于80个国家和地区的平均值（3.3分），与马来西亚、土耳其一起并列第27位，高于国内商业环境及微观经济竞争力的排名（均为第38位）。但是，与意大利、美国、芬兰等发达国家相比，我国的产业集群发展仍然处在较低的水平，并落后于巴西、印度、泰国、印度尼西亚等发展中国家。①

具体来看，我国产业集群核心竞争力不强主要表现在以下几个方面：

（一）自主创新能力不足

我国产业集群多是低成本、低价格、低产品档次、低技术含量的"四低"集群，并未向创新型集群发展与转化，就算是产业集群发展得比较成熟的广东省，创新型产业集群也仅是在个别地区初现端倪。由于中小企业是产业集群的主体，而中小企业在创新人才、创新机制、融资渠道等方面存在着不足，企业自主创新的内在动力弱，导致集群模仿有余而创新不足，不少企业存在"一流设备、二流管理、三流产品"的现象，甚至只能

① 郑燕伟：《中国产业集群发展评估——基于世界经济论坛〈全球竞争力报告〉的分析》，《中共浙江省委党校学报》2005年第1期。

学共同开发毛发水解提取氨基酸的新工艺，综合技术指标达到国内先进水平；还与武汉大学、武汉科技学院等联合培养人才。应城精细化工产业集群主要集中在应城市长江埠赛孚工业园，自20世纪90年代初以来，长江埠赛孚工业园就挂靠“三大一科”（大企业、大专院校、大集团、科研机构），与清华、武大、四川天然、燕山石化、仁博化工等大专院校和大型企业建立了稳定的科技协作关系，引进了一大批从事精细化工生产的高科技企业，建成了赛孚高科技精细化工园，被列为国家火炬计划精细化工新材料产业基地。

（六）传统工艺因素

主要是依托本地传统技艺、特种工艺发展特色产业，并且把它做大，形成一定的规模，从而发展成产业集群。如武穴市除形成了医药化工主导产业外，有梅川食品、龙坪塑革、花桥五金三个产业集群。其中梅川食品产业集群聚集各类食品加工企业100多家，年产值达到12.6亿元，成为“鄂东食品第一城”。龙坪塑革产业集群网络32家民营企业，成为全国六大证件革生产基地之一。花桥五金木螺钉产业集群鼎盛时期聚集企业43家，年产值达6亿多元，被中国五金行业协会授予“中国钉都”称号。而蔡甸索河的制锅产业集群、新洲汪集的汤食产业集群，也都烙有浓郁的传统工艺色彩。

（七）中心城市因素

主要是围绕中心城市，充分发挥城市在信息、人才、资金、技术、政策等方面的优势，立足已有的产业基础，发展壮大产业集群。例如，以武汉为核心，初步形成了以汽车、钢铁、石化、光电子、新医药、新材料等资金技术密集型产业为主的现代制造业和高新技术产业聚集区。宜昌作为湖北省的副中心城市，正在成长壮大的有五大产业集群：一是电子基础材料产业集群，二是以兴发集团为主的磷化工产业集群，三是安福寺蔬菜食品产业集群，四是枝江油脂加工产业集群，五是纺织工业产业集群，都主要集中在城区或宜都、点军、枝江等近50公里范围内的城郊。

（八）政府规划因素

主要是地方政府利用规划把一批企业吸引到一定空间地域内，为企业的生存发展提供适宜的制度环境、法制环境和人文环境，引导产业集群的发展。为引导汽车零部件产业做大做强，公安县委、县政府制发了《公安县汽车零部件产业“十一五”发展规划》，明确了汽车零部件产业集群发展目标，并组建了公安县汽车零部件产业集群领导小组，来扶持汽车零部件产业发展。为了做大做强燕矶金刚石刀具产业集群，鄂州市、鄂城区两级政府出台了18项优惠政策，鼓励金刚石刀具企业向燕矶刀具城集中。阳新县委、县政府请上海交通大学对城北工业园6.5平方公里的土地进行了整体规划设计，邀请省市专家开展了专题论证，同时围绕“十一五”工业规划，科学制定冶金业中长期发展目标，并先后出台了招商引资和项目建设的一系列政策措施，吸引了李裕碳素与鸿骏铝业等龙头企业及与其相配套的外来项目相继落户城北工业园，有力地推动了阳新县铝产业集群的发展。实际上，从湖北省产业集群的发展情况来看，几乎所有的产业集群的发展壮大都与当地政府的大力支持分不开。

三、湖北产业集群的成长风险

风险无处不在、无时不有，地方产业集群在成长过程中必将面临这样或那样的风险。而成长风险的存在，也在一定程度上削弱了产业集群的核心竞争力，值得地方政府和集群管理者高度重视。从现实来看，湖北产业集群的成长将会遇到下列有关风险。

（一）技术创新风险

湖北省的产业集群以传统产业居多，集群内企业在技术的应用上长期以适用、简单技术的应用为主，以跟踪模仿为主，技术进步和生产质量的提高主要依赖于固定资产更新，企业用于内部研发的投入偏少，产、学、研一体化程度低，人才、技术、信息等高级要素供给不足，导致企业自主技术创新能力和动力均相对较弱，集群内具有创新带动作用的龙头企业比较缺乏，产品仍走不出仿制、组装、沿袭的圈子。武穴花桥木螺钉产业集群由于没有及时进行技术创新，由木螺钉转产铝合金或塑钢螺钉，导致在螺钉市场的“龙头”地位被浙江永康取代。武汉市东西湖区农产品加工产业集群内的多数企业科技含量不高，创新能力不强，精深加工不够，到目前为止还没有一项自主知识产权的产品，多数属于传统食品初加工水平，农副产品深加工空缺仍然很多。监利食品工业产业集群也存在技术创新能力较弱的问题，导致集群食品产品质量、档次、品种与国内先进水平存在明显的差距，一些高水平、新技术产品的开发迟缓，不能适应国内市场的需求，部分中低档产品出现过度竞争，高附加值产品比重低，贱卖资源、粗加工、低档次的多，深开发、精包装、高附加值的少，没有名优精品，市场占有率低。

（二）结构性风险

结构性风险是指地区间产业结构趋同或者集群内企业产品同质现象严重，而导致产业集群陷入困境，对区域经济发展所造成的危害。武汉、鄂州、黄石三市冶金、建材产业结构趋同，产业布局存在重复性，具有地方特色和区域比较优势的集群发育不足。孝感、黄冈、咸宁以及仙桃、潜江、天门第一产业趋同，在粮棉油猪鱼蛋和果茶等方面大同小异，无法形成各自的产业特色，高附加值、高技术含量的产业和产品比重不高，仍以“原字号”、“农字号”为主要特征，所形成的产业集群规模偏小，竞争力不强。例如，监利食品工业产业集群内企业同类生产的外延发展快，产品雷同、同质化，缺乏必要的竞争性，如果产品一旦失去对市场变化灵活反应能力，集群就只能靠压低成本陷入过度竞争，难免转入衰退。

（三）周期性风险

周期性风险是一种突发的、不能人为控制的、由外部经济周期性波动等原因造成的风险。这种风险可能出现在集群生命周期的任一段时期，将导致集群所在区域经济不稳定。① 例如，中美、中欧之间经常燃起的纺织品、鞋帽制品贸易战，将强劲影响到湖北省内与此有关的集群。

① 鲁开垠：《成长的空间——产业集群核心能力研究》，经济科学出版社2006年版，第240页。

（四）根植性风险

产业集群的发展需要一种与该产业特征和地方文化相容并相互促进的区域特色集群文化来支撑，并在此基础上形成一种基于信任和交流的根植性的社会网络。企业只有根植于地方，集群化的成长才能保持相对稳定和顺利发展，并吸引更多的新企业在本地繁殖和成长。但根植性也有可能让集群产生一种区域锁定，形成一种僵化生长环境，降低群内企业的反应能力，削弱集群的核心竞争力。

（五）资金短缺风险

湖北产业集群中的企业大多数是民营中小企业，发展资金主要依靠银行贷款，由于这些中小企业资产规模小、抗风险能力弱、贷款需求急且额度小，再加上银行、信用社等金融机构信贷实行终身责任制和零风险制度，强调防范风险机制，“惜贷”、“慎贷”、“恐贷”普遍存在，人为抬高了贷款门槛，不少中小企业融资无门，企业发展资金不足。丹江口市六里坪镇随着新入驻园区的企业不断增多，以及园区原有企业扩能投产，工业园的现有配套功能已逐渐无法满足企业的生产需要，而以该镇的可支配财力，已难以满足园区基础设施建设的后续投入，深感建设资金筹集十分困难。监利县食品工业集群近年来投资额为 5 亿元，而银行贷款额还不到 1 亿元。鄂州市葛店铸造产业集群取得了一定成绩，但也存在资金短缺、导致基础设施配套不完善的问题。广水市风机产业集群中的一家企业中意机电需投资 4000 万元，仅从信用社贷款到 500 万元，流动资金严重不足。

（六）低端道路风险

湖北省众多产业集群自 20 世纪 90 年代才开始起步，处于发展的初级阶段，主要集中于一些技术含量不高的劳动密集型行业，如纺织、特色农产品及矿物加工等。由于缺乏必要的资金和人才，企业的积累有限，研发投入不足，培育不出知名的品牌，无法实施品牌战略，以质取胜，而只能以低成本为竞争优势。但是当劳动力成本、土地资源、优惠政策等方面的优势逐步衰退或不复存在时，走以低成本为主要特色的低端道路的产业集群核心竞争力将会下降。

（七）政策制度风险

产业集群的发展壮大离不开地方政府的制度支持和引导，但是由于种种原因，一些政府职能部门或偏好于高新技术产业，对传统产业集群发展缺乏足够的重视；或未能深入理解产业集群演化的一般规律，对集群滥加干预，未能找到市场行为与政府行为的最佳结合点。例如，有些地方政府的政策引导不是从推动集群产业链延伸的角度入手，而仅仅关注集群规模的扩大、销售额的提高、固定资产的更新；有些地方政府偏爱大企业，对广大中小企业不够重视；有些地方政府制定的政策制度不系统、不完善，与集群的配套性相对不强；有些地方政府的一些职能部门手续繁杂，办事拖沓，行政效率低下，加上腐败现象的存在，提高了企业的营运成本；有些地方政府制定了较为完善的扶持政策，但在具体执行中又很难落实。武汉市东西湖区农产品加工产业集群就因为加工区内有关配套政策和规章制度还不够完善，制约了食品企业的快速发展。

（八）市场竞争风险

湖北省多数产业集群由于同类产品的市场细分特征不明显，区域间的产业结构以及集群内部各企业的产品结构严重趋同，产业出现低水平重复建设，企业产品雷同程度高，引发和加剧同业间的无序竞争与过度竞争，产业集群内企业竞争长期以价格竞争为主，非价格竞争不足，产业集群的发展扩张受到了很大的阻碍。湖北省2005年年销售额过亿元的汽车零部件制造业产业集群就有11个，但产品结构基本相仿、技术内容基本相近，为了扩大市场份额，低价竞争、恶性竞争就不可避免。随州汽车改装及零部件产业集群集聚了30家改装车生产企业，只有9家企业具备生产资质，其余21家均靠贴牌或购买合格证等方式维持生产经营。还有一些修理厂、个体户靠拉客户以销定产、倒买倒卖合格证，临时租用旧厂房，打一枪换一个地方。由于生产单位过多、过乱，产品大同小异，遇有市场畅销车型，大家一哄而上，竞相杀价，相互诋毁，严重损害了企业利益，扰乱了市场秩序。广水市风机产业集群内的风机制造企业之间争抢市场、相互压价的现象较为普遍，新成立的风机行业协会的协调能力有限，不能有效遏制恶性竞争，从而严重削弱了整个风机行业的竞争力。

（九）人才匮乏风险

尽管湖北是科教大省，全省总人口超过6000万，但产业集群的发展也面临人才匮乏的风险，特别是许多产业集群地处下面的县、镇、乡，对于高素质人才的吸引力并不强，集群对管理人才、研发人才、技术工人的需求日益增加，人才缺口较大，无疑将影响到产业集群的发展壮大与核心竞争力。仙桃市彭场镇无纺布产业集群随着集群规模的不断壮大，许多企业都在闹“工人荒”；鄂州市葛店铸造产业集群也是技术工人不够，导致生产不饱和；汉川市马口镇制线产业集群在突飞猛进发展过程中也面临着用工不足的问题，全镇至少缺员3000—5000人。

第三节　湖北产业集群核心竞争力的现状分析

湖北产业集群经过十几年的发展，规模已逐渐扩大，有些集群已经形成了比较强劲的国内市场竞争力，主要表现为市场份额较高。例如：武汉东湖开发区激光产业集群的产品稳坐国内市场份额第一把交椅；大冶市饮料食品产业集群所生产的“劲酒”成为国内保健酒市场的老大；丹江口市六里坪汽车零部件产业集群生产的传动轴占国内传动轴市场份额的10%；荆州市荆州区石油机械工业产业集群生产的钻修设备占据国内市场份额的60%、固压设备占据国内市场份额的70%；枝江市枝江酒业产业集群生产的枝江大曲成为全国白酒销售前八强；枣阳市汽车摩擦材料产业集群的产品占据20%的国内市场份额，稳居第二位；鄂州市金刚石刀具产业集群的产品拥有全国60%的市场份额；京山县轻工包装机械产业集群生产的各类纸板在国内市场中占有70%的份额；通城县涂附磨具产业集群的产品销售量在国内排第一，占有31.64%的比重；仙桃市彭场镇无纺布产业集群生产的无纺布的国内市场份额达40%。

如果谈及湖北产业集群核心竞争力，情形就不那么让人乐观。尽管有个别产业集群核心竞争力比较强，但绝大多数产业集群的核心竞争力还比较弱。一方面，市场份额高并不代表集群的核心竞争力强，因为集群核心竞争力是多个要素的集合，市场份额仅是核心竞争力构成要素中的一个小小因子，更何况市场份额高有可能是以低成本换来的；另一方面，在179个年销售额过亿元的产业集群中，绝大多数产业集群为技术含量低、产品结构较单一的传统产业型，走的是低端道路，而那些销售额未过亿、仅处于初级集聚状态的集群，产品市场份额并不低，因此，集群的竞争力和核心竞争力到底如何就可想而知了。

湖北产业集群整体核心竞争力宏观分析：

一、集群的平均销售收入

以湖北省2005年销售收入过亿元的产业集群为例，在179个亿元集群中，平均每个产业集群有31.9家关联企业，平均年销售收入为7.218亿元，销售收入过10亿元的产业集群有40个。而在2004年，浙江省工业产值在10亿元以上的制造业产业集群就有149个，每个产业集群平均工业产值达67亿元。[①] 由此可见，与浙江等产业集群比较发达的地区相比，湖北的产业集群程度不高，产业集群的销售收入也比较低。对于我国来说，一个省的产业集群与另一个省的产业集群之间肯定存在产业雷同、产品雷同、目标客户群雷同的情况，集群整体销售收入比较低，意味着集群的市场竞争力比较弱，核心竞争力也有可能比较弱。

二、县域经济基本竞争力评价

县域经济的强大离不开当地强大产业集群的支持，从历届县域经济基本竞争力评价结果来看，跻身于“中国县域经济基本竞争力百强县（市）”名单的都是产业集群比较发达的县、市。

全国县域经济基本竞争力评价第一届从2001年开始，每年发布中国县域经济基本竞争力百强县（市）评价结果。为了与中部崛起战略相适应，

① 唐建军：《湖北中小企业产业集群的现状、问题及对策》，《企业经济》2006年第6期。

从第五届开始，将参加全国县域经济基本竞争力评价的中部六省的497个县市区单列出来，按照县域经济基本竞争力进行排列，评价出中部县域经济基本竞争力百强县（市），简称中国中部百强县（市）。湖北省在中国经济百强县（市）和中国中部百强县（市）的入选结果见表8.9。

表8.9　湖北省入选中国中部百强县（市）情况

届别 / 数量 / 省份	第五届	第六届	第七届	第八届	第九届	第十届
河南	39	40	42	41	40	39
湖北	18	9	10	11	11	13
湖南	19	20	21	17	17	15
山西	9	12	13	15	16	15
安徽	10	10	8	12	11	12
江西	5	9	11	9	10	11

资料来源：根据“全国县域经济基本竞争力评价结果”进行整理。

从表8.9来看，湖北省入选中国中部百强县（市）的情况也不太好，在中部六省中的情况仅好于江西省，与山西、安徽相当，且在两届评选中，中部百强县（市）前十名中没有湖北省的位置。因此，县域经济基本竞争力评价结果从一个侧面反映了湖北省地方产业集群发展还不是很成熟，规模还不是很大，对地方经济的促进作用还不是很明显，湖北省产业集群的整体核心竞争力还比较弱。

三、引进外资情况

湖北省产业集群发展面临着资金瓶颈的制约，而引进外资，特别是引进大资金、大项目外资企业，对于一个产业集群的发展与壮大有着比较重大的意义，甚至于有可能形成一个新的集群或改变集群的产业结构和技术结构。然而，湖北省引进外资的情况并不乐观。湖北省人民政府发展研究中心曾对江苏、浙江、广东和湖北四省2002年引进外资情况进行了汇总，见表8.10。在分析湖北与江苏、浙江、广东三省引进外资存在巨大差距把低质、低价视为竞争的制胜法宝。而在知识产权保护日益严格、模仿成本越来越高、市场竞争日趋激烈的环境下，模仿战略对产业集群来说已不适应，我国产业集群进行自主创新的压力变得越来越大。另外，产业集群内企业和科研院所及大专院校之间缺乏良好的合作机制与合作氛围，互动机制不健全，这些大学或科研机构并没有较好地成为集群创新的重要外溢来源和科技创新始发性资源的重要供应源。很显然，缺乏自主创新能力的产业集群是不可能获得持续竞争优势的，也不可能有强劲的核心竞争力。自主创新能力不强，必将影响产业集群对新技术、新思想、新方法的应用、吸收和消化，导致产业集群市场竞争能力差，产品更新换代差，也必将在竞争中走向衰败。

（二）根植性不强

地方根植性是产业集群核心竞争力的形成机制之一，然而在现实当中，地方产业集群的根植性并不强，一旦产业链中关键企业决定迁移，就有可能导致整个产业网络的崩溃，形成整体迁移。产生根植性不强的原因之一就是没有形成完善配套的地方网络。产业集群中的地方网络是指特定区域内行为主体间的正式合作关系，以及他们在长期交往中所发生的相对稳定的非正式交流关系。地方网络的行为主体通常包括消费者、具有共通性和互补性的企业及其他机构，如大学、研究机构、金融机构、中介组织及政府等。① 由于我国地方产业集群中地方网络主体之间的联系不紧密，企业与企业之间没有丰富多样的交流与合作，学习机制不完善，技术扩散效应不明显，知识共享不充分，一旦原有的优惠条件和生产环境发生了改变，就有可能发生集群整体迁移现象，集群核心竞争力也必将重新洗牌。

（三）产业链不完善

我国地方产业集群中的企业都存在不同程度地追求“大而全”、“小而全”的倾向，既想获得生产利润，又想得到商业利润，既想涉足上游产品

① 苑全驰：《从产业集群到创新集群——集群经济发展的方向和对策研究》，《江南论坛》2006 年第 2 期。

的营利空间，又不想放弃中间产品和最终产品的经济利益。在这一倾向的引导下，集群内无论是大企业，还是小企业，都恨不能在产业链的各个环节中都占有一席之地。其结果就是，在集群内部企业之间业务关联较弱，造成集群产业链各环节之间的条块割据，许多企业之间并没有形成真正的专业化分工，同类产品的市场细分特征不明显，系列化产品也不丰满，产业结构趋同严重。不仅影响有潜力的大企业成长，而且削弱了小企业的营利能力和发展空间，阻碍了产业链的延伸，从而危及集群的自我发展和集群核心竞争力的提升。例如在广东的一些家具、钟表、服装、机械、鞋业、工艺品等传统产业集群中，尽管有相当的经济规模，但只是行业扎堆，多数产成品及其零部件都只在单一企业内部完成，而配套企业吃不饱。

（四）品牌不突出

我国产业集群多数是在传统产业领域，主要集中在与居民的日常生活用品有关的产业，如纺织、服装、鞋业、标牌、玩具、家具、燃气灶具、不锈钢器具等，对企业规模、技术水平、劳动力素质、产品品种要求都不太高。这种现状使得集群的进入壁垒低，多数产品档次不高，许多产品大都是采取贴牌或者通过外国贸易公司出口到世界各地，集群内大多数企业都是在为国际品牌打工，使我国成为世界初级产品、低值产品的生产基地，产业集群重复着低水平发展。因此，集群内的企业很难有能力创造品牌和维护品牌，也难以从集群整体的角度精心打造区域品牌。同时，刚刚跨入国际市场的中国企业还没有学会保护自己的知识产权。如泉州纺织服装产业集群中的“七匹狼”、“九牧王”、“柒牌”等11个知名品牌被境外抢注，为企业开发国际市场、创建国际品牌增加了障碍，提高了成本。①在品牌效应不突出的情形中，产业集群也很难形成较强的竞争优势，集群核心竞争力也受到影响和冲击。

（五）龙头企业数量太少

龙头企业是产业集群发展的航标和领头羊，其带动效应、溢出效应在

① 王志莉、叶青：《我国产业集群发展问题的现实探讨》，《特区经济》2006年第5期。

产业集群的发展与升级中起着主导作用。由于我国产业集群多数是从乡镇企业发展起来的，进入的门槛也较低，使得集群内的大多数企业起点较低、规模偏小，缺乏产生龙头企业的先天环境。而龙头企业的数量过少或缺乏，就无法带动产业集群在知识创造、技术创新、集群学习、产业整合等方面向更高层次提升和发展。

（六）社会化中介服务体系不健全

产业集群的健康发展离不开健全的社会化中介服务体系。发达的中介服务是保证市场经济良好运行的必要条件。对于集群内的企业来说，需要有劳动服务机构为其提供劳动市场和培训员工，需要质量检测机构证明产品品质，律师、会计师、资产评估师、咨询机构等提供专业服务，商会、同业公会等来协调企业行为，共同开展营销和应对外部摩擦与纠纷。这些机构在我国的大部分集群内是严重缺乏的。① 例如，如果金融机构、民间风险投资机构不足，将影响集群内企业的融资情况，有可能导致企业资金不足；如果缺乏质量检验机构，就会导致集群缺乏质量保证体系，影响产业集群的质量信誉，降低其市场竞争力；如果缺乏科技中介机构，就可能影响最新科学技术成果在集群区域内的传播与扩散；如果缺乏行业协会，就会影响群内企业间的分工与协作，降低社会信任水平，导致企业恶性竞争，制约产业集群竞争优势的发挥。要是上述假设都存在的话，无疑会影响产业集群核心竞争力的形成与培育。

（七）地方政府职能缺位

尽管地方政府对产业集群的重视程度已大有改观，但不可否认的是，地方政府对产业集群在认识和政策上存在一定的偏差。一是有些地方政府以自己掌握的资源直接介入经济活动，对许多企业进行“行政捏合”，或者半强制地从外部植入，结果是造成本区域的产业集群仅仅是空间上的集群，缺乏相互关联、配套与协调效应，这不仅使市场机制难以发挥作用，

① 赵敏、张国亭：《我国产业集群面临的主要问题与发展对策》，《现代管理科学》2006 年第 9 期。

而且更重要的是使市场不能形成良性循环；二是有些地方政府，忽视产业集群形成的内在规律，不善于从专业化分工和市场细分中发现机遇，引导和培育本地经济特色；三是有些地方政府只重视硬环境的建设，重视招商引资，而忽视软环境的建设；四是有些地方政府市场保护意识强烈，市场机制难以发挥作用，难以形成良性循环效果，严重扭曲了地方生产系统的合理形成机制，增加了企业间的交易成本；最后是有些地方政府规划不到位，重复建设现象严重。这些地方政府职能的缺位，都会使产业集群缺乏活力，最终损害集群的核心竞争力。

第二节　培育产业集群核心竞争力的基本思路

产业集群核心竞争力的培育，其基本思路应按照集群核心竞争力的构成要素，重点实现三个方面的突破。

首先，加快核心技能瓶颈的突破，提高集群的知识创造、技术创新和集群学习能力。应将核心技能的瓶颈突破作为培育和提升产业集群核心竞争力的基础，通过产品研发、企业并购、技术嫁接、产学研合作、技术协作、教育培训等方式，提高产业集群的知识存量、技术储备和学习动机，逐渐实现产业集群由规模扩张向质量扩张转移、由低成本竞争向高附加值竞争转移、由低技术含量向高技术含量转移、由低市场占有率向高市场占有率转移，最终促进产业集群核心竞争力的形成与发展。

其次，加快产业整合瓶颈的突破，实现集群产业链结构的优化组合。应积极鼓励和引导群内企业间建立战略联盟、技术联盟、知识联盟和品牌联盟，加强供应链整合、价值链整合和知识链整合，并带动群内企业间的资产整合、资源整合、技术整合、信息整合、产品整合和人才整合，促进企业间专业化分工合作的深化，强化产业链各节点企业的协同效应，推动产业结构升级。

第三，加快投资环境瓶颈的突破，形成优越的区位优势和产业转移条件。应在加强对产业集群硬环境建设的基础上，更着重于产业集群软环境的建设，努力培育和充分发挥集群文化的功能，推动区域品牌的建设与管理，加大人力资源的培育与引进，提升产业集群的进入门槛，尽量避免污染性、消耗性、低附加值的企业或项目进入集群，促进产业集群向生态型、环保型、可持续发展型的轨道迈进。

第三节 培育产业集群核心竞争力的应对措施

产业集群核心竞争力的培育，是一个从无到有、从弱到强的过程，无法单纯依靠群内某一个或某几个企业来实现，需要从宏观、中观和微观的维度，实现政府、集群和企业的三方联动、各司其职，才有可能促进产业集群核心竞争力的形成与培育。

一、政府层面的对策

在产业集群核心竞争力培育过程中，群内企业是真正的主体，相比较而言，政府只是充当“配角”。迈克尔·波特认为，政府不要去干扰市场，扭曲竞争，而应是去寻找制约集群发展的因素，着手加以改进。如果集群的发展受到技能短缺的限制，政府就应该设法解决教育培训的问题；如果受到低效的后勤设施的限制，政府就应该去建设基础设施。[①] 因此，各级政府应该相互协调配合，坚持以市场为主导、按照市场运行规律共同促进本国或本地区内产业集群的大力发展，培育产业集群的核心竞争力。

（一）合理制定发展规划，优化要素资源配置

政府的主要职能，就是做好宏观管理和社会经济发展规划，政府部门在产业集群核心竞争力的培育过程中的首要职能就是要制定产业集群的科学发展规划。制定科学发展规划取决于三个前提：一是中央和各级地方政府要充分认识到产业集群对于促进地方经济发展的重要作用，广泛深入地宣传产业集群的科学内涵和优势及外地典型经验，传播有关产业集群的知

① 魏江：《产业集群——创新系统与技术学习》，科学出版社2003年版，第91—117页。

识与理念，从观念上重视产业集群；二是各级地方政府要贯彻因地制宜、因势利导的原则，根据各地集群发展的特点以及集群发展的不同阶段制定规划，从特色上发展产业集群；三是要充分发挥专家和咨询机构的作用，注意听取有关各方面的意见，特别要经过有关专家的论证评审，集思广益共同制定集群发展规划，以增强规划的科学性。

地方政府进行产业集群发展规划时，一是要按照科学发展观的要求引导产业集群可持续发展，正确处理支持产业集群发展与生态环境保护的关系，按照建设资源节约型、环境友好型社会的总体要求，大力发展循环经济，形成低投入、低消耗、低排放和高效率的节约型、环保型增长方式的产业集群；[①] 二是要围绕产业集群发展中的关键问题所在，有的放矢地制定政策措施，创造环境，放活企业，为产业集群的发展释放活力，促进产业升级，实现由低水平的“中国制造”向高水平的“中国创造”方向发展；三是要制定统一的产业布局政策，改变产业集群产业结构趋同的现象，进一步优化集群的产业结构，使其逐步由劳动密集型向创新型、技术型、特色型集群过渡，积极引导创建期的技术创新趋向，不断促进成长期、成熟期产业集群的升级改造和技术进步，实现产业的合理布局；四是要以地方现有产业发展为基础，遵循产业发展的经济规律，制订出相应的产业集群发展战略，引导企业调整和优化产业结构，提升整个集群的产业竞争力；五是要科学规划建立专业化产业园区，有目标地吸引那些具备产业带动优势和有产业关联效应或配套协作功能的项目进入产业园区，改善产业空间布局，优化企业之间的生产协作，促进企业之间共享资源，提高经营的专业化程度，围绕不同的产业链做大做强；六是要加大本地生产要素资源的有效配置，创造本地一些不可移动的生产要素，吸引在全国甚至全球流动的生产要素落户本地，引导产业集群的发展和促进产业集群核心竞争力的提升。

（二）加快制定公共政策，积极提供公共产品

产业集群的发展虽然是以市场机制为主导，但也离不开中央和地方各

---

① 廖国锋：《创新政府公共管理，引导产业集群发展》，《学习时报》2006 年 1 月 2 日第 008 版。

级政府的积极参与，离不开公共政策的保障，离不开公共产品的支撑。

国外和我国沿海地区产业集群发展的实践，都说明地方政府的政策支持、政策指导、创新网络协调、创新平台创建、公共基础设施建设等，对产业集群发展至关重要。[①] 制定公共政策应该遵循产业集群形成、演进、升级的规律，把握集群发展各阶段的特征，满足产业集群发展的外部环境要求，并有针对性地对产业集群发展中的共性问题进行深入研究，制定切实可行的措施来促进产业集聚，通过对集聚产业的整合、调整从而延长产业链和促进产业结构优化升级。制定公共政策主要包括三个方面的政策体系：一是制定集群产业政策，应协调计划和市场、宏观经济与微观经济的关系，根据各地的实际情况，以最优化为目标，清晰界定产业集群整体布局、规模标准、环境标准等集群发展战略，围绕着优势产业、特色产业和高新技术产业，制定统一的集群产业政策，把有限的资源用于最能增强经济实力的产业集群；二是制定集群金融政策，要充分利用税收和利率这两个杠杆的作用，如通过财政贴息、地方返税、所得税减免、“三项基金”、专项基金等引导产业集群内的企业行为；三是制定集群技术政策，既要通过制定优惠政策引导企业家、技术创新人才和技术创新资源向产业集群流动，又要将政策的重心放在促进产、学、研的合作上，进一步完善“产学研”合作政策，鼓励开展多层次、宽领域的产、学、研合作，扩大对科技教育等领域的投入及科技转化力度。

产业集群核心竞争力的培育是和地方公共产品的有效供给密不可分的。良好的基础设施条件、充足的公共产品供应，是引发产业集群网络效应良性循环的重要因素。各级政府应在提供良好行政服务的同时，广辟资金渠道，加大投入力度，采取多种方式，在环保、人才培养、教育培训、信息服务、技术市场、质量评测、质量监督等公共产品或准公共产品上为产业集群提供有效保障，并引导和帮助企业开拓国际市场，进行反倾销应诉等。

---

① 张占仓：《产业集群战略与区域发展》，《中州学刊》2006 年第 1 期。

（三）创造和谐发展环境，推动集群持续发展

产业集群说到底是产业链、价值链上企业的空间聚集，这种聚集现象的发生必须要有适宜企业生存发展的环境作支撑。因此，政府可以创造和提供企业集聚的环境，吸引企业在一定空间地域内的聚集和扎堆。① 企业家就像候鸟，哪个区域的环境合适，就会落户于哪个环境。各级政府应树立“抓环境就是抓机遇、抓环境就是抓竞争、抓环境就是抓稳定、抓环境就是抓发展”的意识，创造和谐的产业集群发展环境，推动产业集群持续健康地发展。

第一，创造规范、充满活力的产业集群发展的体制环境。地方政府需要积极进行制度创新，包括加快自身的职能机构改革，规范并简化各种审批制度，提高政府官员素质，更新服务观念，按照现代市场经济的要求，完善产业集群市场竞争的规则和制度，推进产业集群的市场化进程，提供各种优惠政策吸引投资、促进企业发展，为市场稳定而有活力地运行创造一个有利的空间。

第二，创造开放、公平竞争的产业集群发展的市场环境。地方政府尊重市场机制在资源配置中的决定性作用，采取有效措施打破地区封锁，消除地方保护主义的不利影响，建立统一的、开放的、多层次的、公平竞争的市场体系，营造商品和生产要素自由流动的市场环境。

第三，创造文明、积极向上的产业集群发展的人文环境。地方政府要注重营造尊重企业、厚爱企业、支持企业、保护企业的和谐社会氛围，引导集群加强产业文化建设，在产业集群区域范围内大力培植诚信文化、协作文化、创新文化、人本文化、生态文化、良性竞争文化，以人文环境凝聚、团结、协调企业，促进产业集群核心竞争力的形成与提升。

第四，创造安全、公正严明的产业集群发展的法制环境。各级立法机构要从我国的国情出发，积极借鉴西方发达国家发展产业集群的立法思想，建立健全促进产业集群发展的法律、法规，保证集群内合作各方可利

① 窦虎：《基于产业集群发展的政府政策研究》，《东岳论丛》2005 年第 5 期。

用这些法律法规来保护自己的利益，履行自己的职责，规范企业行为和市场秩序，制止集群内企业的恶性竞争，最大限度地降低企业进入产业集群的壁垒。

第五，创造扎实、功能完备的产业集群发展的硬环境。地方政府要加强集群所在地域道路交通、通讯、电力、交易市场等基础设施建设，努力完善集群内部的综合服务功能，拓展集群的发展空间，降低企业沉淀成本和进出壁垒，便于利用好各种资源，实现规模效益递增，为产业集群的发展营造良好的外部环境，从而保持产业集群持续不断的创新活力。

（四）推动中介组织建设，完善集群协作网络

从发达国家的现实看，集群内为中小企业提供服务的中介机构对于增强集群内中小企业的实力，促进产业集群的发展起到了重要的作用。中介机构可以建立一种企业协商的机制，在协商中解决冲突，而且在这种协商过程中可以增加彼此的相互了解，增进相互的信任，从而形成一种基于信任和合作的产业文化。① 这种特殊的产业文化为企业之间的相互分工与协作提供了一种“黏合剂”，推动了企业之间的交流协作以及企业协作联络网络的生成，从而促进企业之间知识、信息和经验的沟通和交流，为创新的发生提供可能。

从培育产业集群核心竞争力的角度来看，各级政府推动中介组织建设有两个重点：一是协助建立行业协会；二是协助建立科技中介服务机构。我国许多产业集群没有行业协会，或虽有行业协会却带有官方性质，不能积极主动地为企业发展提供帮助。为加强产业集群内部的自组织和增强企业网络的稳定性，政府要帮助企业组建行业协会并制定行业规范，赋予行业协会有关服务手段，从行政的角度确认其商品质量监督、制定行业服务范围、开展各类评选活动、举办商品会展、企业准入前期论证、行业培训等管理职能。各级政府不能随意干涉协会职能范围内的工作，尊重协会的自主权，并要积极配合行业协会的工作。在市场经济条件下，科技中介服

① 王缉慈等：《产业集群概念理解的若干误区评析》，《地域研究与开发》2006 年第 2 期。

务机构，比如生产力促进中心、创业服务中心、各类型科技企业孵化器、工程技术研究中心、科技咨询和评估机构、科技招投标机构、知识产权事务中心、技术产权交易市场和共性技术服务机构等，是产学研的纽带，是连结科技和经济的桥梁。科技中介服务机构具备市场发现功能、信息积聚功能、资源优化配置功能和优质高效服务功能，能够促进集群内企业之间以及企业与大学和研究机构之间的合作，加快知识流动和技术转移，有效降低创新成本、化解创新风险。各级政府要从国家创新体系建设的高度来推动科技中介服务机构的建设与发展，为产业集群的发展创造良好的外部条件。

（五）建设配套服务体系，提高生产要素质量

由于市场失灵和制度失效，决定了各级政府采取宏观调控的必要性。产业集群核心竞争力的培育过程中关键点之一就是要建设公共服务型政府，也就是说政府的主要职责在于为形成和提升产业集群核心竞争力提供各项服务。政府作为中间人和促进者的角色，要在依法行政的前提下，借助建立的服务体系，为集群内各主体提供各种相关服务，大大降低企业的交易费用，提高人力、物力、财力等生产要素质量，促使产业集群走上良性发展的轨道。

为培育产业集群核心竞争力，各级政府要不断帮助集群发展和完善服务体系，一般包括融资服务体系、培训服务体系、营销服务体系、研发服务体系、创业服务体系等。例如，可以积极推进中小企业信用与担保体系建设，加快建立和完善中小企业信用征集和评价体系工作，建立具有本地特色的信贷制度、风险投资制度、资本市场制度等，为集群内的中小企业拓宽融资渠道创造条件，对产业集群企业进行多方位金融服务。又如，政府既可以激励本地已有教育、科研和培训等机构积极参与对当地人力资源的培训，又可以鼓励成立经营性专门培训机构，还可以引进外部教育、科研和培训等机构，提高人力资源教育培训的效能。还如，政府可以大力推动电子商务平台建设，构建沟通企业与国际市场的信息网络，优化企业营销手段；大力发展现代物流产业，形成与产业集群发展相适应的物流圈和

供应链；把培育专业市场与发展虚拟经营紧密结合起来，引导企业适应贸易方式的改变；参与在本地建立具有区域品牌的专业市场，支持企业在集群外部建立具有区域品牌的专业市场，通过这一系列的努力，可以建立起完善的营销服务体系。

（六）积极提供信息服务，加强集群危机管理

产业集群应对激烈的市场竞争离不开快速、准确、全备的信息，而仅依靠私人关系或机构获得的信息将非常有限。政府应该从集群整体观念角度发展区域经济，加快信息咨询服务建设，加强信息的收集、加工和整理工作，建立多层次的公共信息平台，加快信息流动，形成顺畅的信息传递与互动渠道。而信息在集群内的流动又会加快知识、技术的外溢行为，提高集群内部自我强化的进度。

自2001年“9·11”事件和2003年“SARS”病毒爆发以来，“危机”一词已成为政治界、科技界、经济界、教育界、军事界及坊间谈论最多的词汇之一。那么何谓“危机”？美国学者罗森豪尔特认为，危机是指“对一个社会系统的基本价值和行为准则框架构成严重威胁的，不确定性极高的情况下必须对其作出关键决策的事件”。① 危机一般具有突发性、危害性、复杂性、紧迫性、可转化性等特点。产业集群在发展过程中，会遇到来自外部尤其是国外市场的危机，比如贸易壁垒、反倾销和知识产权保护等。而当危机发生后，仅仅依靠集群组织还不足以抵御威胁，因此，政府应担当起相应的责任，协助集群建立完善、高效的危机预警机制，如贸易危机预警、政策危机预警、技术危机预警、人才流失危机预警等，积极提高产业集群的应急能力和核心竞争力。

（七）引导培育集群文化，推动建设区域品牌

产业集群具有根植性，集群的形成与发展离不开一定的集群文化。地方政府应结合本地社会历史文化传统，采取多元化方式，培育良好的区域创新文化与企业家精神，营造一个创业的氛围，鼓励创业和培育本地的企

① 高民杰、袁兴林：《企业危机预警》，中国经济出版社2003年版，第72页。

业家；应加强诚信教育，培育集群成员遵纪守法、诚信为本的理念，强化集群内的道德氛围，使得企业对于集群内的文化氛围产生强烈的认同感，提高集群运行的效率；应运用各种舆论的力量，采取各种形式，大力宣传、引导集群文化的形成，以地方文化为基础，结合集群的内在特征，破除小农意识、封闭意识、保守意识，逐步形成一种具有开放型、学习型、创新型和善谋实干、信任与合作等特征的集群文化。

随着集群的成长，集群销售规模及覆盖面也在扩大，不断提高集群的知名度和美誉度、建设区域品牌是集群内成员的共同任务。地方政府可直接组织提高集群知名度的各种活动，同时加强对集群内企业的监督，维护集群美誉。如通过组织专业性展览会或博览会、在各种媒体做宣传广告等方式来宣传介绍本地产业集群，使其市场影响力扩大。为维护集群美誉，地方政府也有必要加强宣传，让群内企业讲究信誉，树立对社会和消费者负责任的良好形象，同时须加大对有损集群形象的企业的处罚力度。在地方政府的扶持和帮助下，产业集群区域品牌既能在较短时间内建立起来，也能在较长时间内保持下来。

（八）完善区域创新网络，推动集群不断创新

在一个技术进步不断加快、产品生命周期日益缩短的变化的市场中，提高核心竞争力，取得竞争优势的最佳方式就是不断地创新。创新是产业集群核心竞争力的源泉之一，也是产业集群的重要优势。产业集群创新系统的培育和完善是产业集群核心竞争力提升和可持续发展的关键。随着产业集群的发展，政府要组织或引导建立集群创新网络，提高集群自主创新能力。

政府部门应切实强化创新意识，着力完善创新机制，通过相应的措施，促进产业集群由过度依赖资源高投入和技术引进求发展，尽快转变为主要依靠增强自主创新能力来推动发展。政府在完善集群创新体系，促进创新和技术进步上，主要是要培育创新要素以及刺激创新要素作用的发挥，构建产业集群创新的支持机制。一方面要大力倡导企业与相关机构的科研合作，特别是与大专院校或科研院所相结合，构建以企业为主体，产

学研结合的技术创新体系，确立由企业和这些机构联合的技术中心，为企业提供技术服务，以适应企业设计、技术和信息等方面的需要，实现企业技术的全面升级；另一方面还要积极引导大专院校、科研机构在集群所在地直接落户或设立研发中心，利用企业与高校、科研机构各自的要素分工与合作推进创新，加快科技成果的推广和转化速度。政府部门还应该加大对集群内关键性通用技术的研发投入，采用科技创新基金、技术开发保险、财政补贴以及税收返还等各项优惠政策，营造良好的有利于创新的社会环境，鼓励企业加大科技创新的力度，积极运用新技术改造和提升传统的生产经营体制。

（九）促进集群外界联系，提高市场对接能力

产业集群只有与外界保持积极的联系，才能提高吸引能力、反应能力和应对能力；产业集群只有提高市场对接能力，才能适应激烈的市场竞争，融入国际产业链。因此，一方面，各级政府要协助集群加强与外部机构的合作，诸如与外部高校和研发机构建立合作网络、与外部供应商和用户建立合作关系、与外部领先企业和相关企业之间建立合作关系、大力吸引外部人才到集群中就业或提供服务、与国际组织加强联系等方式，实现产业集群与外界保持通畅的联系；另一方面，政府应积极组织企业和行业协会，通过国际信息平台发展电子商务，通过举办产品和企业交流会等渠道开拓市场，加强集群的推介和品牌的宣传，提升集群整体形象，树立、维护“区域品牌”，实施集群营销，始终保持产业集群对市场高度敏感和适应性。

（十）引导专业分工协作，建立行动协调系统

在产业集群发展过程中，政府要重视和培育本地企业之间的产业分工网络化联系；否则，产业集群的发展对外来资本和创新的依赖性就会很强。只有加强本地企业网络化联系，形成自组织企业群，才能维护本地企业之间健康的竞争与合作，提高本地自主创新能力。① 也可以认为，集群

① 童昕、王缉慈：《论全球化背景下的本地化创新网络》，《中国软科学》2000 年第 9 期。

内企业联系的紧密程度，是集群优势能否发挥的关键。而要加强群内企业的联系，首先要使群内企业进行合理的专业化分工，通过分工来提高生产效率、降低成本。在专业化分工的基础上，群内企业的联系也必将加强，进而使群内企业之间的买卖交易关系向共享市场信息、共同创新的企业战略联盟或虚拟企业关系转化，集群作为社会网络的自组织功能得以强化。

政府部门要加强培训和引导，转变企业以往“做大做全”的生产经营观念，鼓励企业主动参与集群内部的专业化分工，积极实施产品生产的配套和协作，通过不同企业之间上下游产业链的分工协作产生良好的资源配置效应，从而提升集群的整体核心竞争力。但如果集聚的企业都是“小而全”，则引导比较困难。此时政府可以从相对比较独立的采购和销售两个环节着手引导专业化分工，进而通过专业化分工的利益机制与理念传导，促使企业逐步朝着专业化分工的方向调整自身经营。①

二、集群层面的对策

产业集群作为若干企业在空间上的聚集体，其核心竞争力的培育应从集群的层面、从整体的角度来实施相应的措施与对策，这样才有可能构建起集群整体上的持续竞争优势。因此，从集群层面培育核心竞争力，需要注意以下几个方面：

（一）树立一个整体观念

当今世界，开放和竞争已经成为经济发展的主流，经济全球化的深入，使得集群之间的竞争成为真正意义上的国际竞争。集群要在国际竞争中取胜，就必须具备竞争优势，而核心竞争力正是形成和维系竞争优势的战略基础。集群核心竞争力是集群竞争优势的主要来源和价值增长的重要保证。然而，由于集群是由众多企业组成的一个松散组织体，群内企业之间也存在着竞争，因此，许多企业会简单地认为，集群的核心竞争力与企业的核心竞争力是无关的，只要企业形成了自己的核心竞争力，就能在市

① 窦虎：《基于产业集群发展的政府政策研究》，《东岳论丛》2005 年第 5 期。

场竞争中取胜。这样导致的结果就是集群内的企业各自独立、各自为战，不能形成一股合力，不能充分利用集群的特点形成强劲的竞争优势。倘若群内企业能从集群的整体视角上看待自己，并从产业链的角度对企业自身业务进行分析，也许就会发现：在许多貌似分离、独立的企业业务表象背后，存在着一种将相关企业业务有机连结起来的黏结剂。这种黏结剂就是集群要着力构建、开发的集群核心竞争力，正是这种黏结剂成为整合核心竞争力要素的纽带。

"一个整体"的思想对集群核心竞争力的形成十分重要。在集群核心竞争力的营造过程中，需要各个企业抛弃狭隘的部门利益主义思想，而以整体利益为重，牢固树立集群核心竞争力理念，自愿与其他企业协作，共同为维系产业集群持续竞争优势作出努力。

（二）增强集群创新能力

在当今技术变化速度不断加快、产品生命周期日趋缩短、市场竞争日益激烈的情况下，创新机制是实现集群可持续发展的机制，一个集群的生命力体现在它的创新能力方面。

我国产业集群创新能力差，要增强产业集群的创新能力，可以考虑从以下四个方面着手：

第一，加强产学研合作。一定区域范围内，往往集中了科研和生产所需的各种要素，依托所在地的大学、研究院、企业，开展技术研究与创新活动，并推动相关体制的创新，竞争优势明显。集群可以利用所在地的高校和科研院所，制定系统推动产学研合作的政策，鼓励大学和科研院所的科技人员以各种形式直接参与集群技术创新活动，鼓励大学教师、研究生到公司兼职，知名教授兼任公司顾问或者董事会成员。建立和完善技术入股制度、科技人员持股经营制度、技术开发奖励制度等符合集群产业发展的分配形式，鼓励科研院所承接群内企业的技术创新项目，对科研成果的所有权，技术转让及使用之计费方式等作出明确规定；鼓励企业主动寻求科研院所的支持，为科研院所的项目提供经费援助，以此达成产学研相互支撑的有机联合体。

第二，构建科技创新平台。构建以高等院校和科研院所、科技服务机构、企业为主体的科技创新平台，是增强产业集群创新实力的主要措施之一。产业集群科技创新平台的核心是具备较强创新能力的创新中心。从现有的经验来看，创新中心集公共产品和服务的提供者、集体行动的组织者和产业网络的建构者于一身。创新中心的功能归纳为技术开发、信息推广、电子商务、质检认证、知识产权保护、人员培训、区域营销等。[①] 通过创新平台的构建，能够在产业集群中不同行为主体间形成有力的科技创新网络，高等院校和科研院所成为创新的知识源泉，能不断地提供新知识、新思想，培养创新型人才，促进群内科技创新人才的知识更新；科技服务机构成为创新的信息源泉，提供科技需求信息与科技发展信息，降低集群科技创新的风险和盲目性，提高集群科技创新的效率；群内企业成为创新的动力源泉，既可为高等院校和科研院所提供创新经费，又是创新成果的直接应用主体，推动集群科技创新水平不断向前发展。

第三，完善集群科技创新链。集群内的企业在产业链中处于不同的环节，沿着产业链进行的创新活动可以构成一条或若干条科技创新链，各个企业在科技创新链中的地位与创新模式也各不相同。产业集群的创新模式主要有基于技术轨道的顺轨性创新模式、基于技术平台的衍生性创新模式和向技术关联域发展的渗透性创新模式。[②] 完善集群科技创新链，最主要的就是要结合产业链的环节，确认不同的创新模式。例如，对于配套型企业，以实行顺轨性创新为主；对于成品型企业，以实行衍生性创新和渗透性创新为主；对于主导企业，应增强自主创新能力，推动产业链上其他企业的创新活动。

第四，鼓励专业技术人员的合理流动。技术创新是一个社会过程，是在企业之间、人与人之间交流和互动的基础上产生的。而作为知识和技术

---

① 潘慧明：《搭建创新平台提高传统产业集群竞争力——以我国纺织服装产业集群为例》，《科技创业月刊》2006年第4期。

② 苑全驰：《从产业集群到创新集群——集群经济发展的方向和对策研究》，《江南论坛》2006年第2期。

的载体的专业技术人员，其在集群区域范围内的合理流动是提高集群创新能力的关键所在。由于劳动力（特别是高素质劳动力）在同一个企业内部配置时间长了会产生人才配置刚性，不利于新的技术信息扩散和整合，从而引致企业甚至集群核心刚性的滋生。① 因此，群内各主体要鼓励专业技术人员的合理流动，通过人员的流动实现知识的外溢和技术的扩散，提高集群的创新实力。

（三）培植产业集群文化

产业集群具有根植性，集群的形成与发展是建立在该区域的制度文化基础上的。当独特的文化特征植根于当地产业集群的时候，可以促进产业的加速黏合，加深产业对当地经济的影响，从而获得更强有力的竞争环境。从国际上产业集群发展的经验看，"嵌入性"或"植根性"文化是产业集群能够取得成功和持久发展潜力的关键。② 集群文化是集群存在、发展和壮大的内在源泉和动力。产业集群核心竞争力的发展必须深深植根于社会文化的沃土中，集群文化能为产业集群核心竞争力的建设提供强大的精神动力，深刻地影响着产业集群的持续竞争优势。培植集群文化，就是要在群内主体间形成一种创新文化，鼓励创新、激励创新、促进创新，高度重视知识和人才，增强企业家的自主创新能力；就是要在群内主体间形成一种合作文化，培育集群内企业的合作精神，树立企业之间互惠互利的观念，营造合作氛围，增加公开交流，加强生产合作，扩大合作领域，通过企业间的紧密合作，发挥产业集群的集聚效应；就是要在群内主体间形成一种信任文化，培育一种信任的环境，培养专业忠诚而非企业忠诚的观念，促进人员的流动，在相互信任的基础上加强群内主体间的密切合作与良性竞争，促进新思想、新技术、新知识、新工艺在集群内的流动与扩散。

---

① 牟绍波、王成璋：《论产业集群动态核心能力的培育与提升》，《科技管理研究》2006 年第 6 期。

② 王志莉、叶青：《我国产业集群发展问题的现实探讨》，《特区经济》2006 年第 5 期。

（四）打造集群区域品牌

集群要保持竞争优势，不仅需要做大产业，更要做强企业，做响品牌。优秀的品牌往往代表着一定的质量或其他特殊的性能，品牌已成为现代市场竞争中一个强有力的武器，一个具有高知名度的品牌，对消费者具有强烈的号召力，它能为企业赢得信誉和市场，能促成消费者购买行为，其自身的吸引力和影响力是企业的无价之宝。产业集群的核心竞争力提升和持续发展与区域品牌树立是相辅相成的，区域品牌与单个企业品牌相比，更形象、直接，更具有广泛、持续的品牌效应。区域品牌对于产业集群的经济促进作用是不言而喻的，它是区域经济发展的一种宝贵资源，这种资源又几乎可以被集群内企业共同的免费享用，是准公共物品。因此，打造区域品牌，可以从这么几个方面入手：一是积极鼓励和扶持个别企业加快企业品牌建设的步伐，不断提高产品质量和档次，争创中国名牌和世界名牌；二是发挥群内名牌企业的示范效应，吸引更多企业投身到品牌建设中，在集群内形成一个品牌梯队；三是实施名牌奖励制度，对于创办了中国名牌和世界名牌的群内企业进行奖励，积极发挥奖励的导向作用、示范作用、竞争作用和激励作用；四是加强品牌宣传工作，对区域品牌加以整合、包装，通过广告媒体，组织博览会、新品推介会、研讨会等形式，来扩大宣传的力度；五是建立惩罚制度，对一些破坏区域品牌整体形象的群内企业实行惩罚，从而形成一种精诚合作、优势互补的竞争新格局。

（五）培育集群龙头企业

产业集群的发展往往有赖于龙头企业的带动辐射作用。新的集群可能产生于一两个具有创新性企业的影响，它能引导和推动其他企业的发展。国内外集群发展的经验证明，集群内部的龙头企业无论是在生产、营销以及技术创新等领域都起着良好的示范带动作用。产业集群龙头企业不仅增强了集群的凝聚能力，而且可以提升整个区域产业的实力等级，龙头企业的形象能全面提高企业和集群的知名度。培育龙头企业，既可以通过引进的方式，从其他区域内引进具有带动效应的大企业；也可以通过本地生长的方式，对具有较强带动效应的企业加以扶持。无论哪种方式，关键在于有适合龙头企业生长壮大的环境和大量配套企业的存在。因此，在培育龙头企业的过程中，应加强配套企业的建设工作，构建起完善的集群产业链，以增加这些龙头企业的当地植根性，促使其能够在当地持续发展下去，从而进一步提高集群内企业的竞争优势。

（六）促进产业优化升级

产品有生命周期，企业有生命周期，产业集群同样也有生命周期。要确保产业集群长期保持核心竞争力，重要的前提条件是：产业集群必须根据产业生命周期规律，不断创新，推进产业不断升级，与时代同步。这样才可能延长产业集群"寿命"，使其始终充满朝气和活力。① 对于我国产业集群而言，多为劳动密集型产业集群，初级生产要素优势正在逐渐减弱，一些资源性要素的利用，几乎已到了山穷水尽的地步。因此，必须重点培育和创造中高级生产要素，顺应产业集群发展趋势和经济增长方式变革的要求，以科学发展观来统筹协调发展，坚持走新型工业化道路，通过集群的产业结构创新、产业组织创新、产业技术创新、产业价值创新、产业环境创新等创新因素，优化产业结构，共同推动集群的产业优化升级。集群的产业优化升级，重点就是要使我国的产业集群逐步由劳动密集型向创新型、技术型集群过渡，在产业集群中构建起劳动密集型产业、知识密集型产业和服务业协调发展的生产力布局。集群的产业优化升级，关键之一就是要在集群内建立和完善创新机制，使群内企业成为创新的主体，依靠科技进步，提高集群的技术创新能力；关键之二就是要加快信息技术向劳动密集型产业的渗透，推进企业信息化建设，促进信息、技术、经验等准公共物品的传播，培养高级资源要素，优化集群结构。

（七）提高人员整体素质

人力资源是区域社会经济发展中最基本、最活跃的因素，是产业集群核心竞争力的构成要素之一。集群人力资源素质的提高，既依赖于高效的人才引进机制，更依赖于务实的人才培育机制。因此，一是要构建集群区

---

① 龙裕伟等：《集群经济核心竞争力的培植》，《经济与社会发展》2005 年第 2 期。

域内外两个人才市场，一方面积极从区外引进高素质人才，给予引进人才一定的物质待遇和精神待遇，既要引得进，更要留得住；另一方面从集群内部的人才市场中引导人才合理流动，实现人才资源的优化配置。二是要通过专业化教育和培训，提高企业员工专业知识与技能，培养高层次的专业人才与企业家队伍，努力在产业集群内形成优秀人才的高地，为产业结构优化和经济增长提供优秀的组织者与实施者。

（八）创建学习型集群

在当前，现代科学技术迅猛发展的背景下，社会变化如此迅速，集群必须以全新的学习来全面适应社会的发展需要。现实中有的集群寿命很短，其主要原因就是在学习能力上有缺陷，即“学习智障”，这种缺陷使得集群在环境改变时不能迅速应变，因此，只有提高学习能力才能保证集群的生存和发展。创建学习型集群的本质特征是善于不断学习。这种特征强调以下几方面：一是强调终身学习，即集群成员保持终身学习的信念，力图在工作和生活的各个阶段坚持学习；二是强调全员学习，即集群成员各个层次的所有人员都要全身心投入学习；三是强调全过程学习，即学习必须贯穿于集群组织系统运行的整个过程；四是强调团队学习，即不但重视个人学习和个人智力的开发，更强调集群成员的合作学习和群体智力的开发。集群只有不断学习，及时调整价值观、思维模式，才能适应市场的需要，提高集群的核心竞争力。学习型集群的形成，对于集群核心竞争力的营造是十分重要的。没有形成一个学习型集群，不论是核心竞争力要素的内部开发还是外部获取，都是难以实现的。集群可以从以下几个方面创建学习型集群：一是积极营造良好的、具有创造性的环境氛围，形成一种共同学习的愿景；二是把开创性学习列入群内企业整体工作计划和重要议事日程，认真把握创建工作的各条路线；三是培养群内企业员工创新精神和实践能力；四是加强国内集群之间和国际集群之间的交流与合作，吸收集群外部新的知识。

（九）融入全球价值链

随着经济全球化的发展，价值链的环节从一地、一省、一国的范围扩展到全球的范围，价值链整合已不再局限于某一区域，而具有全球性的特征，因而，全球价值链的学说应运而生。全球价值链是指“当前，散布于全球的、处于全球价值链上的企业进行着从设计、产品开发、生产制造、营销、出售、消费、售后服务、最后循环利用等各种增值活动”。① 全球价值链认为价值链由众多的“价值环节”组成，并不是每一环节都创造等量价值，高端环节创造的价值远远高于低端环节创造的价值。对于我国产业集群来说，已经不再是一个保守而封闭的系统，其依托的产业已融入全球产业网络成为全球经济的一个组成部分，融入全球价值链是经济全球化发展的必然结果。融入全球价值链，既要进入全球价值链的环节，更要不断朝着全球价值链的高附加值环节攀升，产业集群才具有较强的核心竞争力。

对于我国产业集群来说，融入全球价值链，首要的就是进行全球价值链中各环节的价值分析，找到合适的细分市场，确定最佳的切入方式，调整在全球价值链中的环节，结合集群的自身优势和产业特色，确定在全球价值链中的“战略环节”。在“战略环节”确定以后，一方面要积极利用全球价值链扩展全球联系，参与国际竞争，吸引全球性流动的生产要素，扩展集群的知识、技术来源，激发技术创新潜力，提高价值创造环节；另一方面要依靠产业集群在一些产业的专业化优势和良好的产业基础，与跨国公司建立稳定的协作关系和战略性联盟，吸引全球价值链中的领先企业进入产业集群，学习领先企业先进的管理与先进技术水平，进而进一步提升专业化优势。与此同时，我国产业集群更应该重视加强与全球其他经济行为主体的对话，积极地参与国际产业制度、产业标准的建设，为我国产业集群融入全球价值链，创造一个公平、公正、合理的国际竞争环境。

（十）瞄准产业特色化

以地方特色产业为依托，通过相关产业和企业在一定区域内形成的特色产业体系，具有明显的群体优势和区域品牌效应，因而具有显著的竞争

① 崔焕金：《我国地方产业集群升级的运行路径》，《市场论坛》2005 年第 5 期。

优势。推进特色产业集群的形成与发展，是增强产业集群持续竞争优势的有效途径。所谓特色产业，是指一个地区长期发展形成的、具有一定比较优势的产业。从国际上产业集群发展的经验看，不仅当地的特色物质资源应当成为集群发展的基础，其特有的历史社会文化资源也应当被整合到产业集群的资源体系之中，这是真正形成产业特色的关键，是解决国内各产业集群之间存在的产业重构和过度竞争问题的关键，也是解决区域性与全球性之间的矛盾的关键。[①] 因此，产业集群要以市场需求为导向，要注重本地特色资源的开发利用，要注重特色产品的开发，要注重本地化的根植文化的培育，集中力量，聚合各种生产要素，完善产业体系，坚持“有所为有所不为”原则，结合当地实际，选择最具本地比较优势的产业、产品加以重点发展，提高群内企业和区域经济的创新能力，提升集群核心竞争力。

三、企业层面的对策

众多企业是构成产业集群的主体，群内企业核心竞争力是构筑集群核心竞争力的基础。从群内企业自身的角度来看，要参与激烈的市场竞争，也必须培育自己强大的核心竞争力。因此，群内单个企业无论是于公（集群）还是于私（企业）都应在集群整体观念的指导下，以培育自身的核心竞争力为己任，以提升产业集群核心竞争力为职责所在。群内单个企业，特别是龙头企业和骨干企业，必须在以下方面有所成效：

（一）造就企业家队伍

企业家在中国现实的经济发展中已成为一种稀缺资源，企业家是一个素质概念，厂长经理并不等于就是企业家，企业家必须有一定的素质才行，其能力包括超前的思维能力、准确的决策能力、科学的管理能力和高超的协调能力。企业家在产业集群发展的各个阶段都起着举足轻重的作

① 赵敏、张国亭：《我国产业集群面临的主要问题与发展对策》，《现代管理科学》2006 年第 9 期。

用，堪称产业集群发展的原动力。因此，企业的最高层管理者应向企业家转化，从能力结构上、知识结构上、理念结构上改造自己，具备企业家的眼光、战略和思维，推动企业形成持久的竞争优势。

（二）树立全新管理理念

“三分技术、七分管理”，技术和管理是现代企业发展的两个轮子。管理是提高企业核心竞争能力的重要途径。只有加强管理，才能把企业机制改革的活力和技术进步的威力充分地发挥出来。但是企业管理要适应时代的变化和市场的需要，不能是一种僵化管理模式，而应强化科学管理。随着知识经济和网络经济的到来，企业管理应逐步走向人性化、知识化、柔性化、网络化，无形资本特别是知识资本应成为企业管理的重点。人是社会生产力发展的决定因素，是企业核心竞争力的创造者和维护者。企业必须从原来的以硬管理为主转变为以软管理为主，从资本管理转变为人本管理。企业管理必须以依靠人、激励人、发展人为基础，树立重视知识、重视人才、重视服务、重视智力系统的新的管理理念。

（三）建立现代企业制度

国内产业集群中的企业大多数是基于个人信用建立起来的，或为家族企业，或为朋友企业，尽管能降低市场交易风险，但也存在用人唯亲、个人独裁等现象，易引起不同经济主体间交易成本和摩擦成本的增加。实践证明，公司制组织结构能更好地适应社会化大生产和市场经济发展的需要。因此，群内企业应当按照“产权清晰、权责明确、政企分开、管理科学”的现代企业制度要求，深入开展规范的公司制改革。通过兼并、联合、重组等形式，加快股份制改造步伐，切实转换企业经营机制，使企业真正成为市场竞争的主体，不断完善企业的治理结构，使所有者和经营者之间形成健全的制衡关系，从根本上改变产权不清晰、出资人不到位、法人治理结构不健全、组织和管理不对称等问题，不断提高企业的核心竞争力。

（四）增强企业创新能力

企业创新能力是集群创新能力的基础，企业创新能力的强弱在很大程度上决定了集群创新能力的水平。创新是一个系统工程，包括技术创新、管理创新、制度创新等。增强企业创新能力，就是要增强企业制度创新能力，为企业核心竞争力的形成提供制度保障；增强企业的技术创新能力，为企业核心竞争力的形成提供技术支持；增强管理创新能力，为企业核心竞争力的形成提供管理支持。其中最为关键的是增强企业的技术创新能力。因此，群内企业要充分利用当地的研究机构、企业研发部门和外部研究开发机构的技术力量，发挥当地的专业性人力资本的优势，与科研院所和高校合作建立联合技术开发中心；加大对技术开发的投入力度，充实企业科研队伍力量；建立科技创新奖励制度，充分调动企业广大员工的发明创造积极性，形成群众性的发明创造活动；由技术模仿，到自主创新，掌握产业核心技术，并发展技术含量高的新兴产业，促使企业围绕主业及主导产品培育在国内外市场具有较强竞争优势的核心竞争力，把产业集群建成真正有竞争力的创新系统，以推动产业集群从低成本型向创新型攀升。

（五）优化企业产品结构

群内各企业是集群产业链中的一个节点，按照专业化分工协作的原则只负责生产产品链中的某一个或某几个零部件。因此群内企业要结合自身技术特点，以产品差异策略和特色经营策略为指导，实现对自身在集群产业链上的合理定位，然后把这个点做深、做专、做精、做强。产品有特色才有形象力、吸引力、聚集力、竞争力。优化企业的产品结构，就是强调企业应用自己的核心技术专长，做企业最擅长的业务，强调产品的做专和做精，产品范围更集中，逐步以特色开拓市场、以特色凝聚人心、以特色塑造形象、以特色防止过度竞争。

（六）加强企业文化建设

企业文化的核心是精神文化，它包括企业精神、企业经营哲学与经营理念，以及企业价值观等。企业文化是企业无形的竞争力量，它不同于企业制度创新、技术创新和管理创新对企业核心竞争力形成的作用，它渗透于企业总的创新活动中，为企业核心竞争力的形成提供精神支持，是一个企业的个性与核心竞争力的深层次因素。如果企业文化能够顺应社会发展，融入人们的社会生活，体现时代精神，同时又具有鲜明的企业特点，那么定能促进企业核心竞争力的提升。因此，群内企业应高度重视企业文化建设，与时俱进，不断创新，与本企业的生产技术特点和经营管理相结合，培育独特的企业文化，在企业内形成巨大凝聚力，推动技术管理的创新和企业的发展。

（七）营造学习型组织

知识经济时代的来临，意味着以知识资本为基础的社会的到来，企业之间的竞争不仅是资本、现有技术和人才存量的竞争，还是企业学习力的竞争，即员工和组织学习动力、学习毅力和学习能力的竞争。美国著名管理学家彼得·圣吉认为，21 世纪最成功的企业将会是“学习型组织”。所谓学习型组织是指善于获取、创造、转移知识，并以新知识、新见解为指导，善于修正个人行为和组织行为的一种组织。[①] 企业要形成核心竞争力，保持持久的竞争优势，唯一的办法就是比竞争对手学习得更好和更快，必须把企业培育成为学习型组织。学习不再只是企业员工个人的事，而是企业全体成员的责任和义务，是一种知识资本投资，是企业知识积累和知识增值的过程。通过学习不断提高员工的知识水平、技术水平和经营管理水平，适应科技发展的突飞猛进和外部环境的瞬息万变，跟上快速变化的知识技术进步节奏，培养创新人才，促进知识的生产、传播和应用。

（八）重视人力资源管理

21 世纪企业的竞争表现为人才的竞争，这似乎无可争辩，无论是管理创新还是技术创新，都需要相应的人力资源来支撑，企业要想在激烈的市场竞争中占有一席之地，就必须建设一支高素质的人才队伍。就群内企业人力资源现状来看，形势很不乐观，人力资源的素质偏低、创新能力偏弱。因此，重视人力资源管理，充分发挥人的主动性、积极性和创造性，对于群内各企业来说，已是迫在眉睫。群内企业应树立“以人为本”的人

---

① 彼得·圣吉著，郭进隆译：《第五项修炼——学习型组织的艺术与实务》，三联书店出版社 1994 年版，第 12—35 页。

力资源管理理念，做好人才培训与引进工作，重视人才的培养与使用，应给人才提供充分施展本领的舞台，紧紧围绕人本管理，充分调动各类人才的积极性、创造性，从各个方面、通过各种方式增强企业对人才的凝聚力，尤其要吸引、用好对企业有关键作用的人才，努力造就一支高素质的人才队伍，为培育企业核心竞争力提供人才保障。

（九）塑造企业品牌形象

企业品牌是集群区域品牌的基础，也是企业核心竞争力的一种直接表现形式。品牌产品在市场上所形成的影响力就是品牌效应，品牌在一定程度上已成为决定市场胜负的关键举措，是企业的无形资产，是一种特殊的资源，甚至比有形资产更为珍贵。随着经济全球化步伐的加快，品牌进入国际竞争时代。群内企业要参与国际竞争，就必须努力提高品牌的影响力，努力塑造企业的品牌形象。一个品牌要获得不同民族消费文化的认同，不仅需要可靠的产品质量和适宜的销售价格，更需要通过品牌所展现的创新能力和营销策略，塑造出品牌的市场魅力，才能展示品牌在国际市场上的影响力。

第八章　产业集群核心竞争力的实证分析

第一节　湖北产业集群发展现状

湖北地处中国中部，长江中游，因地处洞庭湖以北而得名。湖北是中华文明的重要发源地之一，辛亥革命的首义之区，中国近代工业的发祥地之一。现有国土面积 18.59 万平方公里，人口 6100 多万。

从区位交通看，湖北承东启西，连南接北，通江达海，得“中”独厚，京广、京九铁路纵贯南北，京珠、沪蓉高速纵横交错。以武汉为圆心，在 1200 公里半径范围内，涵盖了中国 70% 的大中城市，这里正是中国大陆经济水平最高、人口最稠密、市场容量最大的地区。以武广高铁建成运营为标志，湖北率先进入高铁时代，武汉与长三角、珠三角形成 3 小时经济圈，湖北正由区域性“九省通衢”发展成为全局性的“九州通衢”。

从资源条件看，长江黄金水道流经湖北境内 1061 公里，省内湖泊密布，水网纵横，素称“千湖之省”，有大小河流 4000 余条，总长达 6 万余公里，水资源富集，已开发和正在开发的水电装机居全国第 1 位，其中三峡工程发电量居世界各大水电站之首。现已发现的矿藏有 138 种，其中磷、石膏、岩盐等储量居全国前列。湖北是全国旅游资源较为丰富的省份之一，山水名胜与文物古迹兼备，拥有长江三峡、武当山、神农架、明显陵、楚文化等世界级品牌。

从产业基础看，湖北有“鱼米之乡”的美誉，是全国重要的商品粮棉油生产基地和最大的淡水产品生产基地。湖北工业基础雄厚，综合配套能力强，是全国最大的中型货车生产基地和全国三大钢铁基地之一，是全国最大的联碱、农药和磷、盐化工及纤膏生产基地，现已形成以汽车、钢铁、石化、电子信息、食品、纺织服装、装备制造等七大产业为支撑的现代工业体系。当前正突破性地发展现代服务业，着力改造提升传统服务业。

从科教实力看，湖北是中国第三大教育中心，是国内重要的基础研究和高新技术研究基地，在激光、光电子信息、生物工程、新材料等多个领域居全国及世界领先地位，现有高等院校 120 多所，在校大学生超过 130 万，有 50 多位两院院士，东湖高新区是全国第二大智力密集区，获批全国第二个自主创新示范区。

因此，湖北是我国中部地区最大的交通通信枢纽，具有良好的产业基础，在国家重点投资支持下，基本形成了比较齐全的工业生产体系，汽车、钢铁、石化工业、装备制造、食品、纺织、建材工业等已成为支柱产业或优势产业。湖北经济总量目前居中国各省市区第 10 位，在这一数字的背后，离不开各地产业集群对湖北经济发展所作出的贡献。

2005 年 10 月，作者受湖北省经济委员会的委托，对湖北省产业集群发展现状进行了调研，负责起草了“湖北省‘十一五’产业集群发展规划纲要”（见附录），对湖北省产业集群发展做了五年的规划。

2006 年初，《湖北产业集群发展研究》课题组对湖北境内 63 个县（市、区）产业集群进行了调查，发现 2005 年销售收入过亿元的产业集群已达 179 个（其中销售收入过 10 亿元的产业集群 40 个，30 亿元的产业集群 4 个），关联企业 5711 家（其中规模以上企业 1857 家，集群龙头企业 515 家），职工总人数 106. 79 万人，年销售收入 1292 亿元。2005 年销售额排名前 10 位的产业集群的具体情况见表 8. 1。

表 8.1　湖北各县（市、区）产业集群 2005 年销售额十强集群

序号	产业集群	企业个数（个）	规模以上企业（个）	龙头企业个数（个）	从业人员（人）	2005 年销售额（亿元）	2005 年出口额（万美元）	2005 年利税（亿元）
1	宜昌市磷化工产业集群	67	26	2	20849	100	8093	8
2	潜江市泽口开发区化工医药产业集群	12	10	7		44.54	2000	1.83
3	大冶市冶金产业集群	275	20	5	19000	40		4
4	曾都区专用汽车及零部件产业集群	56	25	5	20000	30	3800	2.5
5	东宝区洋丰肥料产业集群	42	11	2	4200	26.39		2.63
6	石首市楚园医药、化工产业集群	11	8	2	6000	25	8000	2.5
7	潜江市纺织服装产业集群	51	43	5	8580	25	630	1.5
8	潜江市张金镇铝产业集群	13	13	3	3100	24.88		2
9	应城市盐业化工产业集群	16	15	3	10120	23.5		3.5
10	咸宁市机电产业集群	41	36	14	10000	22	1300	4.3

资料来源：《湖北产业集群发展研究》课题组相关成果。

如果对湖北 179 个销售额过亿元的产业集群按地域来划分，其地域分布情况见表 8.2。

表 8.2　湖北销售额过亿元产业集群地域分布情况

地域名称	集群数（个）	地域名称	集群数（个）	地域名称	集群数（个）	地域名称	集群数（个）
黄陂区	2	监利县	2	钟祥市	4	赤壁市	3
武昌区	4	宜昌市	2	京山县	3	嘉鱼县	6
硚口区	4	夷陵区	5	沙洋县	1	崇阳县	3
大冶市	4	当阳市	1	云梦县	5	通城县	3
阳新县	1	枝江市	5	安陆市	3	通山县	2
竹山县	2	五峰县	2	汉川市	2	恩施市	4

续表

地域名称	集群数（个）	地域名称	集群数（个）	地域名称	集群数（个）	地域名称	集群数（个）
竹溪县	0	远安县	3	应城市	2	巴东县	2
房县	3	兴山县	3	团风县	1	咸丰县	2
丹江口市	4	襄阳区	2	黄梅县	3	建始县	2
荆州区	2	保康县	2	武穴市	3	鹤峰县	1
沙市区	1	枣阳市	2	英山县	3	曾都区	4
荆州区	6	谷城县	2	浠水县	5	广水市	1
石首市	5	宜城市	1	麻城市	1	仙桃市	5
洪湖市	6	南漳县	3	蕲春县	2	潜江市	4
公安县	1	鄂州市	4	咸宁市	3	天门市	4
松滋市	4	东宝区	2	咸安区	2		

资料来源：根据《湖北产业集群发展研究》课题组相关成果整理。

湖北产业集群尽管从数量和规模上都无法与浙江、广东、江苏等集群大省相提并论，但已从最初的星星之火，发展为如今的燎原之势。2005年初，民盟湖北省委员会部分湖北省政协委员对湖北省县域产业集群发展的状况进行了调查。调查中发现，湖北省县域产业集群建设已经取得了初步成效，一些地区已经出现了产业集群的雏形。例如：在十堰市郊区、丹江口、老河口、谷城、随州等地，出现了与东风公司等大企业配套的汽车零部件产业集群；汉川马口工业园集中了投资在千万元以上的纺织企业40多家，相关配套企业80多家；鄂城区燕矶镇集中了刀具制造企业160多家；安陆市在原老国有企业——安陆粮食机械厂基础上形成了粮食机械产业集群，集中了近30家粮食机械及其配套企业，托起了一个年销售收入达2.5亿元的粮机产业板块，销售收入是老粮食机械厂高峰时期的8倍多；仙桃市的彭场镇已经成为全国最大的无纺布制品中心，集中了数十家相关企业。在一些地区还出现了一批以资源开发为主的产业集群，如罗田板栗、英山茶叶、应城石膏、随州三里岗香菇、竹山绿松石、通山石材等。

2006年10月，湖北省经委下发了《关于促进重点成长型产业集群发展的指导意见》，决定在全省选择一批成长型产业集群给予重点培育和扶持。重点产业集群应当具备的基本条件是：①具备一定基础，规模在全省同行业中名列前茅；②具有较强的竞争力，企业自主创新能力强，装备和工艺先进，产品在全国或全省占有较大份额，拥有自主知识产权的技术和品牌；③集群内企业相对聚集，上下游产品形成链接，产业能够实行优势互补、资源共享；④发展前景好，发展速度快，科技水平和产业规模在同行业中保持领先地位，预计 2010 年年营业收入达到 10 亿元以上。经过评选，共有 39 个集群入选湖北省重点成长型产业集群，其基本情况见表 8.3。

表 8.3　2006 年湖北省重点成长型产业集群基本情况

序号	产业集群	企业个数（个）	规模以上企业（个）	龙头企业个数（个）	从业人员（人）	2005 年销售额（亿元）	2005 年出口额（万美元）	2005 年利税（亿元）
1	武汉东湖开发区激光产业集群	35	10	3	3000	12	250	1.8
2	武汉东西湖区食品加工产业集群	83	23	6	9200	37		3.06
3	武汉市新洲区徐古镇蘑菇产业集群	23	4	4	13000	2.69		0.96
4	武汉市黄陂区佳海服装加工产业集群	280	20	20	22000	15	1200	1.5
5	大冶市饮料食品产业集群	30	5	2	10000	7	50	2
6	阳新县铝业及铝制品产业集群	5	5	1	1893	14.28		0.133
7	丹江口市六里坪汽车零部件产业集群	58	28	2	6500	20	90	3
8	荆州市荆州区石油机械工业集群	15	15	2	4285	12.1	1000	0.85
9	石首市楚源医药化工产业集群	11	8	2	6000	25	8000	2.5
10	公安县汽车零部件产业集群	31	12	1	6300	12.5		1.3
11	监利县食品工业产业集群	32	19	5	3000	10.2	120	0.1

续表

序号	产业集群	企业个数（个）	规模以上企业（个）	龙头企业个数（个）	从业人员（人）	2005年销售额（亿元）	2005年出口额（万美元）	2005年利税（亿元）
12	宜昌市化成箔产业集群	4	4	2	953	15.66		2.92
13	宜昌市磷化工产业集群	67	26	2	20849	100	8093	8
14	宜昌市夷陵区稻花香酒业产业集群	18	10	1	5000	12		1.5
15	枝江市枝江酒业产业集群	16	6	2	3000	10		1.8
16	谷城县汽车零部件产业集群	42	11	4	12000	16	510	1.05
17	枣阳市汽车摩擦材料产业集群	30	6	2	2200	1.2	20	0.11
18	鄂州市金刚石刀具产业集群	168	22	8	8000	5	100	0.75
19	鄂州市葛店铸造产业集群	87	8	5	6000	5		0.6
20	京山县轻工包装机械产业集群	18	6	1	4600	17	1500	1.5
21	安陆市粮食机械产业集群	25	12	6	2850	2.28	300	0.104
22	汉川市马口镇制线产业集群	43	43	7	15915	20	1000	2
23	应城市盐业化工产业集群	16	15	3	10120	23.5		3.5
24	应城市长江埠精细化工产业集群	22	17	5	837	8		0.64
25	武穴市医药化工产业集群	7	7	1	2158	5.1631	1608	0.49
26	麻城汽车配件产业集群	50	7	2	6000	8	200	0.5
27	蕲春县医药产业集群	186	6	3	1870	5		0.5
28	咸宁市机电产业集群	41	36	14	10000	22	1300	4.3
29	咸宁市咸安区苎麻纺织产业集群	73	27	6	13000	20	3000	1.2
30	通山县石材工业园区产业集群	62	12	3	2400	1.5	100	0.02

续表

序号	产业集群	企业个数（个）	规模以上企业（个）	龙头企业个数（个）	从业人员（人）	2005年销售额（亿元）	2005年出口额（万美元）	2005年利税（亿元）
31	通城县涂附磨具产业集群	12	6	3	2520	4.84	949	0.56
32	恩施市富硒绿色食品产业集群	45	7	7	1500	3	1000	0.4
33	咸丰县绿色生态食品产业集群	48	5	12	12800	7.8	10	1.2
34	曾都区专用汽车及零部件产业集群	56	25	5	20000	30	3800	2.5
35	随州市曾都区三里岗香菇产业集群	189	19	3	5000	6.6	6970	0.5
36	广水市风机产业集群	12		4	3000	4		0.3
37	仙桃市彭场镇无纺布产业集群	116	24	4	15000	13	15000	1.5
38	潜江市泽口化工产业集群	12	10	7		44.54	2000	1.83
39	天门市医药产业集群	7	7	2	1680	2.5	1000	0.495

资料来源：根据《湖北产业集群发展研究》课题组相关成果整理。

对湖北省39个重点成长型产业集群按行业来划分，其情况见图8.1。

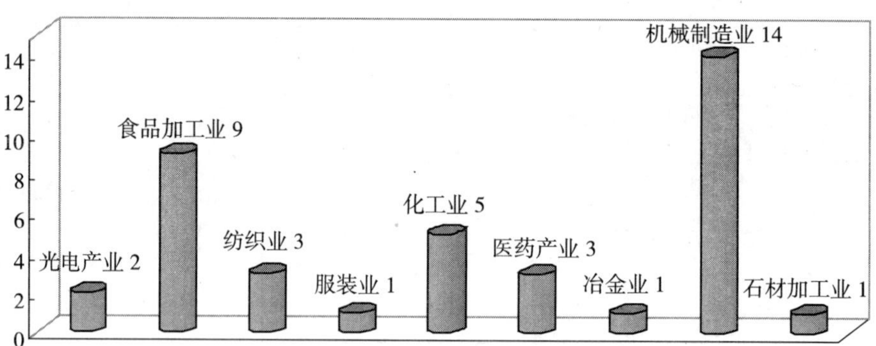

图8.1 湖北省39个重点产业集群行业分布情况

注：行业后的数字表示产业集群的数量。

第二节　湖北产业集群核心竞争力的背景分析

一、湖北产业集群的发展特征

湖北产业集群在发展过程中具有以下特征：

（一）产业集群已成为一些地区县域经济发展的重要支撑

近年来，湖北省产业集群发展迅速，对经济增长的拉动作用日益凸显，成为推动县域经济发展的重要力量之一。例如，公安县汽车零部件产业集群企业已发展到 34 家，总资产 6.8 亿元，从业人员 3100 人，其中规模以上企业 12 家，销售收入过千万元的企业 12 家，过亿元的 4 家，2006 年完成产值 11.8 亿元、销售收入 11.5 亿元、利税 8900 万元，产、销、利税分别占全县总额的 25.8%、26%、20%。又如，武穴市除形成了医药化工主导产业外，有“鄂东食品第一城”梅川食品、“中国钉都”花桥五金、龙坪塑革三个产业集群。在一些发展较好的乡镇，一个乡镇就有两个产业集群。如蔡甸索河镇有劳保手套和五金制锅两个产业集群，分别聚集企业 103 家和 48 家，生产的劳保手套和铁锅分别占全国市场的 40% 和汉正街市场的 100%。①

（二）一些产业集群形成相关行业的产业基地

湖北省一些产业集群立足当地的传统优势、产业优势、资源优势、人才优势，不断加大产品的开发和科研力度，拉长产业链条，增强企业的核心竞争力，正逐步成为全国、全省有名的产业基地。公安县汽车零部件产业集群现已发展成为中南地区最大的汽车齿轮生产基地；仙桃市彭场镇无纺布产业集群成为集无纺布生产、制品加工、产品研发于一体的中国最大的无纺布产业基地；武汉激光产业集群已经成为我国最大的激光产业基地；阳新县铝产业集群是华中地区最大的铝生产加工、贸易一条龙的铝产业基地；荆州市荆州区石油机械产业集群已发展成为国内重要的车装钻修

① 张真等：《湖北省产业集群的鉴别与特征分析》，《统计与决策》2006 年第 8 期。

设备制造基地和固井压裂设备制造基地；石首市医药化工产业集群被国家认定为中国化工产品出口生产基地；洪湖市石化设备制造产业集群已发展成为全国石化设备制造的重要基地之一；宜昌市化成箔产业集群成为全国重要的电子基础材料生产基地；谷城县汽车零部件产业集群建成全国重要的汽车零部件生产基地。枣阳市汽车摩擦片产业集群是仅次于杭州的全国第二大汽车摩擦片生产基地；通山县石材及加工产业集群是湖北石材出口基地和大理石生产基地；通城县涂附磨具产业集群成为国内最大的涂附磨具生产基地和第二大云母生产基地；大冶市饮料食品产业集群成为全国最大的保健酒生产基地。

（三）一些产业集群已形成特色产业和品牌

湖北在培育产业集群方面，一方面促进优势产业合理聚集，发挥聚集效应，另一方面促进企业品牌生产，规模化经营，形成优势特色产业和知名品牌。如今，汽车、钢铁、石化工业、装备制造、食品、纺织、建材工业等已成为全国性的特色产业，同时，集群企业也培育出了一些知名品牌。例如劲牌公司的“劲 JING”为中国驰名商标，“枝江”系列白酒为“全国十大最具竞争力白酒品牌”，“稻花香”商标是湖北省白酒类唯一的“中国驰名商标”和“中国 500 最具价值品牌”及“全国 20 个最具影响力的品牌”，“红双环”纯碱和“红双圈”氯化铵成为中国名牌、“双剑”牌鼓风机系列产品荣获中国知名鼓风机“十佳品牌”，“骆驼”牌蓄电池被评为中国驰名商标等。

（四）龙头企业对产业集群的带动作用明显

经过近年来的发展，湖北产业集群中先后涌现出不少规模较大的龙头企业，对集群的发展具有显著的带动作用。例如，大冶市饮料食品产业集群在龙头企业劲牌有限公司的带领下，集群 2005 年销售额达 7 亿元，实现利税 2 亿元；中国石化集团江汉石油管理局第四机械厂和四机赛瓦石油钻采设备有限公司带动荆州市荆州区石油机械产业集群发展迅速，2005 年销售额达 12. 1 亿元，出口创汇 1000 万美元；湖北宜化集团和宜昌兴发集团是宜昌市磷化产业集群的龙头企业，在这两家企业的带动下，2005 年销售额达100亿元，成为湖北省年销售额最高的集群。

（五）产业集群发展势头比较强劲

2003年，据湖北省委政研室城市处的调研表明，在调查的27个县（市、区）中，仅有产业集群28个，28个产业集群2002年的产品销售收入平均仅为4.3亿元。湖北省经委县域经济处2004年底对湖北33个县（市、区）的产业集群进行了调查，结果表明，湖北销售收入过亿元的产业集群有59个，其中冶金产业集群2个、建材产业集群5个、农副产品加工产业集群15个、医药化工产业集群12个、机械及汽配产业集群10个、纺织服装产业集群15个，共有关联企业2317家，职工30多万人，实现销售收入382亿元。2005年，湖北省县域已有80多个销售收入过亿元的产业集群，有力地推动了县域经济的快速健康发展。

（六）产业集群多种类型并存

湖北省产业集群发展过程中，主要存在三种类型迥异的集群。[①] 第一类是特色产业集群，主要依赖于本地的特色资源而形成的，如宜昌市磷化工产业集群、随州市三里岗香菇产业集群、仙桃市彭场无纺布产业集群、鄂州市金刚石刀具产业集群等；第二类是工业园区集群，主要是由政府规划和引导工业园区而形成的，如武汉东湖开发区激光产业集群、通山县石材及加工产业集群、湖北省葛店经济技术开发区生物医药工业园等；第三类是专业化协作集群，主要依赖于与当地大企业协作配套而形成，如丹江口市六里坪汽车零部件产业集群、京山县轻工包装机械产业集群、枝江市枝江酒业产业集群等。

根据《湖北省人民政府关于促进产业集群发展意见》和《湖北省重点成长型产业集群管理试行办法》，湖北省从2008年启动每年一次的重点成长型产业集群考核评审工作，每年拿出不少于1亿元资金对重点产业集群进行奖励和扶持。

---

① 潘峰、韩宏明：《湖北中小企业集群效应研究》，《武汉理工大学学报（社会科学版）》2004年第6期。

1. 2008 年度湖北省重点成长型产业集群（见表 8.4）

表 8.4　2008 年度湖北省重点成长型产业集群名单

1. 武汉东湖开发区激光产业集群	2. 武汉东西湖区食品加工产业集群
3. 武汉市新洲区徐古镇蘑菇产业集群	4. 武汉市黄陂区佳海服装产业集群
5. 武汉市蔡甸区电子产业集群	6. 武汉市汉南区包装印务产业集群
7. 大冶市饮料食品产业集群	8. 阳新县铝业产业集群
9. 丹江口市六里坪汽车零部件产业集群	10. 十堰市茅箭区汽车零部件产业集群
11. 荆州市荆州区石油机械产业集群	12. 荆州开发区汽车零部件产业集群
13. 石首市楚源医药化工产业集群	14. 公安县汽车零部件产业集群
15. 监利县食品产业集群	16. 洪湖市石化设备制造产业集群
17. 宜昌市电子材料产业集群	18. 宜昌市磷化工产业集群
19. 枝江市枝江酒业产业集群	20. 宜昌市夷陵区稻花香酒业产业集群
21. 当阳市建筑陶瓷产业集群	22. 谷城县汽车零部件产业集群
23. 枣阳市汽车磨擦片产业集群	24. 襄樊市樊城纺织产业集群
25. 襄樊市襄阳区农产品加工产业集群	26. 鄂州市金刚石刀具产业集群
27. 鄂州市生物医药产业集群	28. 京山县轻工包装机械产业集群
29. 荆门市东宝区磷化工产业集群	30. 钟祥市农产品加工产业集群
31. 安陆市粮食机械产业集群	32. 汉川市纺织服装产业集群
33. 应城市化工产业集群	34. 孝感市电子信息产业集群
35. 黄冈市黄州饮品产业集群	36. 团风县钢构产业集群
37. 武穴市医药化工产业集群	38. 麻城市汽车配件产业集群
39. 蕲春县医药产业集群	40. 咸宁市机电产业集群
41. 咸宁市咸安区苎麻纺织产业集群	42. 通山县石材产业集群
43. 通城县涂附磨具产业集群	44. 赤壁市纺织服装产业集群
45. 恩施市富硒食品产业集群	46. 咸丰县绿色食品产业集群
47. 随州市汽车改装及零部件产业集群	48. 随州市曾都区三里岗香菇产业集群
49. 广水市风机产业集群	50. 仙桃市彭场无纺布产业集群
51. 潜江市泽口化工产业集群	52. 天门市医药产业集群
53. 当阳市产业集群	54. 宜都市产业集群

2. 2009 年度湖北省重点成长型产业集群（见表 8.5）

表 8.5　2009 年度湖北省重点成长型产业集群

1. 武汉市蔡甸区电子产业集群	2. 武汉市黄陂区佳海服装产业集群
3. 武汉市东西湖区食品加工产业集群	4. 武汉市江夏区重工机械产业集群
5. 武汉市新洲区钢铁制品产业集群	6. 黄石市下陆区铜冶炼及深加工产业集群
7. 大冶市劲牌饮料食品产业集群	8. 阳新县铝业产业集群
9. 十堰市（茅箭、张湾区）汽车零部件产业集群	10. 丹江口市汽车零部件产业集群
11. 荆州市（荆州、公安）汽车零部件产业集群	12. 荆州市沙市区针纺织服装产业集群
13. 荆州市荆州区石油机械产业集群	14. 石首市楚源化工产业集群
15. 洪湖市石化装备制造产业集群	16. 监利县食品产业集群
17. 松滋市白云边酒业产业集群	18. 公安县塑料制品产业集群
19. 宜昌市磷化工产业集群	20. 宜昌市医药产业集群
21. 宜昌市夷陵区稻花香酒业产业集群	22. 枝江市枝江酒业产业集群
23. 枝江市奥美医用纺织产业集群	24. 当阳市建筑陶瓷产业集群
25. 襄樊市樊城区纺织产业集群	26. 襄樊市襄阳区农产品加工产业集群
27. 枣阳市汽车摩擦密封材料产业集群	28. 谷城县汽车零部件产业集群
29. 襄樊市轴承产业集群	30. 鄂州市金刚石刀具产业集群
31. 鄂州市生物医药产业集群	32. 鄂州市钢铁深加工产业集群
33. 荆门市东宝区磷化工产业集群	34. 钟祥市农产品加工产业集群
35. 京山县轻工包装机械产业集群	36. 孝感市电子机械产业集群
37. 汉川市纺织服装产业集群	38. 应城市化工产业集群
39. 安陆市粮油机械产业集群	40. 云梦县塑料包装产业集群
41. 黄冈市华夏窑炉产业集群	42. 黄冈市船舶制造产业集群
43. 团风县钢结构产业集群	44. 麻城市汽车配件产业集群
45. 蕲春县李时珍医药化工产业集群	46. 武穴市医药化工产业集群
47. 英山县茧丝绸产业集群	48. 咸宁市机电产业集群
49. 咸宁市咸安区苎麻纺织产业集群	50. 赤壁市纺织服装产业集群
51. 通城县涂附磨具产业集群	52. 通山县石材产业集群

续表

53. 随州市专用汽车及零部件产业集群	54. 广水市风机产业集群
55. 随州市曾都区三里岗香菇产业集群	56. 恩施市富硒绿色食品产业集群
57. 咸丰县绿色食品产业集群	58. 仙桃市彭场无纺布产业集群
59. 天门市医药产业集群	60. 潜江市泽口化工产业集群

3. 2010 年度湖北省重点成长型产业集群（见表 8. 6）

表 8. 6　2010 年度湖北省重点成长型产业集群

电子信息、生物医药、新材料类产业集群 12 个	1. 武汉市东湖生物医药产业集群　2. 武汉市东湖光通信产业集群　3. 武汉市东湖半导体照明和光伏产业集群　4. 武汉市蔡甸区电子产业集群　5. 宜昌市夷陵区机械电子产业集群　6. 孝感市电子机械产业集群　7. 咸宁市机电产业集群　8. 宜昌市医药产业集群　9. 天门市医药产业集群　10. 蕲春县李时珍医药化工产业集群　11. 武穴市医药化工产业集群　12. 鄂州市生物医药产业集群
汽车类产业集群 9 个	13. 十堰市（茅箭、张湾）汽车零部件产业集群　14. 丹江口市汽车零部件产业集群　15. 郧县铸锻件产业集群　16. 荆州市汽车零部件产业集群　17. 襄樊市轴承产业集群　18. 枣阳市汽车摩擦密封材料产业集群　19. 谷城县汽车零部件产业集群　20. 麻城市汽车配件产业集群　21. 随州市专用汽车及零部件产业集群
农产品加工类产业集群 12 个	22. 武汉市东西湖区食品加工产业集群　23. 大冶市饮料食品产业集群　24. 松滋市白云边酒业产业集群　25. 宜昌市夷陵区稻花香酒业产业集群　26. 枝江市枝江酒业产业集群　27. 监利县食品产业集群　28. 襄樊市襄阳区农产品加工产业集群　29. 宜城市食品加工产业集群　30. 钟祥市农产品加工产业集群　31. 随州市（随县、曾都区）香菇产业集群　32. 恩施市富硒绿色食品产业集群　33. 咸丰县绿色食品产业集群
轻纺类产业集群 15 个	34. 武汉市黄陂区佳海服装产业集群　35. 黄石市服装产业集群　36. 荆州市沙市区针纺织服装产业集群　37. 枝江市奥美医用纺织产业集群　38. 襄樊市樊城区纺织产业集群　39. 汉川市纺织服装产业集群　40. 英山县茧丝绸纺织产业集群　41. 赤壁市纺织服装产业集群　42. 咸宁市咸安区苎麻纺织产业集群　43. 仙桃市彭场无纺布产业集群　44. 公安县塑料制品产业集群　45. 孝感市孝南区纸品产业集群　46. 云梦县塑料包装产业集群　47. 鄂州市金刚石刀具产业集群　48. 通城县涂附磨具产业集群
化工类产业集群 5 个	49. 石首市楚源医药化工产业集群　50. 宜昌市磷化工产业集群　51. 荆门市东宝区磷化工产业集群　52. 应城市化工产业集群　53. 潜江市泽口化工产业集群

续表

机械装备类产业集群8个	54. 武汉市江夏区重工机械产业集群　55. 荆州市荆州区石油机械产业集群　56. 洪湖市石化装备制造产业集群　57. 京山县轻工包装机械产业集群　58. 安陆市粮油机械产业集群　59. 黄冈市华夏窑炉产业集群　60. 黄冈市船舶制造产业集群　61. 广水市风机产业集群
冶金建材类产业集群6个	62. 武汉市新洲区钢铁制品产业集群　63. 黄石市下陆区铜冶炼及深加工产业集群　64. 鄂州市钢铁深加工产业集群　65. 团风县钢结构产业集群　66. 当阳市建筑陶瓷产业集群　67. 通山县石材产业集群

4. 2011 年度湖北省重点成长型产业集群（见表 8. 7）

表 8. 7　2011 年度湖北省重点成长型产业集群

武汉	1. 武汉市东湖高新区生物医药产业集群　2. 武汉市东湖高新区光通信产业集群　3. 武汉市东湖高新区半导体照明和光伏产业集群　4. 武汉市江夏区重工机械产业集群　5. 武汉市黄陂区佳海服装产业集群　6. 武汉市新洲区钢铁制品产业集群　7. 武汉市蔡甸区电子产业集群　8. 武汉市东西湖区食品加工产业集群
黄石	9. 黄石市服装产业集群　10. 黄石市下陆区铜冶炼及深加工产业集群　11. 大冶市饮料食品产业集群
襄阳	12. 襄阳市轴承产业集群　13. 襄阳市樊城区纺织产业集群　14. 老河口市食品加工产业集群　15. 襄阳市襄州区农产品加工产业集群　16. 枣阳市汽车摩擦密封材料产业集群　17. 谷城县汽车零部件产业集群　18. 宜城市食品加工产业集群
荆州	19. 荆州市（荆州、公安）汽车零部件产业集群　20. 荆州市沙市区针纺织服装产业集群　21. 荆州市荆州区石油机械产业集群　22. 松滋市白云边酒业产业集群　23. 监利县食品产业集群　24. 公安县塑料新材产业集群　25. 石首市楚源医药化工产业集群　26. 洪湖市石化装备制造产业集群
宜昌	27. 宜昌市磷化工产业集群　28. 宜昌市医药产业集群　29. 宜昌市夷陵区机械电子产业集群　30. 宜昌市夷陵区稻花香酒业产业集群　31. 枝江市枝江酒业产业集群　32. 枝江市奥美医用纺织产业集群　33. 当阳市建筑陶瓷产业集群
十堰	34. 十堰市（茅箭、张湾）汽车零部件产业集群　35. 丹江口市汽车零部件产业集群　36. 郧县铸锻件产业集群
孝感	37. 孝感市电子机械产业集群　38. 孝感市孝南区纸品产业集群　39. 云梦县塑料包装产业集群　40. 应城市化工产业集群　41. 汉川市纺织服装产业集群
荆门	42. 荆门市东宝区磷化工产业集群　43. 钟祥市农产品加工产业集群　44. 京山县轻工包装机械产业集群
鄂州	45. 鄂州市生物医药产业集群　46. 鄂州市金刚石刀具产业集群　47. 鄂州市钢铁深加工产业集群
黄冈	48. 黄冈市华夏窑炉产业集群　49. 武穴市医药化工产业集群　50. 蕲春县李时珍医药化工产业集群　51. 麻城市汽车配件产业集群　52. 黄冈大别山区食品饮料产业集群　53. 英山县茧丝绸纺织产业集群　54. 团风县钢结构产业集群

续表

咸宁	55. 咸宁市机电产业集群　56. 咸宁市咸安区苎麻纺织产业集群　57. 通城县涂附磨具产业集群　58. 赤壁市纺织服装产业集群　59. 通山县石材产业集群
随州	60. 随州市专用汽车及零部件产业集群　61. 随州市（随县、曾都区）香菇产业集群　62. 广水市风机产业集群
恩施	63. 恩施市富硒绿色食品产业集群　64. 咸丰县绿色食品产业集群
仙桃	65. 仙桃市彭场无纺布产业集群
潜江	66. 潜江市泽口化工产业集群
天门	67. 天门市医药产业集群

5. 2012 年度湖北省重点成长型产业集群（见表 8. 8）

表 8. 8　2012 年度湖北省重点成长型产业集群

武汉	1. 武汉市东湖高新区生物医药产业集群　2. 武汉市东湖高新区光通信产业集群　3. 武汉市东湖高新区半导体照明和光伏产业集群　4. 武汉市江夏区重工机械产业集群　5. 武汉市黄陂区服装产业集群　6. 武汉市新洲区钢铁制品产业集群　7. 武汉市蔡甸区电子产业集群　8. 武汉市东西湖区食品加工产业集群
黄石	9. 黄石市服装产业集群　10. 黄石市模具产业集群　11. 黄石市下陆区铜冶炼及深加工产业集群　12. 大冶市饮料食品产业集群
襄阳	13. 襄阳市轴承产业集群　14. 襄阳市电机节能控制产业集群　15. 襄阳市樊城区纺织产业集群　16. 老河口市食品加工产业集群　17. 襄阳市襄州区农产品加工产业集群　18. 枣阳市汽车摩擦密封材料产业集群　19. 谷城县汽车零部件产业集群　20. 宜城市食品加工产业集群
荆州	21. 荆州市（荆州、公安）汽车零部件产业集群　22. 荆州开发区白色家电产业集群　23. 荆州市沙市区针纺织服装产业集群　24. 荆州市荆州区石油机械产业集群　25. 松滋市白云边酒业产业集群　26. 监利县食品产业集群　27. 公安县塑料新材产业集群　28. 石首市楚源医药化工产业集群　29. 洪湖市石化装备制造产业集群
宜昌	30. 宜昌市磷化工产业集群　31. 宜昌市医药产业集群　32. 宜昌市（夷陵、猇亭）电线电缆产业集群　33. 宜昌市夷陵区稻花香酒业产业集群　34. 枝江市枝江酒业产业集群　35. 枝江市奥美医用纺织产业集群　36. 当阳市建筑陶瓷产业集群
十堰	37. 十堰市（茅箭、张湾）汽车零部件产业集群　38. 丹江口市汽车零部件产业集群　39. 郧县铸锻件产业集群　40. 十堰市竹房城镇带有机食品饮料产业集群
孝感	41. 孝感市电子机械产业集群　42. 孝感市孝南区纸品产业集群　43. 云梦县塑料包装产业集群　44. 应城市化工产业集群　45. 汉川市纺织服装产业集群
荆门	46. 荆门中国农谷农副产品加工产业集群　47. 荆门市东宝区磷化工产业集群　48. 钟祥市农产品加工产业集群　49. 京山县轻工包装机械产业集群
鄂州	50. 鄂州市生物医药产业集群　51. 鄂州市金刚石刀具产业集群　52. 鄂州市钢铁深加工产业集群

续表

黄冈	53. 黄冈市（黄州、浠水）窑炉产业集群 54. 武穴市医药化工产业集群 55. 蕲春县李时珍医药化工产业集群 56. 麻城市汽车配件产业集群 57. 黄冈大别山区食品饮料产业集群 58. 英山县茧丝绸纺织产业集群 59. 团风县钢结构产业集群
咸宁	60. 咸宁市机电产业集群 61. 咸宁市咸安区苎麻纺织产业集群 62. 嘉鱼县管材产业集群 63. 通城县涂附磨具产业集群 64. 赤壁市纺织服装产业集群 65. 通山县石材产业集群
随州	66. 随州市专用汽车及零部件产业集群 67. 随县香菇产业集群 68. 广水市风机产业集群
恩施	69. 恩施市富硒绿色食品产业集群 70. 咸丰县绿色食品产业集群
仙桃	71. 仙桃市彭场无纺布产业集群 72. 仙桃市食品产业集群
潜江	73. 潜江市泽口化工产业集群 74. 潜江市华中家具产业集群
天门	75. 天门市医药产业集群

二、湖北产业集群的形成因素

产业集群是产业发展的一种内在规律，是市场配置资源、合理运用产业要素的客观要求。湖北产业集群的形成，以下几个条件起到了较为关键的作用。

（一）传统资源因素

主要是利用本地的特色资源和既有的企业基础，通过政府规划和培育，发展成产业集群。咸宁素有“苎麻之乡”的美誉，目前，咸宁市范围内有苎麻种植面积30万亩，原麻年总产量5万吨以上，咸安区形成了以双溪桥镇、贺胜桥镇、横沟桥镇、向阳湖镇和马桥镇为主的苎麻集中种植区域，种植面积10万余亩，咸安区域内有苎麻脱胶、纺纱、织布等规模以上的涉麻企业24家（其中咸安区属企业17家），年产值近20亿元，据2005年中国麻纺行业协会统计，区内的精华纺织集团有限公司、银泉纺织公司、天化麻业公司进入全国销售收入20强，分别排在第三、第七、第十七位，而利税总额分别排在第一、第五、第十三位。监利食品工业产业集群依托监利丰富的农副产品资源，形成以福娃集团、天和水产、华田米业、恒泰米业、发旺油脂为主的32家食品工业集群。东宝磷化工、江湖水产、应城石膏、鹤峰山野菜、随州三里岗香菇、英山茶叶、竹山绿松石、通山石材等都是以资源开发为主的各具特色的产业集群。

（二）骨干企业因素

主要是依托骨干企业，大量中小企业聚集在一个或几个特大的企业周围，或生产为骨干企业协作配套上、下游产品，或生产技术要求低、专业化分工程度高或批量较小的零部件、半成品，进而逐步形成产业集群。随州市曾都区专用汽车及零部件产业集群、公安县汽车零部件产业集群、丹江口市汽车零部件产业集群、谷城县汽车零部件产业集群、荆州开发区汽车零部件产业集群、麻城市汽车配件产业集群、石首市汽车零部件产业集群、洪湖市汽车零部件产业集群、钟祥市汽车零部件产业集群等的发展与壮大，与湖北省汽车工业发展的龙头——东风公司分不开。安陆市依托永祥粮机、碧山粮机、东方红粮机、天星粮机等企业，粮油机械企业现有26家，企业跟进引力增加，平均每年新增粮机及配套企业3—4家，规模迅速扩张，企业也逐步上档升级，成为全国第二大粮食机械制造基地。云梦县包装材料产业集群、枝江酒业产业集群、夷陵区龙泉白酒饮料产业集群、大冶市饮料食品产业集群、武穴市医药产业集群、东宝区洋丰肥料产业集群等都与骨干企业存在极大的相关性。

（三）特色产业因素

主要是依托特色产业，群内企业积极进行技术升级和产品研发，把产业集群做大做强。鄂州市金刚石刀具产业集群自20世纪80年代生产以来，经过20多年的发展，形成了以燕矶金刚石刀具城为中心、辐射周边地区、生产规模不断膨胀、产品品种不断增多、产业链条日益完善、具有鲜明特色的产业集群，2005年燕矶金刚石刀具城创年产值3亿元，出口创汇100万美元，产品出口到中东、俄罗斯、东南亚等国家。1997年，武汉市新洲区徐古镇为了尽快适应市场经济的形势变化，突破性地调整农村产业结构，大规模从上海南汇、福建漳州引进双孢蘑菇生产技术，开始在本辖区内推广种植。十多年来，小蘑菇干成了大产业，现在全镇蘑菇种植面积达到400万平方米，蘑菇大棚4800个，生产基地41个，科技示范园5个，加工企业 14 家，交易市场 1 个，食用菌协会 1 个、分会 36 个，从事蘑菇生产经营的农民 4800 多户、13000 多人。2005 年，全镇种植和加工蘑菇创产值 1.7 亿元，实现纯利 7500 万元。全省形成一乡一业特色产业的还有仙桃市彭场镇无纺布、武穴市花桥小五金、蕲春县刘河塑料、曾都区三里岗香菇、赤壁市赵李桥竹木等。

（四）工业园区因素

主要是政府通过规划引导、环境营造、政策激励等措施，对既有工业园区进行产业调整，明确主导产业，并制定一些针对性措施，尤其是结合招商引资而制定出一些优惠政策，促使分散的同类企业逐步迁移聚集到工业园区，从而较快地形成产业集群。大冶市目前已建有 1 个省级开发区和 1 个省级工业园区，另有 8 个民营经济工业园区，以工业园区为载体，拓展产业发展空间，现已形成大冶市饮料食品产业集群、大冶市建材产业集群、大冶市机化轻纺产业集群三大集群，2005 年销售总额高达 30 亿元。汉川以荷沙公路沿线工业基础较好的八个乡镇，规划发展汉川经济技术开发区、马口纺织工业园、福星科技园，形成金属制品、纺织服装、食品医药等主导产品的产业聚集，其中马口工业园纺织规模已达 85 万绽。

（五）科研院所因素

主要是依托大专院校科研院所聚集区，营造市场化的创新创业环境，聚集创新创业资源，引进高科技企业，促进科技与经济结合，促进科技成果转化，并取得某个产业产品的领先优势和人才优势逐步发展而形成的产业集群。仙桃市彭场镇无纺布产业集群中的部分骨干企业纷纷与中国纺织研究院、武汉科技学院等科研院所合作，成功研究开发出了多层厚克度复合无纺布等 10 多个新产品，有力地提升了集群的市场竞争力。聚集了五大产业、7000 多家企业（其中高新技术企业 1600 多家）的武汉东湖高新区就是由大批走出高校和科研院所的教师和研究人员创办企业而形成的，华中科技大学、武汉大学、武汉理工大学等高校每年为开发区激光企业培养数千名专业技术人才，为这些企业发展提供了源源不断的人才支持。石首市医药化工产业集群中的龙头企业——湖北楚源公司，于 2003 年与武汉大

时，湖北省人民政府发展研究中心认为原因之一就是没有形成规模的产业集聚区。

表8.10 2002年江苏、浙江、广东、湖北四省引进外资情况表

省份	新批项目（个）	同比增长（%）	合同外资（亿美元）	同比增长（%）	实际使用外资（亿美元）	同比增长（%）
江苏	5801	63.9	196.7	133	103.7	75.4
浙江	3364	45.6	67.9	106	31.6	83.7
广东	6613	24.4	161.7	51.7	131.1	26.6
湖北	486	39.26	14.2	13.67	17.6	12.77

资料来源：湖北省人民政府发展研究中心：《关于回收接受国际产业转移的调查与建议》，2007年1月15日。

四、名牌产品情况

企业产品的品牌是企业的无形资产，集群区域品牌影响力大小受到集群内企业产品品牌的制约。如果一个集群内企业产品品牌或商标具有世界性或全国性的影响力，那么这个集群的市场影响力也将非同小可，在消费者心目中具有较高的知名度、美誉度和认知度。

湖北省是我国老牌制造业基地之一，曾出现过不少在全国风光一时的名牌产品，如“沙松牌”电冰箱、“莺歌牌”电视机、“荷花牌”洗衣机、“长江牌”音响等，但和全国大多数省份一样，如今这些拳头产品都销声匿迹。湖北省社科院调研组曾对湖北省名牌产品市场竞争力进行了一次调查，发现湖北省名牌产品的销售收入偏低，多数名牌产品年销售收入尚未超过1亿元，不少名牌产品年销售收入不足1000万元；而湖北省认定的100多个名牌产品中仅金龙泉啤酒在2002年认定为国家级名牌，其余湖北省名牌的名气不大。

事实上，湖北产业集群中获得中国驰名商标或中国名牌产品称号的企业产品可谓是沧海一粟、寥若晨星。对湖北省179亿元集群进行分析，就会发现，集群内主导产品获得中国驰名商标的仅有6个（仙桃市农副产品加工产业集群的“亲亲”果冻中的“亲亲”商标、夷陵区龙泉白酒饮料产

业集群的“稻花香”白酒中的“稻花香”商标、荆州开发区白色家电产业集群的小天鹅系列家电中的“小天鹅”商标、大冶市饮料食品产业集群的劲酒中的“劲 Jing”商标、丹江口市天然水及茶饮料生产集群的“农夫山泉”商标、谷城县汽车零部件产业集群的“骆驼”牌蓄电池中的“骆驼”商标)；而获得中国名牌产品称号的产品仅有 4 个（宜昌市磷化工产业集群的楚星牌磷酸一铵、丹江口市原铝开发及铝合金产品深加工集群的丹江原铝、荆州开发区白色家电产业集群的小天鹅系列家电、嘉鱼县森工产业集群的“联乐”牌席梦思)。

近年来，湖北省企业的商标意识明显增强，2007 年到 2011 年间，湖北省驰名商标认定申请的数量都在 40 多件徘徊，2012 年超过 100 多件；另一方面，湖北省许多地市州出台了实施商标战略的措施，如武汉市成立了市政府主要领导挂帅的商标战略领导小组，十堰、孝感、荆门、黄冈、咸宁、仙桃等以市政府名义，召开了商标战略推进或表彰大会并加大奖励力度。截止至 2012 年 12 月湖北省省驰名商标总量已达到 147 件，居全国第 12 位，比 2011 年上升 4 位；在中部六省仅次于湖南，位居第 2 位。

但是，从中国驰名商标或中国名牌产品称号的角度来看，湖北产业集群的整体核心竞争力也不强。

五、区域创新能力

区域创新能力由“知识创造”、“知识获取”、“企业创新”、“创新环境”和“创新绩效”等五项指标组成。从区域创新能力的评价原则和评价指标来看，区域创新能力的强弱与地方产业集群的发展之间存在着一定的正相关关系。我们认为，创新能力强的区域，产业集群创新能力也较强；创新能力弱的区域，产业集群创新能力也较弱。

通过对 2002—2012 年《中国区域创新能力报告》的评价结果进行汇总，可以得到表 8. 11。

从表 8. 11 可以看出，湖北的区域创新能力在 2002 年排名第 11 名，2003 年排名第 10 名，2004 年排名第 14 名，在全国范围内整体上属于中等偏上水平。但是与产业集群发达的省（市）相比，如浙江、广东、江苏等省，区域创新能力不属于同一个层次，这也印证了湖北产业集群整体上与浙江、广东、江苏、福建等省产业集群存在落差，湖北产业集群整体核心竞争力并不强。

通过以上五个方面的分析，可以得出简要的结论是：从宏观的角度来看，湖北产业集群整体核心竞争力比较弱。

表 8.11 《中国区域创新能力报告》2002—2004 年评价结果

年份	第一集团	第二集团	第三集团	第四集团	第五集团
2002	北京 上海	广东 江苏	山东、浙江 天津、辽宁	福建、陕西、湖北、山西、黑龙江、湖南、河南、重庆、四川、吉林、河北、安徽、甘肃	广西、新疆、内蒙古、青海、江西、贵州、宁夏、云南、海南、西藏
2003	北京 上海	广东 江苏	天津、浙江 山东、辽宁	福建、湖北、陕西、黑龙江、四川、重庆、吉林、湖南、山西、河北、新疆、安徽、河南	江西、青海、内蒙古、广西、宁夏、甘肃、海南、贵州、云南、西藏
2004	上海、北京 广东、江苏	浙江、山东 天津、辽宁	福建、重庆、四川、吉林、山西、湖北、陕西、黑龙江、湖南、安徽、河北、河南	新疆、内蒙古、江西、广西、海南、甘肃、贵州、青海、云南、宁夏、西藏	

资料来源：根据《中国区域创新能力报告》整理。

2007—2009 年，湖北在中国区域创新能力排名为 10、9、10。2010 年区域创新能力排名的一个新现象是，中部地区创新能力较 2009 年都有较大提升，特别是湖北在中部率先进入八强实属不易。2011 年中部地区创新能力总体呈现下降趋势，排名明显下降，而 2012 年中部排名有所回升，其中湖北排名相比 2011 年上升了 2 位。

第四节　湖北产业集群核心竞争力的培育路径

针对湖北产业集群整体核心竞争力比较弱、产业链不完善、投资环境不完美、配套服务体系不健全等，湖北产业集群核心竞争力的培育需要从政府、集群和企业三个维度发力，三管齐下，方可取得成效。

一、政府作用的发挥

从根本上讲，在推动产业集群发展及培育产业集群核心竞争力方面，政府的主要职能是确保市场机制在经济运行和资源配置过程中起主导作用。因此，湖北省各级政府在产业集群核心竞争力的培育过程中应从服务、引导、推动、促进的角度，做好以下方面的工作：

第一，转变思想观念，加强组织领导。湖北省各级政府应从管理主导型向服务主导型政府转变、从全能型政府向有限型政府转变、从对中小企业直接干预向间接干预转变、从重点支持少数大企业向支持大多数企业转变、从以供给政策为导向向需求政策为导向转变、从服务创新项目向改善创新环境转变，遵循产业集群发展规律和发展阶段，树立和落实科学发展观，紧紧抓住国家实施中部崛起战略的重要机遇期，坚持以结构调整为主线，以市场为导向，以高新技术为支撑，以产业转型升级为重点，加强组织领导工作，为实现湖北产业集群的建设与发展目标创造良好条件，推动湖北产业集群核心竞争力的形成与提升。

第二，制定发展规划，优化产业布局。在指导思想上，要以科学发展观为指导，以市场为导向，以工业园区（开发区）为载体，充分发挥支柱产业、龙头骨干企业、资源和区域优势，优化资源配置，延伸产业链，发展循环经济，实施精品名牌战略，构筑特色板块经济，增强自主创新能力，提高区域经济竞争力，带动经济结构调整，推进经济增长方式转变，促进经济快速健康发展。应在遵循市场导向、差异发展、适度集中、功能互补、因势利导、因地制宜的原则基础上，以国家产业政策为指导，结合湖北省实际，科学规划，合理布局，努力构筑区域产业集群整体优势，继续把重点放在发展汽车、机械、冶金、化工、医药、纺织、农产品加工、建材、高新技术等9大产业集群，立足湖北省实际，充分考虑现有工业基础和资源优势，坚持合理的功能及产业定位，形成关联度大、配套性强、产业链长的特色产业集群。以产业集群发展规划为工作切入点，用产业集群规划指导工业结构优化升级及区域产业公共服务平台建设，试点打破行政区划，在全省形成较为合理的产业布局。加大国企改革、改组力度，要以改革促进调整与改造，国有骨干企业要牵头发展产业集群，作为调整产品结构、组织结构，提高竞争力的主要措施。加快以武汉为中心的"1 + 8"城市圈范围产业集群发展，充分发挥港口、中心城市、交通大干线及对外开放优势，有效吸引外资和东部产业向湖北省转移集聚，推进产业向高端发展，扩大专业市场辐射范围，实现纵深推进，不断提升外向型经济发展水平和产业综合竞争力。按照科学规划、基础先行、差异发展的原则，抓好现有工业园区的定位和整合，推动园区体制、机制和管理创新，发挥园区的集聚效应和辐射效应，鼓励和引导与产业链相关的企业入园发展，打造各具特色的产业园区。

第三，出台集群政策，促进集群发展。湖北省委、省政府应以发展和培育产业集群、提升产业集群核心竞争力为全省县域经济工作的重点，出台相关的政策措施文件，确保集群在资金、技术、人才、信息、土地、设备等生产要素方面享有一定的优惠政策，促进产业集群的发展与壮大。省政府各相关部门要制定扶持产业集群发展的措施，围绕产业集群的做大做强，结合职能，制定出税收、土地、规划、融资、电力等方面的具体支持措施；帮助企业建立行业协会并制定行业规范，加强内部自律组织，消除产业内的无序竞争。各市、县、乡（镇）政府也要制定促进本地产业集群发展的操作性强的具体政策措施，在提供良好行政服务的同时，加大投入，在道路、环保、人才培养、信息服务等公共产品或准产品上为产业集群提供有效保障，并引导和帮助企业开拓国际市场，进行反倾销应诉等。各级政府应从促进产业升级和集群核心竞争力的视角出发，强化对优势企业、龙头项目以及主要配套企业的招商，不断提高重点产业、重点产品的集聚度。进一步深化经济体制改革，尤其是加快投融资体制改革，实现企业投资主体的多元化，鼓励集体、个体和民营经济参与投资产业特别是高新技术产业。要研究出台相关政策，激活民间资本，吸引民间资金投向重点产业，积极引导民营经济进入优势产业，增强其实力，推动一批新的产业集群的形成。把提升骨干企业的核心竞争力作为提升产业集群核心竞争力的突破口，加大扶持骨干企业的力度，在“十一五”期间有更多的销售收入超100亿元的企业。

第四，优化生存环境，提高运行能力。地方政府应该从集群整体观念角度发展区域经济，培育高级资源要素，着重从政策环境、法制环境、市场环境、基础设施环境、投资环境和配套服务等方面加以考虑并加以完善，创造出更加有利于产业集群发展的环境。湖北省各级政府要对产业集群给予针对性扶持，加大改革开放力度，一定要用足用好国家支持中部崛起的各项优惠政策，加强基础设施建设，建立多层次的公共信息平台。切实转变政府职能，树立以企业为本的服务意识，减少行政审批，坚持政府“一站式”服务方式，提高服务水平和办事效率，工商、税务、质监、海关、商检等相关职能部门，要通过推荐名牌产品、强化产品质量监督、改善物流条件等工作，切实保护企业合法权益，减轻企业负担，打击假冒伪劣行为，加强诚信建设，来促进产业集群的发展。要大力培育各种规范的中介服务机构，加快建立和完善法律、会计、仲裁、资产评估、信息咨询、物业管理、仓储物流等中介服务机构，积极推进以高新技术创业服务中心、工程技术研究中心、生产力促进中心为重点的创业类中介服务机构建设，为集群内的中小企业提供信息咨询、融资服务、技术服务、法律服务和人才培训，加强对劳动者的教育培训。制定鼓励公平竞争和创新的规则，减少对竞争的限制，由政府出面，牵头成立各个行业的行业协会，并充分发挥其日常的组织、协调、自我管理等方面的作用，充分借助行业协会的力量，发挥好其行业服务的职能，积极组织制定和监督执行行规、行约，规范行业内行为，抵制恶性竞争，防止造成产业损害，维护市场经济秩序。针对中小企业融资难的困境，地方政府应在金融服务体系的建立和完善上下大力气，努力推动资金向集群企业技术创新活动和合作创新注入，为集群成员企业提供相关金融信息服务。加大招商引资的力度，激励引入外资，把产业集群发展规划与招商引资结合起来，必须紧紧抓住世界经济结构新一轮调整的战略机遇，努力实现由项目招商向产业招商的转变，围绕区位优势、资源优势、经济基础和社会文化条件，突出抓好跨国公司大项目的引进，并充分利用外资大项目的产业关联效应，加强对其上下游产品和产业的跟踪研究，"倒逼"配套加工企业跟进，形成"葡萄串"效应，确保形成一个有着良性循环发展的产业集群。①

第五，营造创造网络，倡导集群文化。促进产业集群核心竞争力提升的关键，首先必须努力培育多元主体参与、多种创新资源流动、开放型的区域创新体系。在区域创新体系的创建过程中，地方政府责无旁贷。地方政府应鼓励科技人员以技术入股或直接创办科技小企业、委托开发等；贯彻知识和技术参与分配的原则，充分利用市场机制和专门机构正确评估创新成果及研究开发成果的价值，保障创新者在企业中的利益；明确大学、科研机构和科技人员向小企业转让技术的责任及相应的激励机制，促进科研成果向小企业转移。地方政府可以考虑创建若干面向行业和中小企业的技术服务中心，着力建设若干集科技开发、技术支持与推广、信息咨询、人才培训等功能于一体的产业共性技术创新中心，带动优势产业整体技术升级。在各级地方政府的扶助下，营造以企业为区域创新中心，企业之间、企业与大学、研究机构、政府之间的密切合作的，中介机构积极参与的，具有知识配置能力和创新能力的创新网络，推动产业集群由低成本型向创新型转变，从而增强集群内的企业及整个区域的创新能力和产业集群核心竞争力。制度、风俗、文化等软件要素是支撑产业集群的关键因素，更是增值和创新产业集群、大幅提升集群核心竞争力的要素之一。地方政府应运用舆论的力量，大力宣传、引导集群文化的形成，以期产生一种宽

---

① 齐德义：《促进国家级开发区产业集群的对策》，《生产力研究》2006 年第 2 期。

松自由、兼收并蓄、尊重知识、尊重人才、讲究信誉、等价公平、鼓励个性、相互竞争、协调合作和激励创新的集群文化氛围。

第六，开展区域营销，促进品牌建设。湖北省各级政府应持续不断地采取各种措施，积极开展区域营销，加大对外宣传力度，努力为企业疏通市场渠道，扩大产业集群在全国的知名度，推动产业集群的有效发展。可以通过举办全国性的产品博览会、各种贸易洽谈会、招商引资会，邀请全国知名人士为产业群题词或出席博览会等形式，实施有效的区域营销。与此同时，湖北省各级政府及有关部门要增强品牌意识，把实施品牌发展战略作为经济发展的重点，创造名牌、保护名牌、激励名牌、提升名牌，尽快制定创建品牌的政策措施，推动集群区域品牌的建设。在集群内鼓励龙头企业积极培育国家名牌产品，对评选“中国名牌”和“中国驰名商标”的企业给予奖励。积极采用国家标准和国外先进标准，促进产业集群内企业多层次、全方位的联合协作，实现资源共享，增加科技含量，打造一批产业名市、名镇，共创区域品牌，扩大品牌经营规模，提高产业集群与市场对接的能力。

二、集群功能的扩散

湖北省的各个产业集群都应从集群整体的角度，充分发挥集群的优势，找出集群的不足，树立创大规模、厚实力、有影响集群的团体理念，实现集群在以下方面的突破。

（一）提高产业队伍素质

企业家是推动企业组织创新和技术创新的主体力量，必然也是推动产业集群成长的主体力量。集群应以企业家队伍建设为重点，努力培植一批善于寻找创新源泉，注重提高经济效率，敢于大胆借鉴、尝试，精于捕捉市场机会的企业家队伍，注重职业经理人的培养和使用，建设一支既懂经济，又熟悉专业的产业管理人才队伍。集群还应加强专业技术人才队伍、职业营销人才队伍、普通职工队伍建设，形成在年龄上、性别上、知识结构上合理的产业队伍。

（二）培育集群龙头企业

集群要把各类产业链做大做强做长，关键是要培育一批“根植性”强、具有核心竞争力的龙头企业。一是群内基础比较扎实、成长性好的企业应加快产品品位的提升，重视技术引进和自身能力的提高，加强对生产过程的标准化、规范化管理，强化技术服务，延长加工链条，强化产业内部联系，提高交易效率，推动专业化分工和产业配套，提高产品质量和效益，逐步成为或日渐巩固为产业集群的龙头企业。二是积极引进和培育关联性大、带动性强的大企业大集团，发挥其辐射、示范、信息扩散和销售网络的产业龙头作用，以这些大企业大集团为核心，发挥其聚集带动效应，逐步衍生或吸引更多相关企业集聚，这样，集群龙头企业就可以形成。龙头企业应充分利用资本、品牌、机制、人才、管理、营销、信息等方面优势，加速企业扩张步伐。集群要紧紧围绕龙头企业，从纵向与横向拓展产业链，在深入分析本地产业在全国，乃至全球价值链中所处位置的同时，争取把产业链做成产业集群发展的主脉。

（三）打造集群区域品牌

区域性品牌是众多企业品牌精华的浓缩和提炼，集群可以采用多种方式打造产业集群品牌。一是在产业集群内各企业出资联手打造品牌。群内企业可以建立品牌共享联合体，并用契约或协议方式规范共享联合体内中小企业的经营行为。二是大力引进区外知名品牌，特别是引进国际知名和国内竞争力强的品牌，通过品牌嫁接来实现集群区域品牌。集群要加大名牌推介力度，以名牌企业、名牌产品为依托，通过自身生产和对外贴牌加工以及零部件配套供应，完成产业链配套专业化生产，使之成为产业集群中既体现区域性也兼容企业性的品牌，着力提升企业、产品、集群的国内外知名度、美誉度，积极融入全球生产体系。

（四）突出集群产业特色

地区经济发展优势的形成往往植根于特色，地区产业集群竞争优势的获得同样植根于特色。国内外产业集群发展的经验表明，产业集群在任何行业都可发展，关键是要发展具有竞争优势的特色产业集群。只要立足区位比较优势，将先进技术和地方知识技能结合起来，提高传统产业资源使用效率，同样可以形成较强的区域竞争力。因此，产业集群必须立足区位和资源特点，合理选择产业定位、技术层次，形成适应区位特色、发挥比较优势、最有效利用区位产业发展资源的专业化分工和特色主导产业集群，突出集群的产业特色，才能形成独具活力的经济高速增长区。例如，对于武汉市而言，应将光电子信息产业领域、光机电一体化产业领域、生物工程与新医药领域、新材料领域、高效节能与环保领域作为高新技术产业发展的重点领域，充分发挥武汉市的技术、人才和产业优势，依托东湖、葛店、磁湖等高新技术产业园区的现有产业基础，努力形成若干有规模、有特色、有竞争优势的高新技术产业集群，集中力量推进“武汉·中国光谷电子和软件产业基地”建设。①

（五）推进集群信息化

大力推动信息化发展，一方面是带动工业化的重要途径，另一方面信息化的发展将会使信息流通更加快捷，要素流动更加迅速，拓宽产业集群的信息通道。推进产业集群信息化建设，加快用信息技术改造传统产业，以信息化带动工业化，以工业化促进信息化，发挥信息技术在工业化中集约倍增和催化作用，特别是要重点抓好产销过亿元的集群骨干企业的信息化工作，使传统产业通过智能化、数字化、网络化等信息技术改造，实现生产的机械化、自动化和智能化，从而提高产业技术水平；要通过计算机网络技术的应用，最大范围的配置和整合技术创新资源，提高集群企业的技术创新能力；通过信息集成和资源优化配置，实现物流、信息流和价值流的优化；积极推进各类电子商务平台建设，抓好一批电子商务的示范企业和示范工程，使产业集群通过虚拟场景展现各类产品服务，使供、产、销业务“虚拟化”，扩大网上交易和商务规模。

（六）实现集群产业升级

集群要能够通过技术创新、知识创造、人才培养、加大投资等途径，

---

① 杨孝伟：《对武汉城市圈产业集群合理化问题的探究》，《统计与决策》2006 年第 3 期。

提高集群的自主创新能力，推动产业集群从低成本型向创新型攀升，从而带动产业升级。湖北产业集群目前在整体上仍处于全国产业链的低端，技术创新能力弱，高新技术发展缓慢，大多数产品质量较低，只是具有低价格优势，无法进入高价值市场，在产业升级中的拉动作用不够强。因此，集群更应该通过创新要素的有机整合，提高产业集群的自主创新能力，推动新型企业、新型技术的产生和应用，创造集群创新平台，由此推动产业创新，推动产业集群从低成本型向创新型转变，提升集群的核心竞争力。在实现产业集群升级过程中，应积极开发和利用新能源和可再生能源，促进产业集群的可持续发展。

三、企业力量的释放

“众人拾柴火焰高”，企业是产业集群的构成主体，在产业集群核心竞争力的培育中也应“放一分光、发一分热、尽一分力”。对于湖北省产业集群内的众多企业来说，应想方设法提高本企业的核心竞争力，共同促进产业集群核心竞争力的提升。

一是要加快技术创新，加强企业自身创新能力的培养。一个企业要形成和提高自己的核心竞争力，必须拥有自己的核心技术。因此，企业要把加强技术创新，不断形成专利技术作为提升核心竞争力的关键环节。企业要积极加大研发投入，建立研发中心；要强化市场信息的收集和调查分析，增加产品的技术含量，提高产品的技术附加值；建立人才开发机制，积极引进和培养自己的研发人员，激励创新行为；加强与高等院校和科研院所的合作，凭借他们的技术实力和技术成果，尽快将科研成果转化为产品。

二是要加快企业信息化建设，推动企业变革。企业应强化信息化意识，积极采用当代先进信息技术手段，如网络技术、企业资源计划、电子商务等，加快信息化步伐，提高信息化成效，推动企业全面的管理变革，提高企业整体素质，从而加快培育和发展自身的核心竞争力。企业要想实现信息化，只有与企业实际、企业业务重组、产品结构调整相结合，遵循集成、共享、效益等原则，才能提高工作效率和有效性，降低成本，快速响应市场，从而在日趋激烈的市场竞争中，立于不败之地。

三是要建立现代企业制度，提高管理绩效。企业管理水平直接决定着企业的效率，加强管理，提高企业现代化管理是企业生存与发展的永恒主题。群内中小企业应建立现代企业制度，朝着知识管理、战略管理、人本管理、绿色管理、组织结构柔性化、经营管理信息化的方面发展。企业应根据自身的特点，摒弃原有的一些管理模式，在现有的基础上进行创新，才能保证企业组织机构的合理、管理优化，企业在竞争中才具备真正意义的核心竞争力。

四是要培育企业文化，保持竞争优势。企业文化是一个企业生存与发展的灵魂，良好的企业文化能为企业提供精神动力、思想保证、行为准则和文化氛围，对内形成企业凝聚力，对外保持企业竞争力，使企业保持持久的竞争优势，不断发展壮大。企业建立的企业文化应与集群文化相一致或补充，应能在集群文化的引导下体现出企业的个性。

五是要加强人力资源建设，优化人员结构。高素质的人力资本是提升企业核心竞争力的基础。企业不仅要培育自己的企业家，还要加强专业性、技术性人才队伍建设，建立以人为本的人才管理机制，吸收和稳住优秀科技人才，不断调整人才结构，始终保持人才队伍的旺盛战斗力。

六是要营造学习型组织，增加知识存量。企业核心竞争力是企业内部资源、知识、技术等不断积累、整合和完善的过程。在当前现代科学技术迅猛发展的背景下，社会变化如此迅速，企业必须以全新的学习来全面适应社会的发展需要。通过学习，能使企业在不断修炼中增加专用性资产、不可模仿的隐性知识等。企业只有不断学习，及时调整价值观、思维模式，才能适应市场的需要，提高企业的竞争力。

七是要培育名牌产品，提高市场占有率。提高市场的占有率，不仅要有竞争力很强的产品，还要有卖出这种产品的载体，这个载体首先就是实施名牌战略。有了名牌就有市场。群内企业要通过技术升级、产品改造、广告宣传等方式，积极申报中国驰名商标、中国名牌产品、湖北省驰名商标、湖北省名牌产品，通过品牌竞争力来提升市场竞争力。

附录 湖北省产业集群“十一五”发展规划纲要

根据中共湖北省委八届九次全会审议通过的《湖北省经济社会发展第十一个五年规划的主要目标和措施》及湖北省人大十届四次会议批准的《湖北省经济和社会发展第十一个五年规划纲要》，制定本规划。

一、全省产业集群发展现状

“十五”以来，我省工业经济有了较快发展，形成了以汽车、钢铁、石化、机械、医药、纺织、农业、建材和高新技术产业聚集发展的支柱产业，一批特色产业集群初具雏形。

（一）资源型产业集群

目前的179家过亿元产业集群中，有70%是资源型产业集群。潜江市发挥水产优势，发展水产养殖和水产加工，目前有各类渔场207个，水产品产量8.65万吨，全市有8家规模较大的水产品加工企业，年加工能力5.1万吨。荆门被誉为“中国磷都”，东宝区围绕磷矿资源的开发转化，培育了以洋丰集团为核心的40多家磷化企业，从业人员4200多人，年产各类肥料200万吨，实现产值26亿元，成为华中地区重要的磷复合肥生产基地。全国闻名的“板栗之乡”罗田县，目前已有各类板栗加工企业162家，其中产值过1000万元的6家，从业人员1.2万人，年加工板栗2500吨以上，年产值10亿元，占全县国内生产总值的30%。洪湖水产，应城石膏、盐化工，鹤峰山野菜，随州三里岗香菇，英山、五峰茶叶，竹山绿松石，通山石材等一大批都是资源开发型的产业集群。

（二）骨干企业带动型产业集群

曾都、老河口、谷城、丹江口、十堰郊区、郧县等地，积极发展与东风公司配套的汽车配件，形成了以汽配为主体的汽配走廊。其中5个县的汽车零部件关联企业210家，职工3.8万人，销售产值67.57亿元，汽配产业成为5个县的支柱产业。京山县充分发挥京山轻机集团品牌、支柱和市场优势，发展机械产业群，形成131家关联企业，职工2万多人，销售产值20多亿元。安陆市大力发展粮机制造业，拥有粮机企业20多家，成为全国第二大粮食机械制造基地。目前相类似的还有公安汽车零部件，云梦包装，枝江、稻花香酒业，大冶劲酒，武穴医药化工，东宝磷化工，通城砂布等。

（三）“一镇一业”特色型产业集群

仙桃市彭场镇拥有无纺布生产企业116家，职工15000多人，全镇无纺布企业年出口交货值13亿元，彭场已成为全球最大的无纺布制品中心。鄂州市燕矶镇金刚石刀具从1983年起步，到目前已发展到相关企业168多家，从业人员8000多人，产品占有国内市场份额的60%以上，已成为全国最大的金刚石刀具城。新洲区徐古镇积极引导农民发展蘑菇生产，成立了蘑菇协会，为种植户提供产前、产中和产后服务，从1997年起步到目前，已发展蘑菇基地26个，种植户2800多户，蘑菇加工厂11家，总产值3亿元，形成了产、加、销、贸、工、农一体化的蘑菇产业化格局，成为农民发家致富的重要途径。全省形成“一镇一业、一村一品”特色产业的还有武穴市花桥小五金、蕲春县刘河塑料、曾都区三里岗香菇、赤壁市赵李桥竹木等。

（四）园区聚集型产业集群

各地在积极推进新型工业化过程中，引导工业向园区、开发区聚集发展，形成了一批规模不等、各具特色的产业集聚区，既节约了土地，促进了小城镇建设，又发挥了集聚效应，增强了区域竞争力。汉川以荷沙公路沿线工业基础较好的8个乡镇，规划发展汉川经济技术开发区、马口纺织工业园、福星科技园，形成金属制品、纺织服装、食品医药等主导产品的产业聚集，其中马口工业园纺织规模已达55万绽。大冶市工业园区聚集各类项目236个，其中近两年投资过亿元的项目7个，过5000万元的项目9个，三大板块经济预计在2007年销售收入可突破70亿元。荆门市掇刀区对高新区和工业园进行科学规划，优化了产业布局，三年来投入1.5亿元用于基础设施建设，引进项目44个，其中投资过1亿元的7个，投资额

25亿元。武汉市以园区为载体，通过实施一批重大项目，延伸产业链，形成5大板块集聚区和10大优势主导行业。

我省产业集群的发展与发达省市相比，仍处于起步阶段，产业聚集程度还远远不够。一是产业集中度低，发展规模小，上游产业缺乏下游产业的配套与协作，没有形成互补性强的产业链。二是缺乏区域性优势产业集群的支撑，支柱产业主体地位不突出，产业和企业组织结构不合理，主要工业产品规模化、集约化程度不高，大企业少、名牌产品少。三是产业科技含量不高，核心竞争力不强，拥有先进核心技术的企业集团不多，高新技术企业规模不大。四是政策服务不配套，大多处于自发发展阶段，成长缓慢。

二、发展产业集群的指导思想、基本原则和主要目标

（一）指导思想

以科学发展观为指导，以市场为导向，以工业园区（开发区）为载体，充分发挥支柱产业、龙头骨干企业、资源和区域优势，优化资源配置，延伸产业链，发展循环经济，实施精品名牌战略，构筑特色板块经济，增强自主创新能力，提高区域经济竞争力，带动经济结构调整，促进县域经济快速健康发展。

（二）基本原则

1. 市场导向原则

遵循市场经济规律，以市场为导向，积极发展优势产业，大力培育潜在产业，发挥资源优势和区位优势，培育拳头产品，形成主导产业，通过产业集聚，形成经济优势和市场竞争优势。

2. 重点培育原则

因地制宜，因势利导，重点培育，加快发展特色产业群体。重点培育一批特色品牌，把产业做大做强。重点培育一批市场需求大、发展前景好、技术含量高、能实现产业化和规模化生产的项目，突出产业特色和链动效应。

3. 适度集中原则

科学布局规划，完善基础设施，引导企业向工业园区、开发区、农业庄园、特色产业区聚集，不断提高产业集中度。加快集群化发展，将优化产业布局与加快推进城市化结合起来，着力完善基础设施，增强综合服务功能，强化产业特色和专业化分工协作配套。

4. 功能互补原则

围绕主导产业，积极培育原材料、加工和市场三大基地，增强生产要素的集聚。引导企业配套协作，实现功能互补，促进产加销一体化，推进产业的融合发展，提升区域产业竞争力。

（三）发展目标

各市县都要围绕主导产业、核心企业、名牌产品、特色资源，抓好2—3个带动力强、市场占有率较高、具有地方特色、拥有自主品牌的产业集群。“十一五”期末发展目标是：形成100个年销售收入过10亿元的产业集群、30个过30亿元的产业集群、10个过50亿元的产业集群；形成100个“一镇一业”、“多镇一业”的特色板块经济。重点支持和培养30个产业集群，力争技术创新能力和市场竞争力居国内领先水平。

三、发展重点

以科学发展观为指导，在汽车产业、机械产业、冶金产业、化工产业、医药产业、纺织产业、农业产业、建材产业、高新技术产业中，实现经济发展从粗放型向集约型转变，提高资源利用率，努力建设节约型社会。

（一）汽车产业集群

以现有汽车整车及汽车配件产业为基础，依托大型企业集团，坚持产品创新、技术创新、管理创新，形成“专、新、特、精”的汽车产业集群。依托东风有限公司、神龙公司、东风本田，扩大整车生产规模，生产多功能整车产品；鼓励省内零部件企业的优良资产向大公司、大集团集聚，提高设计和生产等核心制造环节的创新能力，促进汽车及汽车零部件生产的自主化、本土化进程，形成汽车及汽车零部件产业集群。

重点发展以武汉为核心向鄂西北延伸的轿车、载货车、多功能车、电动车、汽车零部件、改装车和4大汽车零部件集群，以及十堰—襄樊—随州—孝感—武汉和宜昌—荆州—武汉—黄石两条汽车工业长廊，带动周边地区汽配走廊的发展。

（二）机械产业集群

立足我省机械制造产业实际，坚持高起点、高标准，加大技术改造和新产品开发力度，科学合理地规划产业结构和空间布局，加快企业的联合、重组，形成集约发展模式，按照大项目——产业链——产业集群——产业基地的方向，优先发展机床工具及成套设备、电工电器、环保机械、船舶制造等具有比较优势的产业，促进产业集聚，形成在国内国际市场上占有较大份额和较强竞争力的机械产业集群。

1. 机床成套设备

大力开展自主研发、创新，制造符合工业现代化要求的以数控机床为代表的工作母机及成套装备。重点发展以武汉重型机床厂、华中数控、楚天激光、黄石锻压、湖北富升等企业为主体的重型、超重型数控机床产业集群。

2. 电工电器

着力发展清洁高效发电技术设备及高压超高压输变电设备，实现新型产业化发展。重点支持武锅和长动联合发展300MW及以上超超临界火电机组、燃气——蒸汽联合循环机组。

3. 环保机械

发挥环保装备制造在烟气脱硫脱硝、污（废）水、垃圾及固体废弃物、粉尘处理等技术处于国内领先地位的优势，通过核心技术的引进，实现重大装备本地化，批量提供成套设备。重点支持武汉凯迪电力、江汉环保等龙头企业的发展，加速形成企业生产环保装备创新能力，促进环保机械产业集群发展壮大。

4. 船舶制造

依靠高技术附加值的船舶设计和制造，提升船舶工业的生产制造能力及导航设备和大型发动机等辅助设备的制造能力，整合骨干重点企业，壮大我省造船总体实力。以武昌船厂、青山船厂、宜昌船厂等为主体，重点发展军民用客货船、海洋工程船、特种专用运输船、船用关键设备，大力发展船用机械等配套产品，形成船舶制造产业群，建成为国内最大的综合性现代化造船基地。

5. 粮油机械

按农机作业由平原向山区发展的方向，向机械秸秆还田、经济作物机收、机播、机防和加工方面拓展。重点发展以武汉、安陆为基地，延伸鄂州、黄石等地企业，形成全省粮油机械制造业集群。

（三）冶金产业集群

鼓励技术创新，依靠科技进步，推进冶金产业技术装备的整体优化和升级。调整产业结构，加大投入力度，推进企业联合重组，合理实施专业化分工，支持重点企业发展，以钢材制造与模具制造为产业集聚的重点发展方向，形成市场份额较大、市场竞争力较强的冶金产业集群。

1. 钢材制造

发展钢材深加工产业，围绕市场生产高附加值、高科技含量的紧缺品种，促进钢材产量、质量快速增长提高，努力使我省成为国家重要钢材生产制造基地之一。重点支持钢铁优势企业发展，把武钢建设成我国具有自主开发创新能力的现代化钢铁联合生产企业和硅钢、汽车板材的主要生产基地；把鄂钢建设成为有较强市场竞争力的地方大型钢铁联合企业；推进冶钢的配套项目建设，将冶钢建成为我国重要的大型特殊钢生产基地。

2. 模具制造

用高新技术提升模具工业的制造水平，大力发展绿色制造技术，推广新工艺、新技术和新材料，同时借鉴沿海及模具工业发达地区的经验，通过政府引导，选择具有一定水平、一定规模的模具企业为基地，建立多功能、集约化的模具工业园，聚集小型模具企业、模具人才，走集约化生产经营之路，构筑功能完善、服务配套的模具商品化产业平台，促使我省模具制造工业走上快速发展之路。重点发展十堰、襄樊、随州汽车模具，鄂州、黄石塑料模具，荆州、宜昌轻工、军工模具，大力培育模具产业集群。

（四）化工产业集群

依托龙头骨干企业，以优势资源为基础，以深加工、精加工和系列产品开发为发展方向，通过推进和深化企业内部改革，促进产业集聚，形成湖北资源特色的化工产业集群。

1. 磷化产业

充分发挥我省磷资源优势，搞好现有磷化工企业的改造与发展壮大，加快磷资源深度加工和系列产品特别是磷精细化工产品开发，逐步建设形成几个磷肥生产和磷精细化工产品生产骨干企业，以优势磷化工集团为发展主体，形成以高新技术为主导、具有鲜明地域特色的磷化工产业集群。重点发展宜化集团、兴发集团、洋丰集团、祥云集团、黄麦岭化工集团、沙隆达股份公司和大峪口化工公司，打造全国重要的精细磷化工和高浓度磷复肥生产基地。

2. 盐膏产业

充分利用丰富的卤水资源，稳定发展“两碱”生产，把盐化工与石油化工、精细化工发展结合起来，逐步建成盐化工基地，发挥盐碱结合优势，搞好联碱的生产与改造，提高重质纯碱比重，搞好制盐提硝。以武汉葛化、应城、荆门盐膏资源为依托，形成全国最大的盐化工、石膏化工产业带，支持应城、云梦、潜江、天门、松滋等地盐化工产业集群建设。

（五）医药产业集群

加大现有医药化工产业改造提升步伐，扩大低污染、高附加值化学原料药产业规模，加快新特药的研究，深入开发生物化工产品。重点发展基因工程药物、生物农药、新型化学合成药及新型制剂、现代中药、系列氨基酸和维生素产品、发酵产品、牛磺酸产品，将我省建成为国内品种齐全、规模较大的医药生产基地之一，形成以武汉为辐射线的黄石、鄂州、潜江、天门、沙市、武穴、随州、宜都、襄樊9大制药基地。加快以武汉庙山医药工业园和鄂州葛店经济开发区为重点的医药工业园建设。

（六）轻纺产业集群

延伸纺纱、织布、印染、服装产业链，依托科技，以棉纺织、服装、化纤、印染等优势产业为纽带，实现资产重组、资源优化配置，形成集制造、研发、贸易为一体的轻纺产业集群，重点培育一批龙头企业，将我省建成中部地区重要的轻纺产业基地。

1. 棉纺织产业

加快纺纱、织造全流程更新改造步伐，发展高档面料生产，形成具有较高生产水平及核心竞争力的棉纺织产业集群。重点发展长江、汉丹沿线棉纺产业带，建设4个纺锭能力过百万枚的大型棉纺织工业产业密集地，并重点引导武汉、襄樊、仙桃、天门、荆州、孝感等地棉纺织和咸宁苎麻纺织的发展。

2. 服装产业

以现有针织服装企业为依托，积极开展产品创新、技术创新，促进产品结构升级，形成全国有影响力的服装产业集群。重点依托汉正街等中心市场，建立与品牌时装相适应的中高档面辅料市场，引进各种高档毛纺、羊绒、皮革等面料品种，并以汉派服装为龙头，黄石、鄂州、黄冈等地为重点，建设鄂东服装走廊。

3. 化纤产业

积极采用国内外先进技术和装备，对现有装置进行扩容改造，增加化纤产品技术含量，着重开发生产档次高、功能多、有差异化特色的产品，加快一批骨干企业的产量扩容，加强化纤产业集群的建设。重点在宜昌、荆州、襄樊、咸宁等地建设4大化纤产业基地，形成一批以技术领先、产品创新为核心竞争力的化纤产业集群。

4. 印染产业

以我省优质坯布加工增值为出发点，重点选择有发展潜力的地区作为湖北发展印染行业的基地。重点在武汉、襄樊、咸宁等地，建设三大印染基地，提高印染的发展水平。

（七）农业产业集群

发挥我省农业大省的区域和资源优势，以粮、棉、油、烟、茶、林、果、水产等资源为依托，加快农副产品的加工转化，加强资源综合开发利用，建立跨乡、县、市的企业群体，形成资源共享、生产共用、市场互补的产业链群体优势，实现农业资源的循环利用，促进农业的可持续发展。重点发展绿色食品、有机食品，积极发展绿色农产品的流通，进一步做大做强我省农业产业，形成一批市场占有率高、经济效益显著的农业产业集群。

1. 畜禽养殖

集中发展畜禽养殖产业，做大养殖产业集群，发挥产业集群辐射带动能力，打响品牌。全省重点发展猪、牛、羊、鸡、鸭饲养及相关产业集群。

2. 粮油加工

继续扩大大米、油料整体加工能力，重点扩大精加工，建设一批具有知名度的优质、高产、高效、生态、安全的大型粮油产业带。重点发展以长江、汉江流域为主，构建起长江、汉江流域大米加工基地和以长江、汉江流域及武汉市为核心的油料加工基地。

3. 水产品

合理开发利用资源，加强生态环境保护，调整、改造和提升传统水产业，引进国外先进设备，扩大生产规模，增建扩建新项目，开发新品种，培育优势水产品产业集群。重点开发洪湖水产、清江鱼，建设梁子湖水产基地；发展鄂州武昌鱼、荆州五湖集团、宜昌三峡饲养业沿江淡水产品深加工板块以及潜江龙虾饲养等水产品加工业等。

4. 农特产品加工

鼓励发展多样合作经营方式，发展多层次加工体系，延伸农业的产前产后生产链，促进农产品综合开发、多梯度利用，培育一批规模大、效益好、加工度高、带动力强、在全国有影响的龙头企业，将农特产品加工产业做大做强。重点建设魔芋、有机茶、高山反季节蔬菜、奶制品、板栗、柑橘、山野菜、香菇、木耳、竹木等优势农特产品产业基地。

（八）建材产业集群

以节能降耗为前提，最大限度地合理利用自然资源和能源，提高资源利用效率，保护生态环境，减少环境污染，提高产品质量，实现建材产业生产全过程的自动化和智能化，建设一批重要的建材工业生产基地，逐步形成各具特色的区域发展格局，提高行业的整体竞争能力，使建材工业成为全省国民经济的重要支柱产业。

1. 水泥产业

支持发展新型干法工艺，生产高强度、低碱含量、高性能水泥，加快淘汰落后工艺技术，重点支持大型水泥集团进行战略投资和资产重组，通过市场运作收购兼并小水泥企业，提高产业集中度，使我省成为国内外水泥行业知名的重要生产中心。重点在全省形成四个水泥产业集群：以华新水泥集团、武汉亚东水泥公司等企业为核心，建设包括黄石、黄冈、鄂州、咸宁、武汉新洲区等地的鄂东水泥生产基地；以葛洲坝水泥厂等重点企业为核心，建设包括荆门及附近地区的鄂中水泥生产基地；以华新宜都公司、恩施公司为核心，建设包括宜昌、恩施及附近地区的鄂西南水泥生产基地；以华新襄樊公司和宝石公司为核心，建设包括襄樊、十堰及附近地区的鄂西北水泥生产基地。

2. 陶瓷产业

实施名牌战略，提高产品质量和档次，加大产品创新力度，生产符合绿色标准的陶瓷产品，以质量好、档次高、特色新颖的名牌产品提升产品经营效益。重点在我省发展高中档建筑、卫生陶瓷，在当阳、枝江、宜都、黄梅等地建设建筑陶瓷生产基地，形成供、产、销一体的生产营销格局。

3. 石墨产业

大力研究开发石墨深加工产品，生产高科技含量、高附加值产品，以石墨高纯微粉、石墨纸、石墨纤维、石墨液晶显像材料及氟化石墨制品为主，拓宽产品领域，促进产业集聚。重点建设宜昌石墨采选加工生产基地，发展专、精、深的石墨产业集群。

4. 石材产业

对现有石材企业正确定位，增加商品附加值，壮大企业规模，开发三峡红、西陵红、三峡绿、芝麻点、芝麻灰、黄冈青、小石花等品牌。重点发展通山、黄冈、宜昌等地石材产业带。

（九）高新技术产业集群

充分发挥武汉市的技术、人才和产业优势，依托东湖、葛店、磁湖等高新技术产业园区的现有产业基础，以“武汉·中国光谷”为主体，以光通信、激光加工和消费类电子产业为重点，进一步壮大武邮院、长飞公司、NEC公司等优势龙头企业，加快发展一批中小企业。重点发展武汉、宜昌、襄樊高科技产业带，大力发展电子信息与软件、生物技术与新医药、电动汽车与光机电一体化、新材料、节能环保五大高新技术产业集群。

四、对策措施

（一）加强宏观指导，优化产业布局

坚持实事求是、因地制宜的原则，指导工业结构优化升级及区域产业公共服务平台建设，打破行政区划，在全省形成较为合理的产业布局。按照培育壮大产业集群的要求，把发挥市场配置资源的基础性作用和政府配置资源的指导性作用结合起来，按照各地资源禀赋特点、产业发展现状、产业链形成规律，确定发展目标，明确支持重点，引导招商引资方向。县域和重点乡镇是产业集群的“栖息地”，应坚持市场导向，结合小城镇建设，选择最具有本地比较优势的产业或产品，重点培育特色主导产业。以园区建设为重点，高标准规划和建设富有地方特色、功能定位独特的各类工业园区、农业园区，引导中小企业向产业园区集中，以优化产业布局。

（二）培植龙头企业，完善产业链

培育优势龙头企业，提高企业核心竞争力。引导主导产业向“专、精、特、新”方向发展，与龙头企业形成专业化分工、配套化生产的格局。鼓励龙头企业采取多种方式，对上下游配套企业进行重组、改造，促进与龙头企业产品的配套和产业链接，形成相关产业与龙头企业的聚集，增强竞争力。龙头企业充分利用资本、品牌、机制、人才、管理、营销、信息等方面优势，加速企业扩张步伐。将传统工业发展单向流动的线性特征（资源→产品→废物）改为循环流动的新模式（资源→产品→再生资源），实现能量和物质充分利用，使用清洁能源、生产清洁（无毒性）产品、减少生产过程中“三废”对环境的污染。

（三）抓好产业园区建设，增强产业集聚

把特色工业园区建设作为产业集群发展壮大的基本依托和切入点，搞好园区整合、扩容和提升。按照科学规划、基础先行、差异发展的原则，抓好现有工业园区的定位和整合，推动园区体制、机制和管理创新，发挥园区的集聚效应和辐射效应，鼓励和引导与产业链相关的企业入园发展，打造各具特色的产业园区。根据开发区、工业园区产业集群定位，有选择地把现有相关企业转移至开发区、工业园区内或开发区周边，鼓励关联或配套企业向产业区域或相应工业园区转移。在工业园区内设立园中园，支持配套产业园搞好水、电、路等公共设施方面的建设，降低配套企业入园成本，逐步形成一批专业化特色明显、产业链体系完整、中小企业集聚的区域性产业集群。鼓励各类投资主体参与产业工业园基础设施建设，建造标准厂房、专业市场、仓储设施、开展物业租赁经营等。积极引导有实力的企业创办产业工业园。

（四）实施品牌战略，提高市场覆盖率

鼓励创建精品名牌。各级政府及有关部门要增强创牌意识，把实施名牌发展战略作为经济发展的重点，创造名牌，保护名牌，激励名牌，提升名牌，尽快制定创牌的政策措施，本着扶持一个、发展一个、成功一个的原则，推动创牌工作的开展。在集群内积极培育国家名牌产品，对评选“中国名牌”和“中国驰名商标”的企业给予奖励。鼓励产业集群积极培育区域产品综合品牌，积极采用国家标准和国外先进标准，促进产业集群内企业多层次、全方位的联合协作，实现资源共享，增加科技含量，打造一批产业名市、名镇，共创区域品牌，扩大品牌经营规模，提高产业集群与市场对接的能力。疏通产业集群特别是生产型产业集群与大市场对接的渠道，通过国际信息平台发展电子商务，举办国际性的产品或企业交流会等渠道，加强集群的品牌推介，提高品牌市场覆盖率。

（五）以人为本，提高产业队伍素质

加强经营管理人才队伍建设，以企业家队伍建设为重点，按照与国际接轨的目标，创造优秀人才脱颖而出的机制和环境，注重职业经理人的培养和使用，建设一支既懂经济，又熟悉专业的产业管理人才队伍。加强专业技术人才队伍建设，以培养产品研究开发与设计人才为重点，为他们创造良好的工作环境和生活环境，调动他们为企业生存、行业发展争做贡献的积极性。加强职工队伍建设，通过职业技术教育，抓好工人上岗前的技能培训和上岗后的继续教育，建设一支技术熟练、作风过硬的职工队伍。加强职业营销队伍建设。通过各种培训途径，造就一大批具有丰富贸易、法律、文化等基础知识，适应国际国内市场要求，具有独立分析和处理问题能力的职业营销队伍。

（六）大力推进金融创新，支持产业集群发展

鼓励通过股份制、股份合作制等形式直接融资，扩大资本金。建立我省产业集群发展基金，主要用于扶持重点产业集群形成产业链、争创区域品牌、提供关键和重大技术支持、创业辅导、服务体系建设和工业园区建设等。鼓励民间资本发挥作用，鼓励民间资本向中小企业进行风险投资，建立风险投资的运行机制，规范操作办法，完善法规体系，扩大投融资渠道，加大对特色产业集群的资金扶持力度，建立有利于特色产业集群发展的投融资体制。各级政府应组织银、企联席会议，就商业银行支持特色产业集群发展的问题进行专题研究，建立专项银团贷款，扩大特色产业集群的信贷规模，并采用授信贷款、贴息贷款等方式，直接分配到产业特色明显、发展健康的产业集群。积极推动产业集群诚信体系建设，对集群企业进行客观公正的信用评级，推荐信用度较高的企业作为金融部门发放授信

贷款的目标企业。中小企业发展专项资金、中小企业技术改造项目贷款贴息资金导向计划，由支持孤立状态企业转向支持产业集群的龙头企业，由支持单个企业转向支持产业集群的群体企业。积极引导信贷资金投放，支持重点产业集群的发展。鼓励建立大型紧密型的企业集团，争取上市融资。创造条件推动扶持大型企业集团中的龙头企业和骨干企业扩大融资渠道。建立融资担保风险补偿机制和再担保机制，拓展政策性融资担保、租赁、企业债券、资产证券化、信托等金融工具，积极推介高新技术企业境内外股票上市，为产业集群发展提供富有活力的多层次、特色化的金融服务。中小企业信用担保体系要为特色产业集群中的企业提供优先服务，为企业融资创造条件。

（七）提高创新能力，提升产业集群竞争力

进一步提高企业技术引进、消化、吸收能力和自主创新能力。形成网络化的研发体系，创建若干面向行业和中小企业的技术服务中心，着力建设若干集科技开发、技术支持与推广、信息咨询、人才培训等功能于一体的产业共性技术创新中心，带动优势产业整体技术升级。鼓励创办各类专业孵化器，以孵化器为核心，整合技术支持、管理咨询、风险投资等多种力量，加快科技成果转化，培育高新技术企业。鼓励骨干企业实施知识产权战略，开发自主知识产权。重点扶持技术创新能力强、辐射范围广的龙头或骨干企业建立产业共性技术和关键技术研发中心、服务中心和产品检测检验中心和技术服务体系建设，突破共性技术难点，促进新技术的广泛应用和成果资源共享，支持产业集群做大做强。探索在若干领域建设以企业出资为主、政府适当扶持、科研机构参与、企业化管理、市场化运作的共性技术服务平台，重点实施一批技术创新示范项目。加大政府对通用技术的开发投入，通过建立重点产业集群的技术创新基金，运用财政贴息、税收返还等政策手段，引导产业集群的核心企业逐步增加研究开发投入，加大技术改造力度，淘汰落后的技术与装备，加快产品的升级换代。有的放矢地组织一批产业共性技术产学研联合攻关项目，促进大专院校、科研院所与产业集群建立产学研联合体，促进人力资源要素合理流动和优化组合；集中扶持产业发展的关键项目，提高自主创新能力以增强企业群体的核心竞争力，推动产业集群由低成本型向创新型转变，加快产业集聚步伐。

（八）转变政府职能，改善软硬环境

各级政府对产业集群要给予针对性扶持，加强基础设施建设，加强对劳动者的教育培训。切实保护企业合法权益，减轻企业负担，打击假冒伪劣产品，加强诚信建设。围绕产业集群做大做强，制定税收、土地、规划、融资、电力等方面的具体支持措施。积极开展产业链招商，重点引进有实力的大企业集团、知名品牌和成长性好的企业特别是世界500强企业落户湖北。发挥已引进集群企业的带动作用，组建引进企业协会、同乡会，与沿海地区城市结为友好城市，拉动对沿海地区的招商引资。紧盯国内知名企业、院校和科研院所，采取风险投资、财政补贴等方式，引进技术、产品、项目和人才，加快高新技术产业的发展，努力形成一批高新技术产业集群。营造创业的环境和机制，通过多种措施鼓励与促进本地企业家创业，吸引外出务工且已具备经济实力的人员回乡创业，积极探索产业集群项目联合招商的模式。大力促进信息技术的推广应用，发挥其在工业化中集约倍增和催化作用，重点抓好产销过亿元的集群骨干企业的信息化工作，使传统产业通过智能化、数字化、网络化等信息技术改造，实现生产的机械化、自动化和智能化，从而提高产业技术水平；要通过计算机网络技术的应用，最大范围的配置和整合技术创新资源，提高集群企业的技术创新能力；通过信息集成和资源优化配置，实现物流、信息流和价值流的优化。

（九）健全行业自律组织，加强产业集群服务体系建设

选择大型龙头企业牵头，组织建立行业协会，制定行业规范，加强内部自律，消除产业内的无序竞争，充分发挥行业协会在沟通政府与企业、规范行业秩序、协调行业纠纷、保证行业公正、调查产业损害等方面独有的作用，并逐步引导行业协会由单项服务向综合配套服务发展，由松散型合作组织向紧密型经济利益共同体转变。建立社会公共服务平台，包括帮

助建立健全法律、会计、仲裁、信息咨询、技术咨询、难题招标、创新孵化、成果转让、技术合作、技术规范、资金担保、知识培训、招商引资、环保安全等中介机构。加强重点产业集群所需人才培训与劳务培训。协调省内高校、职业院校，做好人才、劳动力培训计划。进一步推进国际人才交流，加强与省内外高校、科研院所合作，通过设立博士后流动站、产学研合作基地等形式，集聚创新创业人才，为企业发展提供充足的人力资源保障。在产业集群密集的地区建立人才培训基地，扶持发展一批有针对性的职业学院。采取各种行之有效的措施，为产业集群的发展壮大提供良好的服务。

第九章　产业集群核心竞争力研究结论

第一节　产业集群核心竞争力总结

本书以经济学、管理学、社会学、数学等多种学科为基础，结合产业集群理论和核心竞争力理论，系统探讨了产业集群核心竞争力的理论基础、构成要素、形成机理和影响因素，初步构建了产业集群核心竞争力的评价体系，并着重从政府层面、集群层面和企业层面三个维度分析了我国产业集群核心竞争力的培育对策与措施，还以湖北产业集群为例，对湖北产业集群核心竞争力的提升也提出了相关建议。

产业集群核心竞争力与产业集群竞争力、产业集群持续竞争优势、群内企业核心竞争力有着天然的联系，它们之间存在一种正相关的关系。外部经济理论、集聚经济理论、工业集聚理论、竞争优势理论、交易费用理论构成产业集群核心竞争力的传统理论渊源，创新网络理论、社会网络理论、社会资本理论、战略生态理论和核心竞争力理论则是产业集群核心竞争力的现代理论视角。

产业集群的生命周期存在阶段上的不完整性，是由于受到外界环境和内部因素的影响，会对产业集群核心竞争力的生命周期产生直接或间接的影响。从政府层面来看，主要影响因素有：外部经济环境、区域基础设施、政策制度框架、公共服务平台和知识网络体系；从集群层面来看，主要影响因素有：信任关系、外部联系、知识扩散、吸引效应、多样化和行业协会；企业家、龙头企业、企业文化、新企业进入的门槛和知识获取则构成群内企业层面的主要影响因素。

产业集群核心竞争力的结构模型包括三个构成要素：核心技能、产业整合、投资环境。这三个构成要素之间存在着明显的层次关系、作用关系、价值传递与转换关系，产业集群核心竞争力是核心技能竞争力、产业整合竞争力和投资环境竞争力经过整合而形成的合力。对于产业集群来说，核心技能主要由知识创新、技术创新和集群学习三个子要素构成，供应链整合、价值链整合与知识链整合是产业整合的构成子要素，投资环境由集群文化、区域品牌、人力资源三个子要素构成。

产业集群核心竞争力的形成机制由内源驱动机制和外源推动机制组成。地域根植机制、共生竞合机制、组织强化机制和分工协作机制是产业集群核心竞争力的内源驱动机制，市场竞争推动机制、创新环境支持机制和政府政策激励机制则构成产业集群核心竞争力的外源推动机制。

产业集群核心竞争力的评价机制必须遵循一定的原则，按照一定的评价流程，提高集群核心竞争力评价的合理性与正确性。产业集群核心竞争力评价指标体系由目标层、3 个主准则层、9 个分准则层和 48 个方案层指标构成，可以采用基于专家咨询的多层次模糊综合评价方法对产业集群核心竞争力的强弱进行评价。

目前我国产业集群核心竞争力从整体上来看还不很强，个别产业集群甚至于还不具备核心竞争力，应按照加快核心技能瓶颈突破、加快产业整合瓶颈突破、加快投资环境瓶颈突破的基本思路，从政府层面、集群层面和企业层面采取相应措施和对策，加快产业集群核心竞争力的形成与提升。

湖北产业集群最近几年发展比较迅速，在发展过程中，还将面临九大风险的制约。利用已有研究成果和数据，从宏观角度进行分析发现，湖北产业集群整体核心竞争力还较弱，其培育既需要政府作用的发挥，也需要集群功能的扩散，还需要企业力量的释放。

第二节 产业集群核心竞争力研究展望

产业集群作为一个全球性的经济现象，对其的研究是当前经济学、管理学研究中的前沿性课题，引起了国内外学者广泛兴趣。而对产业集群核心竞争力的研究则是一个新领域，现有的研究基础还比较薄弱，囿于资料所限，也由于本人能力有限和时间限制，许多问题有待进一步研究。主要问题如下：①如何从微观的角度，对具体某几个同类型的产业集群核心竞争力按照制定的评价体系作出合理的评价；②本书提出的产业集群核心竞争力构成要素只是从整体的角度来界定，而不同行业和不同类型的产业集群核心竞争力的构成要素及其子要素应有所侧重；③产业集群核心竞争力的评价指标体系和计算方法应更趋科学与合理；④产业集群核心竞争力的培育对策与措施应更加完备与周全。

参考文献

著作类

［1］阿尔弗雷德·韦伯:《工业区位论》，商务印书馆 1997 年版。

［2］阿尔弗雷德·韦伯著，李刚剑等译:《工业区位理论》，四川人民出版社 2000 年版。

［3］巴顿:《城市经济理论与政策》，商务印书馆 1984 年版。

［4］白光、马国忠:《企业发展力》，中国经济出版社 2003 年版。

［5］盖文启:《创新网络：区域经济发展新思维》，北京大学出版社 2002 年版。

［6］费孝通等:《地区发展战略与规划研究》，中国展望出版社 1988 年版。

［7］黄速建:《中国产业集群创新发展报告 2010—2011》，经济管理出版社 2010 年版。

［8］金碚:《竞争力经济学》，广东经济出版社 2003 年版。

［9］李丹:《基于产业集群的知识协同行为及管理机制研究》，法律出版社 2009 年版。

［10］李惠斌、杨雪冬:《社会资本与社会发展》，社会科学文献出版社 2000 年版。

［11］梁琦:《产业集聚论》，商务印书馆 2004 年版。

［12］刘东勋:《转型发展经济中产业集群的起源与演化》，社会科学文献出版社 2009 年版。

[13] 刘世锦:《中国产业集群发展报告（2007—2008）》，中国发展出版社 2008 年版。

[14] 卢福则:《核心竞争力与企业创新》，经济管理出版社 2002 年版。

[15] 鲁开垠:《成长的空间——产业集群核心能力研究》，经济科学出版社 2006 年版。

[16] 迈克尔·波特:《国家竞争优势》，华夏出版社 2002 年版。

[17] 迈克尔·波特:《竞争论》，中信出版社 2003 年版。

[18] 马建会:《区域产业集群发展研究》，中国财政经济出版社 2009 年版。

[19] 仇保兴:《小企业集群研究》，复旦大学出版社 1999 年版。

[20] 芮明杰等:《论产业链整合》，复旦大学出版社 2006 年版。

[21] 谭崇台:《发展经济学的新发展》，武汉大学出版社 1999 年版。

[22] 王辑慈:《创新的空间：企业集群与区域发展》，北京大学出版社 2001 年版。

[23] 王缉慈等:《超越集群——中国产业集群的理论探索》，科学出版社 2010 年版。

[24] 王珺等:《技术创新与集群发展：我国专业镇经济的技术创新机制研究》，经济科学出版社 2008 年版。

[25] 王淑英:《产业集群演化与区域经济发展研究："合作伙伴关系"的视角》，光明日报出版社 2009 年版。

[26] 卫龙宝等:《产业集群升级、区域经济转型与中小企业成长：基于浙江特色产业集群案例的研究》，浙江大学出版社 2011 年版。

[27] 魏后凯等:《中国产业集聚与集群发展战略》，经济管理出版社 2008 年版。

[28] 魏江:《产业集群——创新系统与技术学习》，科学技术出版社 2003 年版。

[29] 熊彼特:《经济发展理论》，商务印书馆 1990 年版。

[30] 亚当·斯密:《国民财富的性质和原因的研究》，商务印书馆

1981 年版。

[31] 张元智、马鸣萧:《产业集群：获取竞争优势的空间》，华夏出版社 2006 年版。

[32] 张哲:《产业集群内企业的协同创新研究》，人民交通出版社 2011 年版。

[33] 郑海涛:《产业集群网络结构与企业创新绩效关系研究》，华南理工大学出版社 2012 年版。

[34]《中国产业集群发展报告》课题组:《中国产业集群发展报告》，机械工业出版社 2009 年版。

[35] 周海炜:《核心竞争力：知识管理战略与实践》，东南大学出版社 2002 年版。

[36] 朱华晟:《浙江产业群：产业网络、成长轨迹与发展动力》，浙江大学出版社 2003 年版。

[37] 朱英明等:《中国产业集群时空发展研究》，经济管理出版社 2011 年版。

期刊类

[1] 包昌火等:《竞争对手分析论纲》，《情报学报》2003 年第 1 期。

[2] 卜庆军:《基于企业核心竞争力的产业链整合模式研究》，《企业经济》2006 年第 2 期。

[3] 蔡铂、聂鸣:《社会网络对产业集群技术创新的影响》，《科学学与科学技术管理》2003 年第 7 期。

[4] 蔡月祥:《中小企业集群核心竞争力评价体系研究》，《经济问题探索》2004 年第 11 期。

[5] 陈佳贵、王钦:《中国产业集群可持续发展与公共政策选择》，《中国工业经济》2005 年第 9 期。

[6] 陈建华、马士华:《供应链整合管理的实现机制与技术解决方案》，《工业工程与管理》2006 年第 1 期。

［7］陈剑锋:《产业集群中社会资本价值模型及其影响因素》，《学术研究》2003 年第 2 期。

［8］陈柳钦:《产业集群竞争力理论的演变》，《甘肃理论学刊》2006 年第 7 期。

［9］陈琳等:《产业集群发展中政府治理与集群产出的传导机制分析》，《南开经济研究》2010 年第 2 期。

［10］陈树文等:《基于全球价值链的产业集群能力升级的阶段性分析》，《科技进步与对策》2006 年第 1 期。

［11］陈文华、刘善庆:《国外产业集群研究的新成果及启示》，《企业经济》2005 年第 7 期。

［12］池仁勇等:《产业集群发展阶段理论研究》，《中国软科学》2005 年第 5 期。

［13］迟英庆:《基于知识的核心竞争力与企业的竞争优势》，《企业经济》2004 年第 2 期。

［14］储小平、李桦:《中小企业集群理论研究述评》，《学术研究》2002 年第 5 期。

［15］崔焕金:《产业集群竞争优势的行为生态学透视》，《生产力研究》2005 年第 12 期。

［16］邓恢华、杨建梅:《从集群品牌视角探讨广州汽车产业集群竞争力的提升》，《南方经济》2005 年第 9 期。

［17］窦虎:《基于产业集群发展的政府政策研究》，《东岳论丛》2005 年第 5 期。

［18］杜纲、崔婷:《企业核心竞争力的层次——维度结构及其评价判定模型研究》，《科学学与科学技术管理》2005 年第 1 期。

［19］丁敏:《基于低碳经济视角的装备制造业产业集群竞争力分析》，《开发研究》2010 年第 5 期。

［20］樊纲:《论竞争力》，《管理世界》1998 年第 3 期。

［21］付坤、林祥磊:《产业集群促进产业阶级对地方经济的发展》，

《管理学家》2012 年第 3 期。

[22] 盖文启等:《国外产业集群理论探析》,《国际经贸探索》2006 年第 4 期。

[23] 高巍等:《基于供应链联盟的知识整合研究》,《管理工程学报》2005 年第 3 期。

[24] 管福泉等:《产业集群竞争优势理论分析》,《工业技术经济》2006 年第 3 期。

[25] 何继善、戴卫明:《产业集群的生态学模型及生态平衡分析》,《北京师范大学学报(社会科学版)》2005 年第 1 期。

[26] 黄永春等:《长三角出口导向产业集群的攀升路径与对策研究》,《中国科技论坛》2012 年第 6 期。

[27] 后小仙:《区域产业集群的动力机制分析》,《经济理论与经济管理》2006 年第 5 期。

[28] 胡大立:《企业核心竞争力的构成要素及其构建》,《科技进步与对策》2003 年第 5 期。

[29] 胡恩华、单红梅等:《企业核心竞争力的识别及综合模糊评价》,《系统工程》2004 年第 1 期。

[30] 胡建波、王东平:《企业核心竞争力的关键构成要素及分析》,《华东经济管理》2006 年第 7 期。

[31] 惠宁:《产业集群理论的形成及其发展》,《山西师范大学学报(社会科学版)》2005 年第 6 期。

[32] 惠宁:《分工深化促使产业集群成长的机理研究》,《经济学家》2006 年第 1 期。

[33] 江若尘:《企业竞争的新模式——企业协调竞争:企业集群》,《财贸研究》2000 年第 3 期。

[34] 金碚:《论企业竞争力的性质》,《中国工业经济》2001 年第 10 期。

[35] 蒋石梅等:《产业集群产学研协同创新机制》,《科学学研究》

2012 年第 2 期。

［36］纪玉俊、丁娟:《基于链网结合的地方产业集群升级机理与路径》,《经济与管理》2012 年第 11 期。

［37］蓝庆新、王述英:《产业集群的内在竞争力效应分析》,《山西财经大学学报》2004 年第 2 期。

［38］黎继子、蔡根女:《价值链供应链视角下的集群研究新进展》,《外国经济与管理》2004 年第 7 期。

［39］李存芳等:《企业核心竞争力决定模型构建与评价实证》,《商业经济与管理》2006 年第 6 期。

［40］李君华、彭玉兰:《基于全球供应链的产业集群竞争优势》,《经济理论与经济管理》2004 年第 1 期。

［41］李小建:《跨国公司对区域经济发展影响的理论研究》,《地理研究》1997 年第 16 期。

［42］李玉连:《基于社会资本理论的产业集群可持续发展研究》,《科学学与科学技术管理》2006 年第 3 期。

［43］李亚林:《基于区域品牌视角下的产业集群升级路径及对策研究》,《经济与管理》2012 年第 12 期。

［44］李志刚等:《产业集群网络结构与企业创新绩效关系研究》,《科学学研究》2007 年第 4 期。

［45］励凌峰、黄培清:《并购中供应链之间的知识整合》,《情报科学》2005 年第 7 期。

［46］梁宏:《产业集群及其竞争力研究》,《哈尔滨工业大学学报（社会科学版）》2005 年第 1 期。

［47］刘春香:《意大利劳动密集型产业集群研究及其对中国的启示》,《北方经济》2006 年第 3 期。

［48］刘恒江、陈继祥:《基于动力机制的我国产业集群发展研究》,《经济地理》2005 年第 5 期。

［49］刘国新、闫俊周:《评价产业集群竞争力的 GEMS 模型构建研

究》,《科技进步与对策》2010 年第 2 期。

[50] 刘恒江、陈继祥:《要素、动力机制与竞争优势: 产业集群的发展逻辑》,《中国软科学》2005 年第 2 期。

[51] 刘冀生、吴金希:《论基于知识的企业核心竞争力与企业知识链管理》,《清华大学学报 (哲学社会科学版)》2002 年第 1 期。

[52] 刘敬山等:《发电企业核心竞争力评价体系研究》,《华北电力大学学报 (社会科学版)》2006 年第 1 期。

[53] 刘娟、谢守祥:《企业集群核心竞争力分析模型》,《科技管理研究》2004 年第 5 期。

[54] 刘友金:《产业集群竞争力评价量化模型研究——GEM 模型解析与 GEMN 模型构建》,《中国软科学》2007 年第 9 期。

[55] 龙裕伟等:《集群经济核心竞争力的培植》,《经济与社会发展》2005 年第 2 期。

[56] 鲁开垠:《产业集群核心能力的理论解释》,《岭南学刊》2004 年第 1 期。

[57] 鲁开垠:《产业集群社会网络的根植性与核心能力研究》,《广东社会科学》2006 年第 2 期。

[58] 罗文章:《产业集群竞争优势形成机理的经济学分析》,《求索》2004 年第 8 期。

[59] 马刚:《产业集群演进机制和竞争优势研究述评》,《科学学研究》2005 年第 2 期。

[60] 苗金泽:《对核心竞争力的再认识: 基于现代企业理论的思考》,《生产力研究》2006 年第 3 期。

[61] 缪小明、李刚:《基于企业认知角色的产业集群研究》,《科学学与科学技术管理》2006 年第 1 期。

[62] 牟绍波、王成璋:《论产业集群动态核心能力的培育与提升》,《科技管理研究》2006 年第 6 期。

[63] 潘慧明、李必强:《产业集群风险管理系统研究》,《经济师》

2006 年第 4 期。

[64] 齐德义:《促进国家级开发区产业集群的对策》,《生产力研究》2006 年第 2 期。

[65] 钱东平:《产业集群与江苏区域经济竞争力——美国加州产业集群模式的借鉴》,《现代经济探讨》2004 年第 6 期。

[66] 乔俊峰:《基于耗散结构理论的产业集群形成机理研究》,《经济与社会发展》2006 年第 3 期。

[67] 秦世亮等:《个人知识和企业知识创造》,《研究与发展管理》2004 年第 1 期。

[68] 任鹏等:《产业集群竞争力评价综合模型研究》,《科技管理研究》2012 年第 23 期。

[69] 沈西林:《企业竞争力的层次分析》,《工业技术经济》2002 年第 3 期。

[70] 时希杰、吴育华:《企业核心竞争力三维评价模型与实证研究》,《中国管理科学》2004 年第 3 期。

[71] 孙东生、李娟:《基于知识的企业核心竞争力的管理问题》,《科技与管理》2005 年第 2 期。

[72] 唐建军:《湖北中小企业产业集群的现状、问题及对策》,《企业经济》2006 年第 6 期。

[73] 谭江涛、何伟军:《试论组织试验、集群租金积累与产业集群的触发——对产业集群触发机制的新思考》,《科技进步与对策》2010 年第 18 期。

[74] 田红云等:《企业家与产业集群发展的动力——基于复杂系统理论的观点》,《扬州大学学报(人文社会科学版)》2006 年第 3 期。

[75] 童昕、王缉慈:《论全球化背景下的本地化创新网络》,《中国软科学》2000 年第 9 期。

[76] 万幼清、邓明然:《基于知识视角的产业集群协同创新绩效分析》,《科学学与科学技术管理》2007 年第 4 期。

[77] 万幼清、邓明然:《产业集群内部知识共享的制约因素及促进策略》,《企业经济》2006 年第 10 期。

[78] 万幼清、王战平:《基于知识网络的产业集群知识扩散研究》,《科技进步与对策》2007 年第 2 期。

[79] 万幼清:《产业集群内部知识共享机制探析》,《当代经济管理》2008 年第 8 期。

[80] 万幼清:《基于知识自组织理论的产业集群知识系统分析》,《商业时代》2010 年第 6 期。

[81] 王发明、周才明:《产业集群政策研究——以浙江为例》,《技术经济》2006 年第 6 期。

[82] 王华等:《社会网络嵌入性视角的产业集群竞争优势探析》,《科技进步与对策》2006 年第 1 期。

[83] 王欢芳、何燕子:《长株潭城市群产业集群低碳化升级模式研究》,《科技管理研究》2012 年第 20 期。

[84] 王缉慈、童昕:《简论我国地方企业集群的研究意义》,《经济地理》2001 年第 5 期。

[85] 王缉慈等:《产业集群概念理解的若干误区评析》,《地域研究与开发》2006 年第 2 期。

[86] 王珺、岳芳敏:《技术服务组织与集群企业技术创新能力的形成——以南海西樵纺织产业集群为例》,《管理世界》2009 年第 6 期。

[87] 王阳:《构造我国企业核心竞争力的形成机制》,《开发研究》2002 年第 6 期。

[88] 王玉翠:《企业核心竞争力评价指标体系建立与模糊评价》,《东北农业大学学报(社会科学版)》2005 年第 1 期。

[89] 汪少华、汪佳蕾:《浙江产业集群高级化演进与区域创新网络研究》,《科学学研究》2007 年第 6 期。

[90] 汪少华、汪佳蕾:《基于产业集群的区域网络重构研究》,《科研管理》2007 年第 3 期。

[91] 魏后凯:《对产业集群与竞争力关系的考察》,《经济管理》2003年第6期。

[92] 吴汉贤、邝国良:《企业网络结构对产业集群竞争力的影响分析——基于网络密度》,《科技管理研究》2010年第14期。

[93] 吴思静、赵顺龙:《基于GEM模型的高新技术产业集群竞争力研究》,《科技管理研究》2010年第5期。

[94] 吴玉鸣:《区域核心竞争力理论研究》,《改革与战略》2006年第1期。

[95] 肖家祥、黎志成:《基于组合赋权法的产业集群竞争力评价》,《科技进步与对策》2005年第4期。

[96] 谢洪明、吴隆增:《技术知识特性、知识整合能力和效果的关系——一个新的理论框架》,《科学管理研究》2006年第2期。

[97] 谢洪明、刘少川:《产业集群、网络关系与企业竞争力的关系研究》,《管理工程学报》2007年第2期。

[98] 徐康宁:《当代西方产业集群理论的兴起发展和启示》,《经济学动态》2003年第3期。

[99] 徐康宁:《开放经济中的产业集群与竞争力》,《中国工业经济》2001年第11期。

[100] 徐占忱、何明升:《论产业集群竞争力的性质》,《工业技术经济》2005年第1期。

[101] 杨洪焦等:《产业集群理论研究述评》,《经济问题探索》2006年第3期。

[102] 杨京星、张荣刚:《集群企业的供应链管理分析》,《西北大学学报(哲学社会科学版)》2006年第4期。

[103] 杨孝伟:《对武汉城市圈产业集群合理化问题的探究》,《统计与决策》2006年第3期。

[104] 于秀婷、史占中:《产业集群的演化和阶段性成因探讨》,《上海管理科学》2005年第1期。

[105] 余伟萍等:《中国企业核心竞争力要素实证研究》,《社会科学战线》2003 年第 5 期。

[106] 宇红:《社会资本对高新技术产业集群的作用机制分析》,《商业时代》2012 年第 18 期。

[107] 袁国敏:《城市核心竞争力评价的指标体系》,《统计与决策》2004 年第 3 期。

[108] 袁岩:《浅谈企业核心竞争力评价指标体系的设计》,《价值工程》2006 年第 4 期。

[109] 袁中许:《中部后发产业集群竞争力研究》,《科学管理研究》2011 年第 6 期。

[110] 苑全驰:《从产业集群到创新集群——集群经济发展的方向和对策研究》,《江南论坛》2006 年第 2 期。

[111] 岳芳敏:《集群企业创新机制与路径研究——以广东传统产业集群为例》,《学术研究》2007 年第 7 期。

[112] 岳军:《国外产业集群理论的演进脉络》,《财经科学》2006 年第 2 期。

[113] 张慧文:《我国三大经济圈金融服务业集群竞争力研究》,《管理世界》2010 年第 6 期。

[114] 张建华、张淑静:《产业集群的识别标准研究》,《中国软科学》2006 年第 3 期。

[115] 张明林、陈华:《产业集群形成机制的超边际分析理论模型初探》,《企业经济》2005 年第 1 期。

[116] 张秀生等:《产业集群、合作竞争与区域竞争力》,《武汉大学学报(哲学社会科学版)》2005 年第 3 期。

[117] 张占仓:《产业集群战略与区域发展》,《中州学刊》2006 年第 1 期。

[118] 张真等:《湖北省产业集群的鉴别与特征分析》,《统计与决策》2006 年第 8 期。

[119] 张振刚、景诗龙:《我国产业集群共性技术创新平台模式比较研究——基于政府作用的视角》,《科技进步与对策》2008 年第 7 期。

[120] 赵敏、张国亭:《我国产业集群面临的主要问题与发展对策》,《现代管理科学》2006 年第 9 期。

[121] 赵向飞、董雪静:《企业核心竞争力的动态模糊评价模型》,《统计与决策》2005 年第 3 期。

[122] 郑克俊、迟清梅:《企业核心竞争力的识别与评价研究》,《科技管理研究》2006 年第 5 期。

[123] 郑亚莉:《产业集群中的知识创造机制》,《浙江社会科学》2005 年第 3 期。

[124] 朱方伟:《产业集群的核心要素演进分析》,《科学学与科学技术管理》2004 年第 2 期。

[125] 朱华桂:《企业核心竞争力理论渊源》,《南京社会科学》2002 年第 9 期。

[126] 朱华晟等:《政企互动与产业集群空间结构演变——以浙江省为例》,《中国软科学》2005 年第 1 期。

[127] 庄晋财:《企业集群地域根植性的理论演进及其政策含义》,《财经问题研究》2003 年第 10 期。

[128] 周泯非、魏江:《产业集群治理模式及其演化过程研究》,《科学学研究》2010 年第 1 期。

外文类

[1] Amin A. & Thrift N., "Neo-Marshallian Nodes in Global Networks", *International Journal of Urban and Regional Research*, 1992 (16).

[2] Andres Rodriguez-Clare, "Cluster and Comparative Advantage: Implications for Industrial Policy", *Journal of Development Economics*, 2006 (82).

[3] Bianchi M. and Miller S., "The Italian SME Experience and Possible

Lessons for Emerging Countries", *Executive Summary*, UNIDO, 1997.

[4] Brian Uzzi, "Social Structure and Competition in Interfirm Networks: The Paradox of Embeddedness", *Administrative Science Quarterly*, 1997 (42).

[5] C. Pietrobelli & R. Rabellotti, "Global Value Chains Meet Innovation System: Are there Learning Opportunities for Developing Countries?", *World Development*, 2011 (7).

[6] C. K. Prahalad & G. Hamel, "The Core Competence of Corporation", *Harvard Business Review*, 1990 (5-6).

[7] C. W. Holsapple & M. Singh, "The Knowledge Chain Model: Activities for Competitiveness", *Expert Systems with Applications*, 2001 (20).

[8] Capello R., "Spatial Transfer of Knowledge in Hi-Techmilieux: Learning versus Collective Learning Progresses", *Regional Studies*, 1999 (33).

[9] Coleman James, "Social Capital in the Creation of Human Capital", *American Journal of Sociology*, 1988 (94).

[10] Dayasindhu N., Embeddedness, "Knowledge Transfer, Industry Clusters and Global Competitiveness: A Case Study of the Indian Software Industry", *Technovation*, 2002 (2).

[11] De Boer, Michie, Van den Bosch, Frans A. J. & Henk W. Noberda, "Managing Organizational Knowledge Integration in the Emerging Multimedia Complex", *Journal of Management Studies*, 1999 (36).

[12] Debresson C., Amesse F., "Networks of Innovators: A Review and an Introduction to the Issue", *Research Policy*, 1991 (20).

[13] Donald J. B. (eds.), *Supply Chain Logistics Management: 21st-Century Supply Chains*, New York: McGraw-Hill Press, 2001.

[14] Dorothy Leonard-Barton, "Core Capabilities and Core Rigidities: A Paradox in Managing New Product Development", *Strategic Management*, 1992 (13).

[15] Elisa Giuliani, "The Micro-determinants of Meso-level Learning and Innovation: Evidence from a Chilean Wine Cluster", *Research Policy*,

2005 (34).

[16] Enzo Rullani, "The Industrial Cluster as a Complex Adaptive System", in Alberto Quadrio Curzio & Macro Fortis (eds.), *Complixity and Industrial Clusters Dynamics and Models in Theory and Practice*, New York: Physica-Verlag Heidelberg, 2002.

[17] Frans A. J., Van den Bosch, Henk W. Noberda & Michiel de Boer, "Coevolution of Firm Absorptive Capability and Knowledge Environment: Organizational Forms and Combinative Capability", *Organization Science*, 1999 (5).

[18] Funderburg R., Boarnet M., "Agglomeration Potential: The Spatial Scale of Industry Linkages in the Southern California", *Economy Growth and Change*, 2008 (39).

[19] Granovetter M. S., "Economic Action and Social Structure: The Problem of Embeddedness", *American Journal of Sociology*, 1985 (3).

[20] Harrison B., "Industrial District: Old Wine in New Bottles?", *Regional Studies*, 1992 (26).

[21] Humphrey J. & Schmitz H., "How Does Insertion in Global Value Chains Affect Upgrading in Industrial Cluster", *Regional Studies*, 2002 (9).

[22] Jennifer Bair & Gary Gereffi, "Local Cluster in Global Chains: The Causes and Consequences of Export Dynamism in Torreon's Blue Jeans Industry", *World Development*, 2001 (11).

[23] John Schoales, "A Methodology for Identifying the Drivers of Industrial Clusters: The Foundation of Regional Competitive Advantage", *Economic Development Quarterly*, 2006 (20).

[24] Jim Langabeer, "Supply Chain Iniegration-key to Merger", *Supply Chain Management Review*, 2003 (3).

[25] Krugman P., *Development*, *Geography and Economic Theory*, Cambridge: The MIT Press, 1995.

[26] Krugman P., *International Economics*: *Theory and Policy* (4th *Edition*), Addison-Wesley Longman, Inc., 1997.

[27] Maillat D., "Territorial Dynamic, Innovative Milieu and Regional Policy", *Entrepreneurship and Regional Development*, 1995 (7).

[28] Markusen A., "Sticky Places in Slippery Space: A Typology of Industrial Districts", *Economic Geography*, 1996 (72).

[29] Martin Bell, Michael Albu, "Knowledge Systems and Technological Dynamism in Industrial Cluster in Developing Countries", *World Development*, 1999 (9).

[30] Masahisa Fujita, Jacques-Francois Thisse, "New Economic Geography: An Appraisal on the Occasion of Paul Krugman's 2008 Nobel Prize in Economic Sciences", *Regional Science and Urban Economics*, 2009 (39).

[31] Masatsugu Tsuji, Emanuele Giovannetti, Mitsuhiro Kagami, *Industrial Agglomeration and New Technologies: A Global Perspective*, Edward Elgar, 2007.

[32] Murat Mirata, "Experiences from Early Stages of a National Industrial Symbiosis Programme in the U. K.: Determinants and Coordination Challenges", *Cleaner Production*, 2004 (12).

[33] Michael E. Porter, *The Competitive Advantage of Nations*, New York: Free Press, 1990.

[34] Michael E. Porter, "Clusters and the New Economics of Competition", *Harvard Business Review*, 1998 (6).

[35] Michael E. Porter, "Location, Competition and Economic Development: Local Clusters in a Global Economy", *Economic Development Quarterly*, 2000 (14).

[36] Padmore T. & Gibson H., "Modelling Systems of Innovation: A Framework for Industrial Cluster Analysis in Regions", *Research Policy*, 1998 (26).

[37] Paul Krugman, "Increasing Returns and Economic Geography", *Journal of Political Economy*, 1991 (3).

[38] Peter King, David Annandale, John Bailey, "Integrated Economic

and Environmental Planning in Asia: A Review of Progress and Proposals for Policy Reform", *Progress in Planning*, 2003 (59).

[39] P. F. Drucher, "The Discipline of Innovation", *Harvard Business Review*, 1998 (76).

[40] Piore M. J. & Sabel C. F., *The Second Industrial Divide: Possibilities for Prosperity*, New York: Basic Books, 1984.

[41] Polanyi K., "The Economy as Instituted Process", in Polanyi K., Aiensberg C. M. & Pearson H. W. (eds.), New York: The Free Press, 1957.

[42] Porter M. E., *Clusters and the New Economics of Competition*, Harvard Business, 1998.

[43] Putnam Robert, "Turing in, Turning out: The Strange Disappearance of Social Capital in America", *Political Science and Politics*, 1995 (28).

[44] Scott, "The Collective Order of Flexible Production Agglomerations: Lessons for Local Economic Development Policy and Strategic Choice", *Economic Geography*, 1992 (68).

[45] Saxenian A., *Regional Advantage: Culture and Competition in Silicon Valley and Route 128*, Cambridge: Harvard University Press, 1994.

[46] Scott A., "Locational Pattems and Metropolis: A Review Essay", *Urban Studies*, 1982 (19).

[47] Scott, A. J., "Regional Pushaowards a Geography of Development and Growth in Low and Middle Income Countries", *Third World Quarterly*, 2002 (23).

[48] Stephen Tallman (eds.), "Knowledge, Clusters and Competitive Advantage", *Academy of Management Review*, 2004 (4).

[49] Storper M., "Technology and New Regional Growth Complexes: The Economics of Discontinuous Spatial Development", in P. Nukamp (eds.), *Technological Change, Employment and Spatial Dynamics*, Berlin: SPringer-Verlag, 1986.

[50] Storper M., "The Resurgence of Regional Economics, Ten Years

Later: The Region as a Nexus of Untraded Interdependencies", *Europ: Urban Reg. Studies*, 1995 (3).

[51] Sturgeon T. J., "How do We Define Value Chain and Production Networks", *IDS (Institute of Development Study University of Sussex) Bulletin*, 2001 (3).

[52] Tracy, P. et al., "Alliances, Networks and Competitive Strategy: Rethinking Clusters of Innovation", *Growth and Change*, 2003, 34 (1).

[53] Tichy G., *Clusters: Less Dispensable and More Risky than ever, Clusters and Regional Specialisation*, London: Pion Limited, 1998.

[54] Weber A., *The Theory of the Location of Industries*, Chicago: Chicago University Press, 1929.

[55] Wilkinson F., "Colleotive Learning and Knowledge Development in the Revolution of Regional Clusters of High Technology SMEs in Europe", *Regional Studies*, 1999 (3).

[56] Williams H. & A. G. Wilson, *Some Comments on the Theoretical and Analytical Structure of Urban and Regional Models*, Sistemi Urbani, 1980.

[57] Williamson O., *Market and Hierarchies: Analysis and Antitrust Implications: A Study in the Economics of International Organization*, London: The Free Press, 1975.

[58] Willian B., Brineman, J. Bernard Keys & Robert M. Fulmer, "Learning Aerossa Living Company: The Shell Companies Experiences", *Organization Dynamics*, Autumn, 1998.

[59] XiaoKai Yang, Ng Y. K., "Theory of the Firm and Structure of Residual Rights", *Journal of Economy Behaviour and Organization*, 1995.

后 记

产业集群作为区域经济发展和创新的带动力量，越来越显示出优势和活力，已经成为管理学、经济学、社会学等领域研究热点之一，受到了广泛关注。实践表明，产业集群的形成，是工业化发展的必然趋势。产业集群已成为国内外产业发展的重要组织形式，联合国工业发展组织（UNIDO）和经济合作与发展组织（OECD）已在全球极力提倡并推广地方产业集群战略。在世界许多国家和地区，产业集群战略已经或正在成为新的工业发展政策。产业集群作为一种经济发展战略方式，能够提升本地产业的竞争优势，拉动本地的经济增长，推动工业化进程，促进中小企业发展。

产业集群的优势在区域经济发展中为中小企业带来了新的生命力，由于区域经济发展的核心竞争优势是通过特定的产业优势而形成的持续竞争力，而产业集群会成为区域经济发展核心竞争力的孵化器，产业集群的核心竞争力就是产业集聚所形成的区域化产业的内外环境且其他区域难以模仿的特征。

因此，产业集群不仅可以成为区域经济发展的主导，而且也成为提高产业竞争力的新力量。产业集群作为一种为创造竞争优势而形成的产业空间组织形式，它具有的群体竞争优势和集聚发展的规模效益是其他形式无法比拟的。

本书力图以国内外产业集群理论和核心竞争力理论为基础，根据产业集群的特点，首先清晰界定产业集群核心竞争力，在此基础上，分析产业集群核心竞争力的理论渊源、形成机制、构成要素和影响因素，并建立起产业集群核心竞争力综合评价体系，然后以湖北产业集群发展为案例，系统分析产业集群核心竞争力的培育，提出相关建议，为政府决策机构制定产业集群政策提供一定的理论依据，同时，对于中西部地区的地方产业集群在处理发展中的问题，具有重要的实践指导价值。

本书的出版得到了教育部人文社科基金项目“基于网络理论的产业集群优势构建研究”（项目号：12YYJZH13）资助，在此，表示衷心感谢。

万幼清

2013 年 1 月

责任编辑:吴炤东
封面设计:黄桂月

图书在版编目(CIP)数据

产业集群核心竞争力研究/万幼清 著. -北京:人民出版社,2013.8
ISBN 978-7-01-012349-3

Ⅰ.①产… Ⅱ.①万… Ⅲ.①产业发展-核心竞争力-研究-中国
Ⅳ.①F121.3

中国版本图书馆 CIP 数据核字(2013)第 166891 号

产业集群核心竞争力研究

CHANYE JIQUN HEXIN JINGZHENGLI YANJIU

万幼清 著

人民出版社 出版发行
(100706 北京市东城区隆福寺街 99 号)

北京新魏印刷厂印刷 新华书店经销

2013 年 8 月第 1 版 2013 年 8 月北京第 1 次印刷
开本:710 毫米×1000 毫米 1/16 印张:18
字数:260 千字 印数:0,001-2,000 册

ISBN 978-7-01-012349-3 定价:45.00 元

邮购地址 100706 北京市东城区隆福寺街 99 号
人民东方图书销售中心 电话 (010)65250042 65289539